华中科技大学创新教育与批判性思维研究中心资助出版

湖北本科高校省级教学改革研究项目"基于BOPPPS的批判性思维课程互动教学改革与实践"(2023063)成果

中央高校基本科研业务费专项资金(2023WKFZZX109)资助

批判性思维教育丛书

基于创新素养提升的批判性思维课程改革与实践

张　妍等　著

Curriculum Reform in Critical Thinking
Through Enhancing Innovative Literacy

科学出版社

北　京

内 容 简 介

　　批判性思维是创新型人才的首要思维范式。立足于"建设创新型国家"、培养创新型人才的需求，探讨如何在高等教育中开展批判性思维课程，对于强化高校学生批判性思维与创造性思维的协同发展，提升高校学生的创新素养，真正达到素质教育提出的要求具有重要意义。

　　本书运用多种方法和研究范式，探讨了批判性思维的内在逻辑与外在表现，并在真实的课堂中开展了不同类型（灌输式、独立式、融合式）的批判性思维课程的教学实验，还比较了课程实验的效果，在此基础上对批判性思维教学改革进行了总结和展望。这些成果有助于推进新一轮的批判性思维教学改革，深化批判性思维教育教学的理论研究，总结批判性思维教学的实践经验，可为从事批判性思维教育教学研究和实践的相关人士提供参考依据。

图书在版编目（CIP）数据

　　基于创新素养提升的批判性思维课程改革与实践 / 张妍等著. -- 北京：科学出版社, 2025.6. -- (批判性思维教育丛书). -- ISBN 978-7-03-082619-0

　　Ⅰ. G642.0

中国国家版本馆 CIP 数据核字第 2025YL9107 号

责任编辑：朱丽娜　冯雅萌 / 责任校对：王晓茜
责任印制：徐晓晨 / 封面设计：有道文化

科 学 出 版 社 出版
北京东黄城根北街 16 号
邮政编码：100717
http://www.sciencep.com

北京建宏印刷有限公司印刷
科学出版社发行　各地新华书店经销
*
2025 年 6 月第 一 版　开本：720×1000　1/16
2025 年 6 月第一次印刷　印张：14 3/4
字数：250 000
定价：108.00 元
（如有印装质量问题，我社负责调换）

丛书学术顾问委员会

丛书总序

在快速变革的时代背景下，教育不仅承担着传授知识的使命，同时肩负着培养学生思维能力与创新精神的重任。随着以生成式人工智能为代表的新技术飞速发展，学生的知识获取方式和思维模式正经历着深刻变革。面对这一趋势，如何培养具备独立思考、敢于质疑与创新、善于解决复杂问题的人才，成为教育领域亟待回应的时代命题。在此背景下，批判性思维教育的重要性愈加凸显，它不仅是学生形成理性思维、提升认知水平的关键路径，更是推动深度学习与知识创新、服务国家创新驱动发展战略的重要环节。

作为国内较早系统开展批判性思维教育研究与教学实践的高校之一，华中科技大学自 2009 年起启动批判性思维课程与教学探索，2017 年成立"创新教育与批判性思维研究中心"，在课程建设、师资培养、教育研究、测评工具开发及经验推广与资源共享等方面持续发力，逐步构建了较为完善的批判性思维教育体系。与此同时，一批长期在该领域深耕的研究者（同时也是教学实践者），围绕批判性思维教育开展了富有成效的理论与应用研究，取得了一系列具有重要影响力的成果，为批判性思维教育丛书的编撰与推出奠定了坚实基础。

本套丛书是华中科技大学十余年来在该领域持续探索与积淀的重要体现，也是对我国当前批判性思维教育实践与研究成果的一次集中呈现。全套丛书共 6 本专著，围绕批判性思维的本质机制与教育实践展开系统探讨，内容涵盖广泛，既有对批判性思维认知神经基础的深入研究，也有对大学生批判性思维品质发展规律的系统梳理；既有聚焦课程建设与教学改革的理论和实践探索，也有回应教学现实困境的策略性研究；既关注学科课堂中的教学方法创新，也关注班主任等关键教育角色在思维教育中的功能发挥。此外，还包括对批判性思维课程有效性及其实现机制的评估研究，为教育实践的改进提供了数据支持与路径建议。6 本专著在选题上体现了对批判性思维教育核心问题的持续关注，覆盖了从理论建构到教学实践、从学生培养到教师发展、从课堂教学到制度机制等多个层面，有力回应了教育不同场域和不同群体对批判性思维能力培养的现实需求，展现了当代中国批判性思维教育研究的广度与深度。

本套丛书具有鲜明的综合性和前瞻性特色。其一，丛书内容坚持理论与实践相结合，既扎根于中国教育的现实语境，又积极对接国际学术前沿，致力于回答"为什么教""教什么""如何教""如何评"等关键问题，推动批判性思维教育的本土化发展与路径创新。其二，在研究视角上体现出高度的跨学科融合，涵盖教育学、心理学、认知科学、脑科学等多个领域，从批判性思维的生成机制，到教育干预的效果评估，系统呈现了批判性思维作为复杂高阶能力的发展过程与多维构成。其三，突出实证导向，广泛采用问卷调查、教学实验、追踪研究、行为测量与脑成像等方法，强调数据支持与证据基础，力求为课程改革与教育政策提供科学、可操作的实践依据。其四，注重教育应用的广度与适切性，不仅覆盖高等教育中的课程教学与师资培训，也延伸至中小学教育，涵盖普通课堂与实验班教学、班主任育人职责、教师教学能力提升等多个层面，为不同教育阶段和教学角色提供了有针对性的理论指导与实践资源。

期待本套丛书能够为国内外学界的研究提供系统、前沿、富有中国特色的参考，也能够为各级各类学校探索批判性思维教育的有效路径与实践模式提供借鉴，共同推动批判性思维教育在我国创新人才培养体系中发挥更大作用。

丛书推荐序

批判性思维（critical thinking）培养是教育的基本目标，也是核心学习成果，这已成为共识。而且，对教育的展望，对人工智能时代可预见未来的预测，均凸显了对批判性思维的强烈关注甚至某种程度的担忧。因为在当今时代，批判性思维属于"高必要且高难度"或"既必要又短缺"的技能。如今，人们普遍认识到，在各层次教育系统中培养学生的批判性思维技能和倾向，是一项重大而艰巨的任务。

我国的批判性思维学术研究和教育教学方兴未艾，近 20 多年取得了明显进展：一些学校独立开设了批判性思维课程；很多颇具特色的教材和普及读物面世；国际名著的汉译已颇具规模；一些博士学位论文以批判性思维为主题，建立了几个相关研究机构，有专门的研究辑刊出版发行；在国际知名期刊和学科手册上也能看到中国学者的作品，中国的学术论坛上亦有国际著名学者现身。不过，一个明显的短板是，关于批判性思维的学术专著极为稀缺，尤其是从逻辑视角之外的视角出发进行研究的专著几乎没有。值得庆幸的是，华中科技大学批判性思维教育实践研究团队推出了一套反映学生批判性思维发展与教育最新研究成果的学术丛书——批判性思维教育丛书（由华中科技大学创新教育与批判性思维研究中心策划并资助）。一个机构同时呈献 6 本学术著作，这在全球批判性思维研究领域实属罕见，不仅会掀起国内批判性思维研究的一股浪潮，也会引起国际同行的瞩目。

批判性思维研究有四个永恒主题：一般理论，如批判性思维概念、构件清单等；发展和学习，如从童年、青春期到成年，批判性思维是如何发展的，人们是如何习得批判性思维的，等等；课程和教学，如通识教育中的批判性思维课程、各种有效的教学法等；评价，如个体水平评价、机构评价、学习成果评价、聘用和晋升评价等。研究批判性思维的三个传统视角是哲学（应用认识论、逻辑）、教育学和心理学。近年来，一些研究者开始从新的视角研究批判性思维，如文化比较（尤其关注以中国文化为代表的东亚文化与英语世界中的批判性思维观念与实践的差异）、神经科学或脑科学，以及跨学科研究（如智能、智慧与批判性思维，人工智能与批判性思维）等。

针对这些主题和视角，批判性思维教育丛书发出了中国之声，展现了中国特色，贡献了中国洞见。陈建文的《大学生批判性思维品质的发展与培养》从教育学和发展心理学的角度，系统研究了中国大学生的批判性思维品质发展，这对我国目前基于逻辑的批判性思维教育有补强之效。张妍的《基于创新素养提升的批判性思维课程改革与实践》对标创新素养而展开批判性思维课程研究，不仅顺应了当前国际批判性思维教育教学的大势——批判性和创造性思维统合于创新，而且为国内开发新的批判性思维课程提供了极具参考价值的理念和框架。吴妍的《拓展与分层：批判性思维教育的解困之路》提出的解困之道，既是解决批判性思维教育面临的种种问题的可能方法，对纾解全球批判性思维教学之困也不无借鉴价值。关于批判性思维生成与教学的神经科学基础这一主题，近年来有一些零散的研究，系统探讨二者关系的著作凤毛麟角（如 Rutherford 的 *Neuroscience and Critical Thinking*，Kindle Direct Publishing，2019）。任学柱的《批判性思维的认知神经基础与教育》全面探究了这一前沿主题，并有先前在国际权威期刊发表的系列论文作为厚实的基础，可谓此类研究的集大成之作。放眼全球，任课老师是批判性思维教育教学的焦点，而李伟的《班主任批判性思维教育的理论与实践》将批判性思维的聚光灯转向班主任，使该书具有十分鲜明的中国特色，因为它的研究对象——班主任本身就是中国教育体制中的一个独特主题。张青根的《中国本科生批判性思维课程有效性及其实现机制》，让人立刻联想到国际上关于中国学生批判性思维能力评价的纷争。批判性思维课程的有效性是学生批判性思维能力的一个重要制约因素。研究这种有效性的实现机制，可谓既抓住了我国开展批判性思维教学之成败的关键，也对深入理解中国学生批判性思维能力水平大有裨益。

本套丛书适合高年级本科生和研究生、教师和教育工作者、相关领域从业者和研究人员阅读，尤其是对于那些意欲获得批判性思维技能和养成批判性思维精神的人有一定的参考价值。

武宏志

前　　言

　　创新是破解经济和社会发展中诸多难题的关键所在，现已被提到了国家发展全局中的核心位置。如何培养出适应社会发展要求的创新型人才，正是当前教育界亟待解决的重大课题。创新是以思维方式的变革，即创造性思维的培养与提升为前提的。创造性思维是人类进行创新的基础，为创造性活动提供了依据，是创新型人才所必须具备的重要特质和思维习性，更是创新得以顺利进行的先决条件。所以，广大教育工作者深感创造性思维对于人才培养的重要性。

　　对于社会而言，各行各业的根本性变革都需要大量的创新型人才。若没有知识创造者进行主动、审慎和反思性的思考，社会就难以进行有效创新，建设创新型社会亦难以实现。对于个体而言，创新的源头在于发现问题，个体需要对所接触的信息保持质疑精神，需要运用批判性思维对信息进行审视。创新的关键在于解决问题，这也要求个体利用批判性思维进行理性分析，进而提出创造性的解决方案。个体更需要使用批判性思维来分析与论证创造性的解决方案，以验证其有效性，或是寻找替代方案。因此，学界提出了"批创思维"（critical and creative thinking）的概念，强调在思维过程中，创造性思维与批判性思维是交替进行的，二者紧密地交织在一起，并非简单地相加组合在一起。在"批创思维"的关系中，批判性思维是基础，创造性思维是目的。创造性思维是一种批判性的创新，要求个体在了解、掌握已有知识和信息的基础上进行扬弃，需要使用批判性思维工具对旧观念进行辩证思考，进而对新观念进行升华。

高校在开展育人工作时应有意识地对学生的"批创思维"进行协同培养，不仅要重视学生对知识与技能的掌握，更要关注其思维层面的提升，通过批判性思维训练促进学生创新素养的提升，让批判性思维成为创新过程中的抓手，把提升创造性思维水平作为批判性思维教育的目标。在这种培养模式下，学生将主动对信息与知识开展深度思考：在批判性思维层面，增强信息甄别与反思能力，拓宽认知边界并构建多元视角；在创造性思维层面，激发创新意识向实践转化，形成"思维突破—行动验证"的闭环。

因此，本书基于现有的研究成果，对"批创思维"进行了探讨，进一步考察了双维结构模型下"批创思维"的相关关系。在批判性思维教育实践方面，本书通过批判性思维课程干预来培养学生的创新素养，对于教师在教学情境下制定有效的思维培养和训练方案具有一定的积极导向和引领作用。

目　　录

第一章

批判性思维和创造性思维概述

第一节　批判性思维和创造性思维的内涵及关系

一、批判性思维的概念和内涵

（一）概念界定

批判性思维的内涵历经了几千年的演变和发展，最早可追溯到 2500 年前的古希腊哲学家、教育家苏格拉底的教学模式，集中表现在其经常采用的"诘问式"教学形式。从语源上说，希腊文中的"kriticos"（辨明或判断的一种基本能力）和"kriterion"（标准）是"批判的"（critical）的起源。批判性思维是一种高级思维过程，它是用理性的评价标准对事物的价值进行判断和考量的高级思维过程，是运用一系列技能（如识别假设、推理、抑制信念偏差等）解决问题的认知过程，是为了做出决策和行为而进行的合理的、反省的思维（武宏志，2004）。它运用适当的评价标准，在良好判断的基础上思考事物的真正价值（Wechsler，Saiz，Rivas，et al.，2018）。

批判性思维最早起源于美国教育学家杜威的研究，20 世纪初，他在《我们怎样思维》一书中提出"反思性思维"（reflective thinking），认为反思性思维是人们的行动具有自觉的目的的前提，可以促进知识创新的形成，有助于人们更好地理解事物的意义和价值，具有重大的社会价值。杜威认为，"进行反思，就意味着要去搜寻另外证据，搜寻那些会发展这个提议的证据，也就是或者会支持它，或者把它的错误之处揭示出来的新证据。简言之，反思性思维就是在进一步探究之前延迟判断"（约翰·杜威，1991）。根据杜威的阐述，批判性思维是一种积极主动的反思过程，通过对信念或假定的知识的依据和推论进行主动的、实践的细致反思，进而判断这些信念或假定知识是否可靠。这样的反思本质上是探究关于信念的正反面的新证据。董毓教授对杜威的观点进行了概括：反思其实也是一种向前的认知，而不是仅仅对现有的证据进行评估。批判性思维的目的是对信念（或者假定的知识）进行判断，这就是一个判断认识是否可靠的问题，也就是如何得到知识的认识论问题（董毓，2019）。个体在不断反思的过程中，对新的、多方面的证据进行进一步的探究，并在做出综合判断后生成新的科学问题、研究假设、解决方法、正反面的证据，最后迭代创新。恩尼斯也认为，批判性思维的核心是寻求"替代"，即要通过探究和创造来判断（Ennis，2015）。也就是说，批判性思维有着探究、实证、辩证、创造和元认知的要求与特征。

关于批判性思维，学界之前有两种被广泛认可的定义。一种是由恩尼斯提出的：批判性思维是理性的、反思的思考过程，是决定信念和行为的思考方式。基于此，他重点关注批判性思维技能，提出注意、推理、论证、情境、澄清和评估六种技能（Ennis，1987）。另一种则是在批判性思维领域内形成的专家共识，此定义是基于德尔菲法（Delphi method）提出的，由美国哲学学会（American Philosophical Association，APA）发表。美国哲学学会在 20 世纪 90 年代赞助了一项为期两年的批判性思维研究计划，综合了 46 位不同领域专家对批判性思维的一致意见，形成了德尔菲报告，将批判性思维定义为"一种有目的、反思性的判断，这种判断包括解释、分析、评价和推理，它解释并考虑判断所依赖的证据、概念、方法学、标准和背景"（Facione，1990b）。Facione（2000）在德尔菲报告的基础上总结了批判性思维的两个部分：批判性思维技能包括阐明、分析、推论、评估、解释和自我校准六种技能；批判性思维倾向包括求真性、开放性、分析性、系统化思维、批判性思维自信心、求知欲和认知成熟度七个维度。可见，批判性思维并非指否定一切、怀疑一切，而是以一种客观的、清晰的、辩证的态度从事活动，用理性来做决定。由此形成了批判性思维的特定结构：双维结构模型。双维结构模型指出批判性思维包括批判性思维技能和批判性思维倾向，分别反映了批判性思维的认知成分和特质成分。此模型覆盖面广泛，全面地剖析了批判性思维的内涵，明确了其最重要的两个组成部分（技能和倾向），为后续的研究奠定了权威、可靠的理论基础。

当代研究者的共识是，批判性思维由理智的习性（或者品德、精神）和技能两方面组成。习性包括求真、探究、谨慎、开放、公正等方面；技能则是指阐明、分析、推导、评估、综合等高阶智力能力。从批判性思维的过程看，它包括认知的各种要素和技能：理解主题问题、澄清观念意义、分析论证结构、审查理由质量、评价推理关系、挖掘隐含假设、考虑多样替代，以及综合组织判断等。本书用"探究实证的批判性思维路线图"来展示这个过程和技能，见图1-1。

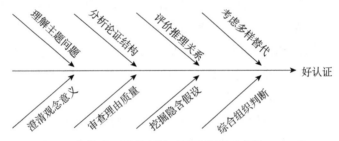

图 1-1　探究实证的批判性思维路线图（董毓，2019）

简言之，批判性思维的构建过程就是一个探究实证的过程。它始于对问题或主题的确定和分析，接着探究信息，对问题提出解释和解决的信念，并依据问题、概念、证据、推理、假设和辩证六大认知要素进行考察，最后进行综合考量，得出平衡的论证，从而判断信念的合理性。因此，批判性思维的目标从杜威开始就是正面的和具有建设性的，这一目标在于深化认知、提高辨别力、优化决策以及高效解决问题等。这一目标的实现需要认知过程中各个环节的协同，包括从经验积累到逻辑推理的各个要素（董毓，2019）。认知绝不仅仅包含一个方面的工作，它既需要经验，也需要理性，更需要两者相结合，并且要对它们的可错性进行元认知（即思考我们的思考）。但是在进行元认知的过程中要注意，为了得到认知，不应仅关注经验，也不应仅关注理性，而是应综合考虑各个方面，并且还应对各个方面进行批判性考察。

需要注意的是，批判性思维与逻辑并不是一回事，有很多人将批判性思维与逻辑混为一谈，其实逻辑只是认知中要注意的一个方面而已。我们不能从"逻辑"来看批判性思维,而应从批判性思维——也就是认识论的全程——来看逻辑。与形式逻辑不同的是,批判性思维要求在探究后才判断,强调创造的重要性。逻辑和批判性思维是两种风格的对立,前者是抽象、静态、部分、固定、唯一的,后者是具体、动态、全程、变化、多维的。由此可以看出,只有批判性思维才能推动新想法的产生和创新发展。批判性思维区别于形式逻辑的核心特征是元认知,即思考着自己的思想,具体表现为三个方面:多元辩证、创造替代和选择最佳。多元辩证是指在思考的过程中从多方面收集证据、评估证据,探究新信息,在对证据、背景、方法、标准、概念的运用和考察的过程中进行反思与监控,体现了批判性思维的灵活性和开放性。创造替代是指在进一步探究和得出结论之前,把预判和判断先束之高阁,将大脑"格式化",对问题进行核心概念澄清、细致分析、正反证据搜索、寻找多元替代、发展深化原来的议题等操作,综合判断后形成探究结论。选择最佳是指在提出多种替代方案后,基于证据、逻辑和价值判断,对各个方案进行全面评估,以选择出最优方案。此外,费希尔(Fisher,2001)的立场也是评估性的,但他主张用"批判-创新思维"一词,因为评估也涉及多样性、构造替代、想象力等方面。

通过对批判性思维当代发展的脉络整理,我们可以了解到"探究实证辩证和创造的元思考"的特征是当代的主流观点(董毓,2019),辩证和创造性在批判性思维中起到了至关重要的作用。董毓教授对杜威、恩尼斯、范西昂、希契科克、巴特斯比等代表人物所解说的批判性思维理念进行了概述,指出批判性思维是一种针对认知和行动的理性反思活动。它通过对解决问题的认知和决策过程的各方面进行全面探究、实证、辩证和创造性的考察,从而做出关于它们的合理性的综合判断(董毓,2019)。为此,批判性思维需要开放理性品德和探究实证技能两方面的综合。本研究采用董毓教授对批判性思维的阐述和定义,强调批判性思维具有探究、实证、辩证、创造和元认知的特征,并以此为基础引入创新素养,从而为本书关于批判性思维教学目标和评估工具的探究奠定基石。

(二)批判性思维技能

1. 内涵

批判性思维技能是一种思维技能。杜威(Dewey,1910)于20世纪初提出"反省思维",第一次将批判性思维视作一个学术概念。这一定义强调了批判性与反思性之间的关系。个体在进行反省思维时会经过以下八个步骤：从概念定义开始，全面分析知识，综合考量各方面信息，判断正误，了解内在逻辑，推断之间的关系，提出新的假说，验证合理性与可行性。在此基础上，Glaser（1942）将批判性思维扩展为质疑精神、推理概括、应用技能三个方面。随后，不同的学者又根据自己的思考进一步扩展出了许多关于批判性思维技能的理论模型。Ennis（1993）进一步加入了决策变量，将观察与推理等技巧要素纳入批判性思维模型中，围绕归纳、演绎与论证来进行批判性思维研究。德尔菲的双维结构模型将能力维度拆分为六种能力，其中核心技能为分析、评价与推理，此外还包括阐释、解释和自我调节，每项能力又由多项子能力组成。在对信念和行为进行判断的过程中，技能独立起作用，但会交替出现在人们反思、质疑的思维过程之中，以帮助个体判断生成结论所依据的背景、条件、依据、理论基础、方法论是否正确。这一理论强调个体对其思维过程进行反省与评估，这是界定批判性思维的一个重要准则，是高阶思维的重要表现。学界虽对此有不同的划分方式，但普遍认为批判性思维技能包括分析、评估、推理、反思四个核心成分。

本研究在对批判性思维技能的考察中，依照董毓（2019）对批判性思维技能的定义，将其划分为理解主题问题、分析论证结构、澄清观念意义、审查理由质量、评价推理关系、挖掘隐含假设、考察替代论证、综合组织论证共八种能力。

2. 评价方式

测量法是批判性思维领域使用最为广泛的方法，具有客观化、标准化的特点。目前，成熟的量表多为国外学者针对西方群体的文化特点开发的，由中国学者进行修订，适用于中国群体的批判性思维技能与倾向的量表还需要进一步编制与开发。

加利福尼亚批判性思维技能测验（California Critical Thinking Skills Test，CCTST）由 Facione（1990a）编制，目的是测量分析、评价、演绎推理及归纳推理等方面的能力，可对高中生、大学生及成年人进行施测。罗清旭（2002）以 CCTST（A）[①]英文版为基础，将其翻译后形成 CCTST 中文修订版，具有明显的中国文化特征。该量表的内容主要涉及评价、分析、推理和自我调节技能，考察被试的问题解决、信息分析和推理判断能力。该量表的题项为多项选择题，适用

---

① CCTST 是一种比较成熟的问卷，包含等值的 A、B 两卷，为一种多项选择测验。罗清旭（2002）将 CCTST 中的 A 卷英文版进行了翻译，形成了 CCTST 中文版。

范围为大学生。

（三）批判性思维倾向

1. 内涵

批判性思维倾向作为批判性思维的一部分，主要是指个体在情感态度、思维习惯等方面表现出来的倾向（Facione，1990b）。它是一种相对稳定的人格倾向，主要是指个人所持有的观念、态度、思维习惯等，决定了个体运用批判性思维的意愿程度，影响了个体采用什么方式解释信息、分析信息、进行推理并得出结论（Facione，2000）。如果个体拥有批判性思维技能，但没有应用它的意愿的话，拥有这些能力就没有实际意义，无法进行实践（武宏志，2016）。可见，批判性思维倾向对个体能否成功使用批判性思维有着决定性的作用。有学者提出，个性倾向性和个性心理特征共同构成了批判性思维的内涵。个性倾向性是批判性精神的主要体现，是指个体对批判性思维活动的情感和态度都是积极的，个体擅长用批判性的思维方式对待某一思维、观点以及方法（罗清旭，2001）。批判性思维倾向不仅仅是一种情感状态，也是个体行使批判性思维所必需的"思维习惯"或"思维模式"（Paul，Elder，2013）。李庆艳（2006）认为，批判性思维倾向是一种阈上的、自发进行批判性思维的心理状态、意愿和倾向。批判性思维意识被激发后，人们会主动地朝着某个方向审慎地考虑问题。

德尔菲双维结构模型明确证实了批判性思维七种重要的倾向特质的存在，是目前运用最为广泛的批判性思维倾向的结构理论。其中，求真性是指人对寻求真相的渴望、提出疑问的勇气和公平理性探索的意愿等。开放性是指人能倾听他人的意见、包容不同的见解以及正视自身的偏见。分析性是指人是否敏锐地发现了潜在问题、能否预见行为与事件的后果，以及在推断过程中是否重视合理利用理由和证据等。系统化思维是指人能专注于当前的任务信息，系统地解决复杂的问题。批判性思维自信心是指人在问题情境中对自身运用批判性思维的自信程度。求知欲是指人接触新事物或身处新环境中会表现出的关注与追问，是人们使用批判性思维解决问题的重要内在动机。认知成熟度体现在人对信息理解及推论过程准确性的需求，对自己的推论过程进行客观、公正评估的愿望，以及根据合理证据审慎转变看法等倾向特质上（Facione P A，Giancarlo，Facione N C，et al.，1995）。总的来说，批判性思维倾向（习性）包括求真、探究、谨慎、开放、公正等方面。批判性思维者应同时具备技能和倾向两个维度。

2. 评价方法

加利福尼亚批判性思维倾向测验（California Critical Thinking Disposition Inventory，CCTDI）是由 Facione 等（Facione P A，Facione N C，Giancarlo C A，1992）基于德尔菲报告的结果主持开发的思维倾向量表。该量表采用利克特 6 点评分方式，包括 75 道题，测量了批判性思维倾向的 7 个方面。在各个分量表中，求真性有 12 道题，开放性有 12 道题，分析性有 11 道题，系统化思维有 11 道题，批判性思维自信心有 9 道题，求知欲有 10 道题，认知成熟度有 10 道题。彭美慈等对该量表进行了翻译和修改，形成了中文版批判性思维技能测量量表（彭美慈，汪国成，陈基乐，等，2004），并证实 CCTDI 可以作为中文背景人群倾向的测量工具，能够准确地反映中国学生思维倾向的水平。

理想的批判性思维者具有好奇心强、开明灵活、谨慎判断、愿意反省、清楚问题等特点（Facione，1990b）。那么，为筛选出理想的批判性思维倾向者，就需要内容有效、可靠和公平的量表。目前测量批判性思维倾向的量表不多，研究者大多采用的是加利福尼亚批判性思维倾向测验（Facione P A，Giancarlo，Facione N C，et al.，1995）。除此之外，具有代表性的批判性思维倾向问卷主要有两种：Giancarlo 等编写的 CM3（California Measure of Mental Motivation）（Giancarlo，Blohm，Urdan，2004），以及 Bell 和 Loon（2015）编制的 UF-EMI（The University of Florida Engagement，Cognitive Maturity and Innovativeness Assessment）。国内涉及批判性思维倾向的研究大多使用国外量表，但是文化与经济差异使得国外的量表并不完全适合我国的现状。我国学者也在逐步开展修订国外问卷与自编问卷工作。罗清旭和杨鑫辉（2002）对加利福尼亚批判性思维倾向测验进行了翻译与修订。同一时期，台湾学者 Yeh（2002）将该量表翻译为中文译本，即加利福尼亚批判性思维倾向测验-中文版（California Critical Thinking Disposition Inventory-Chinese Version，CCTDI-CV）。彭美慈等汇聚我国的护理教育者，修订了 CCTDI-CV（彭美慈，汪国成，陈基乐，等，2004）。总体来看，初期的问卷翻译与修订主要涉及的研究对象为护理人士，问卷适用范围相对较小。在此基础上，研究者开始自主编制问卷，如王晓霞等对医学院校学生的批判性思维倾向进行了研究，构建了正式量表（王晓霞，孙笑笑，黄天昊，等，2018）。从上述情况可以看出，我国目前关于批判性思维倾向的测量工具编制研究相对较少，且研究对象比较多样，如文科硕士生（雷洪德，刘水君，2018）、英语专业大学生（马蓉，秦晓晴，2016）、工科大学生（田社平，王力娟，邱意弘，2018），且这些研究均使用了彭美慈等修订的问卷。基于此情况，本研究采用彭美慈修订的加利福尼亚批判性思维倾向测验对被试的批判性思维倾向进行测量。

3. 批判性思维倾向与认知

批判性思维作为一种日常思维和科学思维的能力，在认知活动中起着不可或缺的重要作用。无论是人们对知识的获取，还是创造性思维活动，抑或对认识成果的辩证分析和综合，都离不开批判性思维（贺善侃，2004）。前文曾提到，认知不是单独对经验或对推理的思考，而是对两者的综合，由此才能达到对我们的思考进行思考，并且能够对它们进行批判性考察，这才是批判性思维与认知的关系。在认知的过程中，我们需要对经验进行信息加工，信息加工其实是一个推理的过程，批判性思维要求我们实证地探究认知。

有研究者通过小组合作的方式进行研究，发现我国高校学生的批判性思维过程存在思维冷漠、思维妥协、思维顺从和思维固着等特点，后期干预发现，个体得到相关指导会使得批判性思维认知在发生量上显著提高（叶映华，尹艳梅，2019）。由此可知，我国高校学生的批判性思维过程存在一定的负性特点，同时，在得到相关指导的情况下，他们的批判性思维发生量会得到有效改善。然而，该研究并未指出个体的批判性思维与认知的具体关系如何。苏倩（2018）对高中生进行调查后发现，认识信念既可以直接促进批判性思维倾向的发展，也可以通过认知需求这一中介变量间接促进批判性思维倾向的发展。李瑞芬等则指出，认知需求可以直接影响个体的批判性思维倾向（李瑞芬，崔影，张晨怡，等，2018）。高认知需求的人倾向于参与和享受具有新颖性、复杂性和不确定性的任务，并从中获取和提取信息，进而进行更深层次的认知细化，在此过程中，批判性思维技能起着重要的作用。通过以上研究，我们可以推测高批判性思维倾向者可能具有更高的认知需求。除此之外，有研究表明，大学生认知风格得分越高，批判性思维倾向就越强（岳云帆，张珊珊，曹金凤，等，2018）。在这一研究中，认知风格分为三个维度，即思维内倾-外倾、言语-表象、直觉-分析，分数越高，表明个体的认知风格越倾向于外倾、表象和分析。那么，对于高批判性思维倾向个体来说，其认知风格更偏向于外倾性、表象性和分析性。一项针对老年人的研究发现，批判性思维倾向对认知能力具有显著的正向影响（赵宇晗，

2015）。具体来说，高批判性思维倾向的老年人在一般认知功能、短时记忆、加工速度和执行功能上表现更好。高批判性思维倾向个体会对寻求知识抱有注重真实性和客观性的态度，具有能够包容不同的意见和观点进而避免产生偏见的开放倾向，对于知识充满好奇和热衷并积极学习与理解，这样的思维倾向对于老年个体认知能力的保持具有积极的影响。对以往文献的梳理发现，目前关于批判性思维与认知的研究相对较少，且研究方法大多采用问卷法，研究内容大多是批判性思维倾向与一般性认知的关系，并未探究批判性思维倾向与具体认知内容的关系。

4. 神经机制

从大脑分区来看，批判性思维产生的神经基础集中于前额叶皮层（prefrontal cortex，PFC）。其中，背外侧前额叶皮层和腹内侧前额叶皮层是其功能和结构分化最明显的区域（Luna，Padmanabhan，O'Hearn，2010）。

背外侧前额叶皮层是对个体的审视性和统合性起关键作用的脑区。它并不把外界信息变成感官上的直接刺激，而是从海马体内获得已经储存的信息和个体的经验，并进一步参与到整合、决定、创新的高阶思维过程中（Phan，2010）。

腹内侧前额叶皮层则是与思维倾向、思维控制紧密相连的脑区。它与大脑情绪控制系统相连，在人们获取个体所关心信息的过程中起到重要作用。腹内侧前额叶皮层能够对人的思维和行为进行有效控制，并对外界产生的刺激保持关注。此功能可促进个体发现问题和解决问题，同时有利于个体进行长时间的自我评估和自我调节。腹内侧前额叶皮层正是以这样一种特殊的方式与推理、冲突解决和决策联系在一起的。

二、创造性思维的概念和内涵

创造性思维是个体创造性的具体表现，是指根据目的，运用一切可获得的信息，产生某种新奇的、独一无二的、有价值的产品的心理过程（林崇德，2000）。这里的产品既指思维成果，也指物质成果。创造性思维由创造性思维能力、创造性思维倾向两个要素组成，其中创造性思维能力包括流畅性、灵活性、独创性、精致性四个维度，创造性倾向包括冒险性、好奇心、想象力和挑战性四个维度。创造性思维由发散开始，并将思维产出作为质量的衡量标准。

（一）概念界定

创造性思维是一种复杂的涉及神经、心理以及哲学的现象。从思维的特点方面对其进行定义，创造性思维是个体创造性的详尽表现。创造性思维包含发散思维、聚合思维、联想等一系列与创造性相关的思维活动。具有创造性思维的个体能突破性地将概念进行整合，此整合是针对特定情境进行的有意义、有价值的系统综合（Eysenck，2018）。国内学者林崇德（2002）对创造性思维的定义是：根据既定目的，运用可得信息，产生新奇、独特、有价值产品的心理品质。本研究基于 Guilford（1967a）提出的定义，认为创造性思维的核心是发散思维，其特点如下：流畅性是指有限时间内提出的观点数量；独创性是指思维视角独特，解题方法不同；灵活性是指以多元的视角考虑问题。

在心理学领域，我们通常将创新和创造性、创造力视为同一概念（林崇德，2010）。在 1950 年的美国心理学年会上，Guilford 发表了创造性相关演讲，拉开了创造性研究的帷幕。研究者对创造性的理论依据、研究重点和判断标准有不同的看法，使得创造性的定义存在分歧。常见的定义涉及四个方面：创造性过程、创造性产品、创造性个人和创造性环境。第一种是从创造性过程层面进行定义，将创造性界定为一种心理过程，强调个体的创造性主要体现在创造的过程中（Mobley，Doares，Mumford，et al.，1992；Torrance，1998）。第二种是从创造性产品角度进行界定，强调创造性是通过产生的产品体现出来的，创造性产品具有新颖、适用和有价值等特点（赵千秋，2012）。第三种是从创造性个人层面进行定义，强调创造性是一种人格特征，包含求知欲、独立性、好奇心、容忍模糊、冒险精神等，研究创造性就是研究创造性人格的问题（Guilford，1967a；Sternberg，1988）。第四种是从创造性环境角度进行界定，重视环境、压力对个体创造性的影响，是压力论与环境论者所持有的观点（Amabile，Gryskiewicz，1987；Oldham，Cummings，1996）。

现有的文献研究中对创造性的定义并未统一，国内较为认可的是将创造性定义为根据一定目的，运用一切已知信息，产出某种新颖、独特、有社会或个人价值的产品的智力品质（林崇德，1999）。个体的创造性不仅取决于自身的认知能力和思维模式，还与所接触到的信息密切相关。那些能够打破常规、提供新视角的信息，对于激发创造性思维具有关键作用，本研究中将能够激发个体产生新颖且有价值的想法、观念或解决方案的信息称作创造性信息。在本研究中，创造性信息是将创造性可操作化，主要是指创造性人物和创造性词汇。

（二）创造性思维的结构

创造性思维由倾向和能力两个要素构成（汪茂华，2018）。人类现有的知识、经验等是创造性思维培养的基础。倾向方面是指人的冒险性、好奇心、想象力和挑战性等特征。冒险性表现为能坦然地接受失败与批评、能在错综复杂的环境中完成使命、敢想敢猜、敢为自我观点正名等；好奇心是指有奇思妙想的心理，爱追根溯源、接触杂乱无章的情境，能挖掘事物内部联系；想象力是指根据某种知识经验在头脑中塑造新形象的能力；挑战性表现为乐于探究复杂的问题情境及思路，推测事物发展的多种可能性，了解事物未来发展与实际发展之间的距离，并能化繁为简地处理复杂情况。能力方面则包括洞察、想象、预测、整合、评估、计划、生成等要素。创造性思维包括两种重要的思维成分，即发散思维（产生多个解决方案）和聚合思维（决定最终的好主意）。其中，发散性思维是基本（Guilford，1950）。

（三）评价方法

面向创造性的人的测验大多集中在自我评价人格特征或以往行为上。威廉斯创造力倾向量表由 50 个项目组成，全面考察创造性思维倾向的四个维度，旨在衡量人格层面的创造性（申继亮，王鑫，师保国，2005）。

面向创造性产品的测验主要是利用外部评价技术来衡量产品的创造性（如同感评估技术）（Amabile，1982）。同感评估技术目前已成为创造性研究领域的主流评价技术。该技术要求多个专家各自独立地对产品的创造性进行评价与打分，最后在评价标准和得分情况上取得共识。评价的主要依据是专家对产品创造性评价的共同看法（Niu，2007）。

面向创造性思维过程的测验主要是发散思维测验，指的是在思考过程中，个体从起点出发开始思考，并向不同角度进行拓展和延伸，在事物之间建立新的有效连接，输出新的信息（Shen，Liu，Shi，et al.，2015）。研究者较多采用多用途测验，该测验需要被试根据给出的物品名称想出其新颖的、发散的非常规用途，数量越多越好（Guilford，1967b）。

（四）创造性思维的影响因素

国内外研究中关于创造性思维的影响因素可以总结为三个方面：生物学、心理与行为、环境。

生物学因素主要体现在大脑神经机制与年龄上。现代大脑研究将认知功能概念化为有层次的、有序的。进化的压力迫使神经系统更加一体化，使其能够处理日益复杂的信息结构，进而促使行为灵活性和适应性的增强（Dietrich，2004）。从脑区层面来看，在加工过程中，创造性往往会激活广泛的脑区，而前额叶皮层在不同的范式中均表现出一致性激活（Dietrich，Kanso，2010）。前额叶皮层是创造性思维的关键神经结构，那么创造性思维应该与整个生命周期的前额叶皮层发育密切相关。Fuster（2000）提出，前额叶皮层是大脑系统发育和个体发育最晚的一个结构，这很可能是儿童创造力缺乏组织性和适宜性的根本原因。从脑区来看，随着年龄的增加，前额叶皮层最早开始衰退，主要表现有皮层萎缩、白质退化、功能连接损伤及功能激活模式的变化等，导致老年人的认知功能退化（Grady，2012；Raz，Lindenberger，Rodrigue，et al.，2005；West，1996）。Dietrich（2004）在其研究中指出，衰老导致的认知僵化在所有以知识为基础的领域都发挥着作用。因此，人们会期望创造性成就在中年时达到高峰。

在心理与行为因素方面，创造性思维的研究主要集中在智力、人格和情绪三个方面。国外研究者对有创造力的成人艺术家、科学家、数学家和作家进行智力测验，结果发现，他们在一般智力测试中的得分很高（Bachtold，Werner，1970，1973；Gough，1976；Helson，1971；Helson，Crutchfield，1970）。在人格领域，研究者所采用的理论及使用的量表往往不同，本书主要阐述大五人格（开放性、尽责性、外倾性、宜人性、神经质）和人格三因素（外倾性、神经质、精神质）方面的研究。Kelly（2006）分别使用 SCAB（Scale of Creative Attributes and Behavior，创造性特质与行为量表）和 Mini-Markers 来研究创造性与人格，结果显示，开放性与创造性呈显著正相关。McCrae（1987）使用发散思维（divergent thinking，DT）测验测量创造力，结果也发现创造性与开放性联系密切，而与其他四个因素没有关系。Martindale（2007）却没有发现开放性与发散思维测验结果之间存在相关关系，只发现了外倾性与其存在相关关系。在人格三因素与创造性思维的关系中，Eysenck（1993）认为精神质得分高的个体易产生新奇的想法，也易患精神疾病，因此，精神质可能是创造性思维产生的根源与研究精神病学的基础。同时，也有研究发现，精神质与创造力之间的确有联系（Götz，1973）。有研究者采用艾森克人格测验（Eysenck Personality Questionnaire，EPQ）与类似发散思维的测验对被试进行了测量，结果发现，创造力除了与精神质相关外，还与外倾性相关（Martindale，2007）。在情绪方面，研究者主要探究正性情绪、负性情绪对创造性思维的影响。Amabile 等的研究表明，正面情绪能够帮助激发个体的工作创造性（Amabile，Barsade，Mueller，et al.，2005）。Zhou 和 George（2001）的研究发现，负面情绪（工作不满）在持续承诺、同事及组织支持水平较高时也会对个体的创造性思维产生正向作用。然而，有研究者否定了正面情绪和负面情绪对创造性思维的显著影响，认为矛盾的情绪，即在同一时间段经历正面和负面两种情绪，有助于提升员工的创造性思维水平（Fong，2006）。

在环境因素方面，存在内在训练观点（interdisciplinary perspective）、进化系统观（evolving system）、创造性行为的交互主义模型（interactionist model of creative behaviour）等理论。Policastro 和 Gardner（1999）提出的内在训练观点理论是典型的环境论，认为对个体创造性活动发生作用的是外界所提供的培养与训练，环境因素通过增加创造性活动所需要的知识与能力对创造性产生影响。进化系统观认为，外在环境主要是通过影响个体行为的目的性来影响个体的创造性活动的，目标是创造性活动的中心（Gruber，1998）。Woodman 和 Schoenfeldt（1990）的创造性行为的交互主义模型提出创造是个体与环境交互作用的结果。当前情境的前提条件会对个体的认知与非认知因素产生影响，并且会对环境的影响加以限制与选择；情境性的环境与社会性的环境同时会对创造性活动产生促进或削弱作用，创造性活动的结果反过来也会影响社会性的环境与情境性的环境；此外，个体的状态和环境之间存在相互影响。

（五）创造性思维的神经机制

从大脑分区来看，创造性思维涉及多种认知加工过程，需要调动多个神经网络共同完成（Arden，Chavez，Grazioplene，et al.，2010），而不是局限于特定的脑区或单独的神经网络活动，往往会涉及知觉、注意、记忆、发散与聚合思维、联想与想象能力等认知加工过程。因此，创造性思维与全脑机能的协同发展密切相关。但在目前的研究中，部分关于创造性的研究还是倾向于将其定位在前额叶皮层（Dietrich，Kanso，2010）、颞顶联合皮层（Flaherty，2005）、后部顶叶（Pidgeon，Grealy，Duffy，et al.，2016）等区域。

前额叶皮层被认为是与创造性思维关系最为密切的脑区。该区域的激活不仅与发散思维相关，还与信息检索、选择以及抑制不合适反应等过程相关。这些都是创造性思维活动中的关键步骤。发散思维更多涉及外侧前额叶皮层后部（Gonen-Yaacovi，De Souza，Levy，et al.，2013）。当个体进行发散思维时，大脑的右侧前额叶皮层会有显著激活（Howard-Jones，Blakemore，Samuel，et al.，2005）。当个体在完成非常规用途任务时，外侧前额叶皮层的激活程度越大，个体在创造性任务中的流畅性得分也越高（Kleibeuker，Koolschijn，Jolles，et al.，2013）。总体看来，前额叶可能主要与个体完成创造性活动所需的基本执行功能，如认知控制、抑制、灵活性、工作记忆等有关（Benedek，Jauk，Sommer，et al.，2014）。

此外，顶叶和颞叶等脑区也因其与注意控制、记忆线索和观点采择等相关（Kleibeuker，Stevenson，Van Der Aar，et al.，2017）而被视作创造性思维过程中的关键脑区。当个体完成言语发散思维任务时，顶叶和颞顶联合区均会呈现出更高水平的激活（Fink，Grabner，Benedek，et al.，2009）。

三、批创思维

"批创思维"最早是由费希尔（Fisher，2001）提出来的。他主张使用"批判-创新思维"一词。"批创思维"包括批判性思维和创造性思维。"批创思维"是紧密相关、相辅相成的，二者往往是共同发挥作用的，而非独立使用。创造性思维要运用批判性思维作为工具，突破刻板的思维定式（熊明辉，2014）。在问题解决过程中，"批创思维"是一种具有创新意义和质疑精神的策略。批判性思维在解答问题的过程中负责挖掘深层思想和假定，并对其进行理性的评价和判断。在问题求解的决策过程中，个体必须对问题进行深入的思考与挖掘，探索一切可能的解决方案，并通过比较与评价选择最优解，最后评估最优方案的实践可行性与有效性。在该过程中，"批创思维"交替进行。

（一）"批创思维"的内部逻辑

"批创思维"关系密切，二者相互促进、缺一不可。以往研究中，部分学者认为二者完全不同且毫无相关，将"批创思维"对立看待，这样的观点是十分片面的。"批创思维"在思维实践的过程中是统一的、不可分割的。

"批创思维"在思维特点上有一定的区别。批判性思维是分析性的，要求在已有的具体框架内进行分析和评估，基于固有的判断标准来做出理性的决策；而创造性思维恰恰是突破性的，可以打破框架的束缚，通向新观点的生成（熊明辉，2014）。但批判性思维与创造性思维的区分只具有相对意义。创造性思维并不是脱离了分析、逻辑和评估的纯粹生成，而是在难题情境中做出合理的批判性响应的条件下发生的创造性行为；批判性思维也不能局限于严格分析和规则决定，而是需要创造性地提出假说、生成反例、构建反论证和预想潜在的问题。

从思维工具来看，批判性思维是创造性思维的工具。创造性思维可分为逻辑的和非逻辑的两种。前者是利用逻辑思维的方法，通过演绎和归纳探索新的领域，得到新的结论。创造性思维巧妙地运用逻辑规则，挖掘事物之间潜在的相关关系，激发新观点的生成。后者则通过无法预知的灵感迸发来产生新观念，具有发散性。非逻辑创造性思维不会受限于严格的推导过程，而是敢于大胆突破。无论是逻辑的还是非逻辑的创造性思维过程，批判性思维均起到工具的作用，个体需要用批判性思维作为工具进行分析，从而产生新观点（Bailin，1987）。因此，批判性思维是创造性思维推进的重要方法。

从思维过程来看，批判性思维推动创造性思维。"批创思维"的关系表现为"交替论"，在思维过程中形成互补，交替进行。创造性思维双过程模型由两个思维过程组成：产生新想法的过程，以及评价、辨别新想法的过程（Sowden，Pringle，Gabora，2015）。首先，"批创思维"是一个不断提出问题的过程。其中，批判性思维的求知、求真能力的主要作用在于发现和判断问题。批判性思维是创造性思维的起点和灵感源泉。创造性思维可以从批判性思维中诞生，从中发现问题。其次，"批创思维"也是一个不断解决问题的过程。批判性思维的客观、开放能力的作用主要在于多角度搜集信息，寻找尽可能多的解决方案。缺乏批判性思维的人难以独立提出新观点，更多的是接纳他人表达出来的想法。批判性思维可以对创造性思维进行验证。批判性思维的系统分析能力的作用则在于使个体不断地审视自己提出的新观点，努力寻找替代性方案，由此不断优化自己的论据和论点。

创造性思维是目标，可促进对新观点的探索；批判性思维是工具，可加强对新观点的评估。个体在思考的过程中一旦发现问题，则会退回上一阶段，并在"批创思维"之间交替反复。这正是批判性思维在创造性思维的发生及实现进程中起到的催化和推动作用。

（二）"批创思维"的共同神经基础

1. 大脑功能连接

"批创思维"是大脑默认网络与执行控制网络动态相互作用的结果（滕静，沈汪兵，郝宁，2018）。默认网络与自发思维活动相关（Buckner，Andrews-Hanna，Schacter，2008；Chen，Xu，Yang，et al.，2015），有利于创造性想法的生成，负责提取隐藏在尝试记忆中的信息；执行控制网络则与认知控制相关，负责根据条件评估并改进新观点。二者原本存在着拮抗关系，由突显网络负责二者之间的转变，但是在创造性思维任务中，两者之间的拮抗作用会被打破，二者共同合作（Christoff，Irving，Fox，et al.，2016）。大脑默认网络与执行控制网络之间协同作用的增强能提高个体的"批创思维"能力。

2. 定式批判

批判性思维是创造性智力的组成部分，在其中起到定式批判的作用（徐展，张庆林，Sternberg，2004）。因此，对定式批判认知机制的探讨有助于把"批创思维"紧密地联系在一起，发现两者共同的神经基础。思维定式是人们运用固有的思维方式来思考和分析问题的思维过程。定式批判则是指运用批判性思维，通过知识迁移、举一反三等方式，灵活地解决问题，打破已有的思维定式。

前扣带回皮层与定式批判的思维过程密切相关。前扣带回皮层负责监控认知冲突（Aston-Jones，Cohen，2005）。有研究通过对定式转移过程中产生的差异负波 N380 进行源定位，发现其位于前扣带回皮层（Mai，Luo，Wu，et al.，2004）。当个体在错误检测过程中发现依靠自己原有的思维定式无法解决问题时，个体就会寻找新的解决途径，由此引发了前扣带回皮层的激活。右腹外侧前额叶皮层也是负责定式批判的关键脑区（Shen，Luo，Liu，et al.，2013）。在包含定式解除的发散思维任务中，顺利解题时比失败时显著激活了右腹外侧前额叶皮层、左侧额中回和左侧额极等脑区（Goel，Vartanian，2005）。

四、批判性思维的有效教学

有效教学，即遵循教学规律，有效果、有效益、有效率的教学（姚利民，2005）。这一概念自20世纪上半叶被提出以来一直吸引着国内外教育研究者的目光。有学者指出，有效教学行为是指有益于学生学习发展和教师专业成长的教学行为（陈晓端，马建华，2006）。国内外学者定义了一些高成效的教学行为。例如，鲍里奇提出了10种能显著提高学生学习成绩的教学行为，包括让学生参与学习过程等5种关键行为以及组织探讨等5种辅助行为（加里·D. 鲍里奇，2002）。白益民通过因子分析，将高成效教师行为分为实质性互动行为、维持学生专注行为和教学的计划与反思，其中，实质性互动行为的影响最大（白益民，2000）。有效教学相关研究主要以"场景—过程—结果"为框架展开分析，其中，场景变量主要包括学生、教师、班级、学校等层次的特征变量，取决于各个教学参与者的背景信息及教学环境的固定特征；过程变量包括教师的教学行为和学生自身的学习行为；结果变量即教与学的目标，最经典的衡量指标就是学生成绩（冯沁雪，马莉萍，2022）。有效教学行为研究内容主要包括内涵分析、特征总结、评价标准界定、影响因素挖掘和具体策略探讨等（张亚星，胡咏梅，2014）。本研究着眼于有效教学的过程与结果，即教学过程中教师的教学行为与学生的学习行为，以及教学给学生带来的生理、心理、行为上的变化。

五、批判性思维的教学模式

教学效果与教学模式（俗称"大方法"）紧密相关。学者从不同角度对教学模式进行了定义。有学者从教学模式的内容和性质出发进行定义，认为教学模式不仅是一种教学手段，而且是关于教学原理、教学内容、教学目标和任务、教学过程直至教学组织形式的整体、系统的操作样式（叶澜，1991）。也有学者在教学模式内容的基础上提出了教学模式的特征，认为一个完整的教学模式应该包含主题（理论依据）、目标、条件（或称手段）、程序和评价等五个要素，并且应该具有三个特点：①有一定的理论指导；②需要完成规定的教学目标和内容；③表现出一定的教学活动序列及其方法策略（张武升，1988）。还有学者从教学设计的流程角度，提出教学设计流程包括学习内容分析、学习者分析、教学目标及其编写、教学策略的制定、教学评价、教案编写等环节（刘美凤，康翠，董丽丽，2018）。同时，也有学者从教学设计的内容角度，提出教学设计内容包括学习内容、学习结果、教学目标、教学策略、教学媒体、教学过程等（徐英俊，曲艺，2011）。有学者从更加宏观概括的角度指出，教学模式是指在一定教学思想或教学理论的指导下建立起来的较为稳定的教学活动结构框架和活动程序（黄甫全，王本陆，2003）。综上所述，教学模式指的是根据相关教学理论，借助教学媒体等媒介，完成规定的教学目标和内容，达成一定的学习结果，表现较为稳定的教学活动序列流程及其方法策略的教学活动结构框架和活动程序。

六、批判性思维的教学策略

教学模式与教学策略关系密切。针对教学策略的定义及其与教学模式的关系，国内外学者持有不同的观点。基于前文关于国内学者对教学模式的定义可知，国内学者普遍认为教学策略是教学模式中的一个重要组成部分。而美国大学的分类却不同，由于美国中小学在十年级之前不分科，美国的中小学教师既要做课程设计，也要做教学设计。相对于中小学教师，美国的大学任课教师通常是学科专家，在教学内容的选择上有最终决定权，即他们自己设计课程内容。他们在教学上需要获得的帮助通常不是学科内容方面的，而是教学模式和教学方法方面的。因此，美国大学有专门的教学设计人员，主要是在教学模式和教学方法的设计方面和任课教师合作，给教师提供支持和帮助。这是美国大学和中小学教学在教学设计方面最重要的差别。美国大学的教学设计可以分为两个层次：一是对全课程的教学设计；二是对课程某一部分的教学设计。对此，美国著名教学设计师芬克认为，对整个课程的教学设计是一组教学法的组合，可称为教学策略；如果对课程的一个部分或一个单元进行教学设计，即为了这个单元的教学选择某个教学方法，这就称为教学方法设计（instructional method design）（Fink，2003）。综上可知，国外学者定义的教学策略相当于我国学者定义的教学模式，而国外学者定义的教学方法相当于我国学者定义的教学策略。本研究采用国内学者的定义，把仅涉及课程某个单元的教学设计称为教学策略，把涉及整个课程的教学设计称为教学模式。

第二节　批判性思维与创造性思维的研究现状

一、思维教育的研究现状

教育心理学研究发展的新动向十分关注批判性思维，关于批判性思维的研究不断深入。为了促进素质教育，培养创新型人才，学者一直在积极推动"批判性思维"课程的构建，并对其进行了有益的探索。

以往学者大多重点关注如何培养学生的批判性思维技能，传授批判性思维技能。这是因为在教育教学的意义和培养途径方面，批判性思维受到智力水平、知识储备和逻辑思维能力的影响，但又具有其独特性，必须通过主动学习、主动训练才能掌握与提升（刘儒德，2000）。尤其是在创新性教学文化下，批判性思维对培养学生能力起着举足轻重的作用（董毓，2014）。目前，我国大学都在积极、深入地推进大学生批判性思维培养的研究与实践，部分学校开设了以学习逻辑思维为基础的批判性思维课程。

批判性思维教育不能仅仅局限于能力的提升与技巧的掌握，它更是一种素质。开设批判性思维通识课程只是发展批判性思维教育的入口（董毓，2014）。若仅凭教师的教学和短暂的训练，学生学习到的可能仅包括批判性思维的一般原则，远远不足以达到系统思维培养的要求。因此，高等教育更应该将批判性思维的教育理念贯穿在学科教学之中。研究者开始尝试将批判性思维运用到各个学科的教学环节中，通过开展结合专业内容的探究式课外活动课，学生学会了自我反思，增强了自身的批判意识（任长松，2014）。不仅如此，新技术的引入为批判性思维教育提供了新的工具，也对后者提出了更高的要求。从教师和学生两个主体出发，在线学习有利于在设计教学和学生自主学习两个方面促进批判性思维发展，进而系统提高思维能力（俞树煜，王国华，聂胜欣，等，2015）。

二、批判性思维与创造性思维之间联系的研究

已有的研究内容主要集中于批判性思维与创新型人才培养上，虽然没有直接的研究成果，但是客观上却有不少间接研究成果，本书将这些研究成果作为学术基础。

目前，国外对于两者的关系认识与研究主要可分为三类。

（1）批判性思维与创造性思维之间具有一定的联系

持有这类观点的主要是某些持后现代主义和历史主义思想倾向的研究学者，其中又以麦克佩克（McPeck）为典型代表。麦克佩克在其著作《批判性思维与教育》（Critical Thinking and Education）中指出，批判性思维是知识创造与产生的基础，在其中发挥着重要作用（McPeck，1981）。此外，批判性思维以逻辑为基础，而这种逻辑与创造性并没有联系（Weinstein，1991）。持这类观点的研究者揭示了批判性思维与创造性思维之间具有重叠部分，但却未明确认识两者之间真正的关系。

（2）批判性思维和创造性思维之间没有联系

具有逻辑实证主义倾向的研究者认为，创造性思维在新知识和新事物的产生中能够发挥作用，而批判性思维并不参与其中。他们持有这样的观点的原因主要是基于两者的特征。从批判性思维的概念上看，它将严密的逻辑思维作为分析、综合、推理、判断的基础，只有评价时才发挥其作用。创造过程需要创新思维，即发散性、想象性，而不会运用批判性思维的基本技能。

（3）批判性思维和创造性思维联系密切

Paul 和 Elder（2004）意识到"批判性思维"与"创造性思维"被完全对立或混为一谈这一问题，并论证了批判性思维和创造性思维的关系，即渗透、转换、促进关系。Blake 和 Masschelein（2003）认为，批判性思维和创造性思维是相辅相成的。在创新的时候，一方面要使用批判性思维，另一方面要使用创造性

思维（Keshavarz，Baghdarnia，2013），二者的完美结合才会促使创新结果的产生。

三、批判性思维与创造性思维的共性与特性

20世纪80年代中期，国内开始进行批判性思维研究。有学者翻译和介绍了国外的相关著作。近年来，我国逐步设立了专门的研究队伍和机构，以开展批判性思维的研究。总体来看，这些研究呈现出以下特点。

（1）批判性思维与创造性思维存在矛盾性和共性

从矛盾性来说，创造性思维与批判性思维贯穿于个体生命和人类社会中，矛盾是无止境的。共性表现在相互重叠的地方，批判性思维技能、倾向与创造性思维能力、个性品质有相同内容。两种思维都依赖特定知识，需在特定领域中进行（罗清旭，2002）。

（2）批判性思维和创造性思维有着密切的联系

冯艳首次将批判性思维与创新型人才的各个构成要素进行了一次较全面的研究，探讨了批判性思维和创新的密切关系，指出加强批判性思维教育对于推进创新、培养创新型人才具有重要意义（冯艳，2012）。有学者认为，从广义的角度来看，批判性思维就是创新思维（丁辉，贺善侃，张士运，2010）。两者虽然存在共性，但在过程中还是各有偏重，在创新活动中的作用也有差异，这种说法还有待探讨。

第三节　基于创新素养提升的批判性思维教学

一、基于创新素养提升的批判性思维教学有效性

关于批判性思维教学的元分析研究结果为批判性思维教学存在的必要性奠定

了坚实的基础。有学者分析了 117 项批判性思维研究，发现学界关于批判性思维干预的研究十分有限，但干预对批判性思维的提升却有着积极的影响。批判性思维干预效果大小存在较大差异的主要原因是干预类型和实施程度存在差异（Abrami，Bernard，Borokhovski，et al.，2008）。另有元分析研究结果表明，大学生批判性思维技能和倾向在大学阶段有显著提高，且随时间的发展表现出非线性增益（Huber，Kuncel，2016）。一项研究分析了 2010—2020 年发表的批判性思维教学实证研究论文，以探究批判性思维的可教性，结果表明，所有学科领域和教育阶段都有提升学生批判性思维（包括技能和倾向）的有效教学策略（冷静，路晓旭，2020）。有学者对影响批判性思维教学效果的因素进行了研究，发现不同研究产生的效应量之间显著异质，主要原因在于不同研究采用了不同的课程类型、教学模式、教学策略、评估工具等（任学柱，刘欣悦，王腾飞，2023）。鉴于前文已讨论过评估工具，下文将聚焦于不同的教学策略与教学模式对教学效果的影响。

二、基于创新素养提升的批判性思维教学策略

鉴于批判性思维是可教的，批判性思维教学是有效的，研究者对不同的教学策略对批判性思维的提升效果进行了进一步研究，但并未得到较为一致的结论。研究表明，对话法和抛锚式指导有助于提升批判性思维，若对话法、抛锚式指导和一对一的学徒式辅导三种策略同时被应用于批判性思维教学，此时能够达到最佳的教学效果（Abrami，Bernard，Borokhovski，et al.，2015）。有研究表明，师生互动对批判性思维有显著的正向影响，而同伴互动对批判性思维无显著影响，学习参与在学习动机与批判性思维之间起部分中介作用（梁慧，吕林海，2019）。有研究还指出，分组教学能够有效提高教学效率，增强学生学习动机，帮助学生形成批判性思维技能（Echazarra，Salinas，Méndez，et al.，2016）。还有研究表明，在高等教育领域，基于问题的教学策略对批判性思维培养具有较大影响，且对技能和倾向的培养效果无显著差异（Liu，Pásztor，2022）。另有研究发现，协作式问题解决模式能显著且成功地增强学生的批判性思维倾向，但在提高学生的批判性思维技能方面效果不佳（Xu，Wang W，Wang Q，2023）。

基于以上研究，从人际互动的角度来看，教学策略可分为以传授为中心和以学生为中心两种取向（Cobern，Schuster，Adams，et al.，2010）。以传授为中心的教学策略是指教师在课堂教学中占主导角色，以讲授式教学策略传递与分享知识；以学生为中心的教学策略则强调营造协作式学习氛围，教学过程的重点在于师生之间的讨论和学生之间的交流互动（范勇，刘亚芳，2022）。讲授式教学策略通常指教师通过语言表达的方式单方面向学生叙述知识、讲解理论、阐明道理和传授经验等的"封闭式"教学策略，属于教师主导式的教学策略（Ogunride，Fasoro，Ojo，et al.，2020；丛立新，2008）。分组讨论式教学策略是由教师组织并指导学生围绕特定的主题自主学习、展开讨论、互助交流，将学习的自主权让渡给学生的教学策略，是典型的以学生为中心的教学策略（吴援明，肖华，2008）。师生互动教学策略则是指在平等的师生关系中，教师和学生为解决特定的问题有目的地相互交流，从而产生交互作用和影响的教学方式（张紫屏，2015），这种策略要求教师与学生共同参与。

有研究认为，以传授为中心的教学策略由于知识传递的单向性，容易忽视学生在学习过程中的个体差异，导致学生被动学习，削弱了学生学习的积极性和主动性（Schwerdt，Wuppermann，2011）。更多的实证研究支持了以学生为中心的教学策略的有效性。有研究者采用准实验的方法对学生分组讨论教学策略进行了研究，结果表明，该策略能够有效促进学生认知的发展（Lavy，2016）。但有研究结果表明，教师主导的教学策略对学生成绩具有积极作用（Zuzovsky，2013）。由此可知，关于讲授法、师生互动法、生生讨论法作用的研究还有待进一步细化。

有学者指出，当多种教学方法、策略和技术相互配合使用，并且学习者之间有较强的组织性和较强的互动与协作时，批判性思维教学干预的效果将会最大化，但如何有机协调和组合不同的教学策略，仍需要更多研究来加以论证（任学柱，刘欣悦，王腾飞，2023）。而现有关于批判性思维教学效果的研究倾向于单独考量某种教学策略或比较不同教学策略的优劣，忽略了整合不同教学策略中共同起效的本质因素，缺乏对不同教学策略整合的教学模式如何起效进行论证。

有研究者利用近红外光谱仪测量学习者观看教学视频时的大脑神经活动状态，结果发现，学习者观看课程时初始阶段的大脑神经活动状态和学习兴趣有一定关系，观看兴趣较强的课程时，学习者显示出更活跃的大脑神经活动状态，而观看兴趣较弱的课程时，学习者显示出更低的大脑神经活跃水平，但是难以判断两者之间的差异是否显著；外部学习动机能够影响学习者在学习过程中大脑神经活动状态的活跃程度，有测试压力时，学习者的大脑神经活动状态更活跃；学习动机会随着学习体验过程、学习体验感受而发生变化，授课方式、课程资源制作精良程度是影响学习动机的重要因素（陈梅芬，2017）。可见，学习者在学习过程中，动机性质及水平会影响其大脑的神经活动状态。

现代神经科学的研究成果已经能够展示大脑处理情绪的神经框架，揭示情绪和学习的核心认知过程——动机、注意力和记忆之间广泛的相互作用（Li，Gow，Zhou，2020）。在解剖学上，前额叶皮层与处理情绪的扣带回皮层和边缘区域有联系（Ray，Zald，2012）。在功能上，背外侧前额叶皮层参与注意力的集中过程（MacDonald，Cohen，Stenger，et al.，2000）。学习体验与注意力、情感和奖励等由前额叶皮层处理的高级认知功能及心理过程密切相关（Csikszentmihalyi，Nakamura，2010）。快乐、骄傲、希望等积极情绪是学习动机的基本组成部分（Pekrun，Goetz，Titz，et al.，2002），与学习者的学习成绩密切相关。只有当学习者在学习过程中体验到积极情绪时，自我调节能力才能有效地将其转化为促进学业成绩的因素（Villavicencio，Bernardo，2013）。积极情绪会对学习者的认知功能产生积极影响，促使其突破思维极限，增强认知灵活性，提高解决问题的效率（Fredrickson，Branigan，2005）。

有学者提出，批判性思维倾向是激活批判性思维技能的过程（Ennis，2011），与个体获取批判性思维技能的动机和态度有关。由此可以推知，即使具备了批判性思维技能，如果没有批判性思维倾向的激活作用，个体也不会主动使用批判性思维。为此，本研究探讨不同互动程度的教学策略如何影响批判性思维学习体验，试图在对学习者的学习体验与学习动机的神经机制研究中寻找相关线索。

三、基于创新素养提升的批判性思维教学模式

（一）批判性思维课程类型对教学有效性的影响

多数学者在对批判性思维教学效果进行文献研究和元分析研究时，都从课程

类型角度进行总结分析，有关批判性思维课程设计的实证研究也积累了可供参考的研究结果。而课程与教学是紧密相连的，在批判性思维教学研究领域，也有学者将课程模式等同于教学模式（陶威，沈红，2022），因此，在梳理批判性思维教学模式相关文献之前，无法避开的一个话题就是课程模式。

学者虽然对批判性思维课程类型进行了区分和理论分析，阐述了不同类型的课程可能产生的影响，但对不同批判性思维课程类型的有效性评估的实证研究结果并不一致。一些研究结果表明，独立课程对批判性思维的培养具有积极影响（Liu T，Yu，Liu M，et al.，2021；Penningroth，Despain，Gray，2007），然而也有研究表明，独立课程对提高学生批判性思维技能没有明显作用（Smith，Gillette，Taylor，et al.，2019）。与独立课程研究结果相似，尽管有研究发现，将批判性思维技能教学纳入文学课中对学生的批判性思维技能发展具有积极影响（Djamàa，2018），但也有研究发现，为护理专业学生开设的融合课程并没有显著提高学生的批判性思维技能（Choi，Lindquist，Song，2014）。一项将批判性思维融入英语课的研究发现，融合课程比传统讲授课程在批判性思维倾向的分析性、求知欲两方面的提升效果更好（杨天地，王雪艳，2014）。我国学者对独立课程和融合课程对批判性思维技能的提升效果进行了研究，结果发现，融合课程对大学生批判性思维技能的发展有显著的正向影响，而独立课程对大学生批判性思维技能的发展没有统计学上的显著影响（Zhang，Tang，Xu，2022）。多位学者都强调了独立开设批判性思维课程的重要性与必要性（戴维·希契柯克，张亦凡，周文慧，2012；董毓，2014；罗伯特·恩尼斯，仲海霞，2014），我国批判性思维课程的建设与发展还处于初级阶段，本研究将聚焦于独立课程的教学有效性研究。

如前文所述，课程因教学得以落地，不同类型课程有效性的实证研究结果不一致的原因之一可能是不同教学模式的实际作用机制与路径各异，因此，教学模式的探究有可能在更加核心的层次为课程有效性及其机制提供解释。

（二）批判性思维教学模式对教学有效性的影响

学者从不同角度对批判性思维教学模式进行了分类，并在其分类基础上对教学有效性的影响进行了分析。

有学者将批判性思维教学模式分为直接式、间接式和综合式三种（陈振华，

2014）。直接式教学模式旨在进行专门训练，要求学生掌握教师提供的知识信息，准确模仿教师教给他们的行为或技能，这种模式强调教学训练的程序性、教学策略的针对性、教学内容的直接性。间接式教学模式不像直接式教学模式那样需要教师提供有关批判性思维的所有知识和程序，它基于现实考量，要求教师作为一个促进者，引导学生寻找答案，目的在于使学生学会评价那些有关争议性问题的各种观点，尊重各种意见和别人的信念，学会发现解决问题的方法，这种模式强调学生学习的主动性，鼓励学生的自主性探究，充分尊重学生对问题的观点，并促进他们之间进行有效交流。综合式教学模式基于复杂思维，结合了直接式教学模式与间接式教学模式的优势，强调在确立发展学生批判性思维技能的教育目标后，将其划分为多元性的教育教学目标，如划分为知识与技能、过程与方法、态度情感与价值观等。

还有学者将批判性思维教学模式分为一般式、灌输式、沉浸式、混合式四种（任学柱，刘欣悦，王腾飞，2023）。一般式教学模式类似于前述分类中的直接式教学模式，目标是让学生掌握批判性思维的基本原理和方法，运用该教学模式的教师将此作为核心教学内容，会在教学过程中明确告知学生批判性思维的基本原理和方法。灌输式教学模式和沉浸式教学模式则与课程模式中的融合课程相对应，二者的主要区别是批判性思维的提升方式在课程教学中的表现是否隐蔽，具体而言，灌输式教学模式在教学过程中明确将批判性思维培养作为学科教学的目标之一，并让学生充分了解这一教学目标，在此基础上开展深入、透彻的学科教学，鼓励学生在某一特定学科内进行充分的批判性思考；而沉浸式教学模式主要以隐蔽的方式提升学生的批判性思维，在进行学科教学时不会明确向学生指出批判性思维的目标、基本原理和方法，而是通过学科教学去"唤醒"学生的批判性思维，让学生"沉浸"于学科知识学习，类似于前述分类中的间接教学模式。基于以上三种教学模式各有其优势与不足，有学者提出混合式教学模式，在这种模式中，学生既学习批判性思维的基本原理和方法，也接受特定学科的批判性思维教学，从而全面掌握批判性思维的基本知识，同时具备在具体学科中运用批判性思维的能力。该研究对已有的元分析文献进行梳理，发现以下结果：沉浸式教学对学生批判性思维的提升效果不理想，而采用混合式教学模式往往能获得更大的效应量；采用一般式教学模式的研究中，约有80%的学生报告其批判性思维得到显著改善，比例最高；采用混合式教学模式的研究中，约有67%的学生报告其批判性思维得到显著改善，仅次于前者；而采用沉浸式教学模式的研究中，约有50%的学生报告其批判性思维得到显著改善，比例最低。这意味着，当教学目标是显性的时候，采用一般式教学模式可能更加有效，因此，该研究倡导在教学中应将批判性思维的提升整合到具体的教学目标中，并同时介绍批判性思维的方法和原理，以确保学生理解批判性思维在特定领域的应用，这是使学生学会批判性思考和提升批判性思维的最佳途径（任学柱，刘欣悦，王腾飞，2023）。

综上所述，无论是间接式、直接式、综合式，还是一般式、灌输式、沉浸式、混合式的教学模式，都非常重视批判性思维发生、进行的过程，旨在让学生享受批判性思维用于具体情境、问题的过程。教师的教学策略，无论是对话法、讨论法、自由提问法，抑或小组协作法、基于问题法、抛锚式指导法，都旨在促使学生参与到批判性思维的过程中，彰显了以学生为中心的理念。只要让学生在批判性思维过程中享有思维的愉悦，那么他们就会积极主动地参与批判性思维活动。一些研究还表明，只有在愉快、自由和宽松的教育教学过程中，学生才能迸发出巨大的独立思考的能量（冯向东，2021；赵蒙成，2018；刘晓玲，黎娅玲，2015）。

批判性思维对创造性影响的实验研究

第一节 研究一：创造性人物启动批判性思维倾向

大学生处于心理延缓偿付期（psychological moratorium）（Erikson，1980），这一时期是个体进行自我探索的缓冲期，也是个体寻找未来发展的关键期。那么，不同批判性思维倾向的大学生如何认知创造性信息？高批判性思维倾向个体是否会对高创造性信息投入更多的认知资源？对于不同的创造性人物，个体在认知上又有什么样的差异？为探究这些问题，研究一将结合阈上和阈下的事件相关电位（event-related potential，ERP）实验，对不同批判性思维倾向者进行研究，探讨其如何认知创造性信息，通过对行为数据和 ERP 数据的统计分析，以揭示不同批判性思维倾向个体对创造性信息的认知特点与脑机制。

本研究中，ERP 实验主要分为阈上和阈下两个实验。阈上实验即外显实验，实验中呈现创造性人物与创造性词汇，要求被试判断人物与词汇的创造性是否一致。阈下实验采用 Stroop 实验范式，启动创造性人物之后，呈现红色、绿色创造性词汇，让被试判断词汇颜色。采用 2（批判性思维倾向：高/低）×2（创造性词汇：高/低）×2（创造性人物：高/低）的实验设计，因变量是正确率、反应时和实验中的脑电成分。

为了解个体在阈下如何认知创造性信息，丰富不同批判性思维倾向者对创造性信息的认知，实验 1a 旨在探究不同批判性思维倾向者对创造性信息的外显认知。实验 1b 是一个内隐的、无意识的实验过程。相比于阈上实验，阈下实验收集的数据更能说明问题，结果更加可靠，具有重要的参考意义。内隐认知（implicit cognition）是指在认知过程中，个体不能回忆的经验仍然潜在地对其以后的行为和判断产生影响的现象（冯永辉，2005）。实验 1b 旨在探究不同批判性思维倾向者对创造性信息的内隐认知。

一、实验 1a：不同批判性思维倾向者对创造性信息的外显认知

（一）研究方法

1. 实验被试

本实验采用加利福尼亚批判性思维倾向测验作为筛选工具，本研究中的 Cronbach's α 系数为 0.818，内部一致性较好。在武汉地区高校选取 41 名大学生作为研究对象（男生 20 名，女生 21 名），年龄在 18—28 岁（平均年龄为 23.60±2.45 岁），均为右利手。被试在实验前均签署了知情同意书，完成实验后可获得一定报酬。其中高批判性思维倾向被试为 20 名，低批判性思维倾向被试为 21 名。根据正确率不小于 80%、反应时需在 300—1000ms 的原则，剔除 1 名被试。

2. 实验材料

实验材料为创造性信息，共分为两类：一类为创造性词汇；另一类为创造性人物。首先，从《现代汉语词典》（第 7 版）中选取创造性词汇 135 个。其次，邀请 20 名心理学专业学生作为评分者，对搜集到的各个创造性词汇的熟悉度、优势度进行 9 点评分。对于熟悉度，指导语是"请你对词汇的熟悉程度进行 9 点评分（1=非常不熟悉，5=一般，9=非常熟悉）"。对于优势度（相对强度），指导语是"请你对词汇本身所表达的创造性强弱程度或者与创造性的相关程度进行 9 点评分（1=低相关/低强度，5=一般，9=高相关/高强度）"。

根据优势度高低进行排序，排序前 27% 的词汇为高创造性词汇（37 个），排

序后 27% 的词汇为低创造性词汇（36 个）。进一步对选定词汇的优势度、熟悉度进行分析，结果表明，高创造性词汇（6.71±0.53）和低创造性词汇（2.87±0.41）在优势度上存在显著差异，$F_{(2, 71)}=0.994$，$p<0.001$；但高创造性词汇（7.24±0.48）和低创造性词汇（7.34±0.95）在熟悉度上不存在显著差异，$F_{(2, 71)}=0.363$，$p=0.584$。

　　最终选取了在各个指标上相互平衡的 40 个创造性词汇作为实验材料，见表 2-1，其中高、低创造性词汇各 20 个，并将其制作为图片。图片的大小和像素等均使用统一标准，像素为 280×170，分辨率为 96dpi，位深度为 24 bit。

表 2-1　创造性词汇表

高创造性词汇	低创造性词汇
开发、创立、创设、创始、灵活、创新、创业、创造、创作、新奇、开创、新颖、新意、首创、发散、好奇、研发、开放、开拓、创建	保守、固执、守旧、仿制、仿造、雷同、普遍、平庸、旧貌、附属、跟随、顽固、落伍、仿照、固守、相同、原始、维护、模仿、陈规

　　针对创造性人物的选取，我们首先在网络上选择人物图片共 9 张，其次，邀请 22 名心理学专业的学生对人物的创造性进行 9 点评分（1=低创造性，5=中等，9=高创造性）。对人物的创造性高低进行排序，排序前 27% 的人物为高创造性人物（2 张），排序后 27% 的人物为低创造性人物（2 张）。进一步对选定图片的优势度进行分析，结果表明，高创造性人物（9.00±0.53）和低创造性人物（3.55±0.41）在优势度上存在显著差异，$F_{(2, 2)}=698.882$，$p<0.05$。最终选取了 2 张创造性人物图片作为实验材料，高、低创造性人物图片各 1 张，见图 2-1。图片的大小和像素均使用统一标准，像素为 547×404，分辨率为 96dpi，位深度为 24bit。

图 2-1　高创造性人物图片与低创造性人物图片

3. 实验设计与程序

1935年，心理学家 Stroop 发现，当个体命名用红墨水写成的有意义刺激词（如"绿"）和无意义刺激词（如"回"）的颜色时，前者的颜色命名时间比后者长。这种同一刺激的颜色信息（红色）和词义信息（绿色）发生相互干扰的现象就是 Stroop 效应（陈俊，刘海燕，张积家，2007），广义来看，该效应指的就是一种刺激的不同维度发生相互干扰的现象。本实验采用2（批判性思维倾向：高/低）×2（创造性词汇：高/低）×2（创造性人物：高/低）的实验设计。所有被试在接受启动刺激之前会看到一个红色注视点"+"，呈现300ms后会出现启动刺激，即高创造性人物和低创造性人物图片。所有启动刺激界面的呈现时间为200ms，随后呈现创造性词汇，要求被试对创造性词汇的颜色进行判断（被试通过按键"1"或"2"做出决策，"1"表示判断词汇的颜色为红色，"2"表示判断词汇的颜色为绿色），词汇界面最多呈现2000ms。每个水平条件（即高创造性人物和低创造性人物）各有80个试次，整个实验共有160个试次，分为2个组块，组块之间有2分钟的休息时间。单个实验试次的流程图见图2-2。

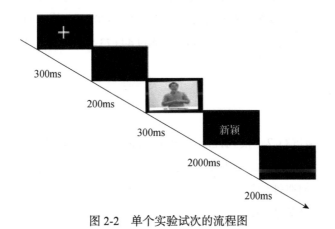

图 2-2 单个实验试次的流程图

4. ERP 数据分析

参考以往 ERP 的文献研究，以及本研究的总平均图和地形图，选取的脑电成分的电极点和相应的时间段如下。P1：100—200ms，记录点为 F1、F2、Fz、C1、C2、Cz、CP3、CP4、CPz。P2：200—300ms，记录点为 F1、F2、Fz、C1、C2、Cz、P1、P2、Pz、CP3、CP4、CPz。N2：100—200ms，记录点为 P1、P2、

Pz、O1、O2、Oz、PO3、PO4、POz。共选取 30 个电极点并进行数据分析。对行为数据和 ERP 成分分别进行统计分析，分析的四个因素分别是批判性思维倾向（高/低）、创造性词汇（高/低）、创造性人物（高/低）和脑区（P1：F 额叶 Fz/F1/F2，C 中央区 C1/C2/Cz，CP 中央顶叶 CP3/CP4/CPz；P2：F 额叶 Fz/F1/F2，C 中央区 C1/C2/Cz，P 顶叶 P1/P2/Pz，CP 中央顶叶 CP3/CP4/CPz；N2：P 顶叶 P1/P2/Pz，O 枕叶 O1/O2/Oz；PO 顶枕叶 PO3/PO4/POz），采用 Greenhouse-Geisser 法对方差分析的 p 值进行校正。

（二）结果与小结

1. 行为结果

对行为数据进行 2（批判性思维倾向：高/低）×2（创造性词汇：高/低）×2（创造性人物：高/低）的重复测量方差分析，其中，创造性词汇、创造性人物为被试内变量，批判性思维倾向为被试间变量。

对正确率进行分析，结果未发现存在显著效应。对反应时进行分析后发现，创造性词汇的主效应显著，$F_{(1, 39)}=5.454$，$p<0.05$，偏 $\eta^2=0.123$。简单效应分析发现，低创造性词汇的反应时（469.44±73.10ms）长于高创造性词汇（462.07±74.26ms）。

2. 脑电结果

（1）P1

对 P1 的波幅进行 2（批判性思维倾向：高/低）×2（创造性词汇：高/低）×2（创造性人物：高/低）×3（脑区：F 额叶/C 中央区/CP 中央顶叶）的重复测量方差分析，其中，创造性词汇、创造性人物、脑区为被试内变量，批判性思维倾向为被试间变量。结果表明，脑区的主效应显著，$F_{(1, 39)}=75.088$，$p<0.001$，偏 $\eta^2=0.658$。简单效应分析发现，波幅由大到小依次为额叶（6.53±3.02μV）、中央区（4.38±2.24μV）、中央顶叶（2.59±1.73μV）。

对 P1 的潜伏期进行 2（批判性思维倾向：高/低）×2（创造性词汇：高/低）×2（创造性人物：高/低）×3（脑区：F 额叶/C 中央区/CP 中央顶叶）的重复测量方差分析。结果表明，脑区的主效应显著，$F_{(1, 39)}=6.782$，$p<0.05$，偏 $\eta^2=0.001$。简单效应分析发现，潜伏期由长到短依次为额叶（175.69±14.65ms）、

中央区（175.35±17.16ms）、中央顶叶（165.77±22.09ms）。

（2）P2

对 P2 的波幅进行 2（批判性思维倾向：高/低）×2（创造性词汇：高/低）×2（创造性人物：高/低）×4（脑区：F 额叶/C 中央区/P 顶叶/CP 中央顶叶）的重复测量方差分析，其中，创造性词汇、创造性人物、脑区为被试内变量，批判性思维倾向为被试间变量。结果表明，创造性词汇、创造性人物、脑区之间的交互作用显著，F（1，39）=5.191，$p<0.05$，偏 η^2=0.117，见图 2-3。简单效应分析发现，在额叶，低创造性人物出现后，低创造性词汇的波幅（5.26±2.26μV）显著大于高创造性人物（4.89±2.59μV）。

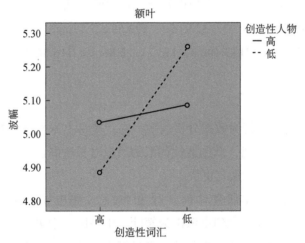

图 2-3　创造性词汇与创造性人物在额叶的交互效应

对 P2 的潜伏期进行 2（批判性思维倾向：高/低）×2（创造性词汇：高/低）×2（创造性人物：高/低）×4（脑区：F 额叶/C 中央区/P 顶叶/CP 中央顶叶）的重复测量方差分析。结果表明，脑区的主效应显著，F（1，39）=27.293，$p<0.001$，偏 η^2=0.412。简单效应分析发现，顶叶的潜伏期（259.55±19.18ms）最长，其次是中央区（255.30±21.15ms）和中央顶叶（250.78±23.17ms），两者之间无显著差异，最短的是额叶（230.01±24.66ms）。

（3）N2

对 N2 的波幅进行 2（批判性思维倾向：高/低）×2（创造性词汇：高/低）×2（创造性人物：高/低）×3（脑区：P 顶叶/O 枕叶/PO 顶枕叶）的重复测量方差分

析，其中，创造性词汇、创造性人物、脑区为被试内变量，批判性思维倾向为被试间变量。结果表明，创造性词汇与脑区的交互作用显著，$F(1, 39)=7.145$，$p<0.05$，偏 $\eta^2=0.155$，简单效应不显著。创造性人物与脑区的交互作用显著，$F(1, 39)=17.095$，$p<0.001$，偏 $\eta^2=0.305$，简单效应分析发现，在枕叶与顶枕叶，高创造性人物的波幅（$1.77\pm1.91\mu V$、$1.58\pm1.95\mu V$）显著大于低创造性人物（$0.58\pm2.27\mu V$、$0.72\pm2.43\mu V$）。

对 N2 的潜伏期进行 2（批判性思维倾向：高/低）×2（创造性词汇：高/低）×2（创造性人物：高/低）×3（脑区：P 顶叶/O 枕叶/PO 顶枕叶）的重复测量方差分析。结果表明，创造性人物与脑区的交互作用显著，$F(1, 39)=6.637$，$p<0.05$，偏 $\eta^2=0.145$，简单效应分析发现，在顶叶、枕叶、顶枕叶三个脑区，低创造性人物的潜伏期（$151.77\pm32.91ms$、$123.59\pm27.17ms$、$132.21\pm28.63ms$）均长于高创造性人物（$144.27\pm33.40ms$、$113.21\pm20.86ms$、$116.86\pm22.95ms$）。

（三）讨论

Stroop 内隐实验的行为数据分析表明，在正确率上未发现存在显著效应。而对反应时的分析结果发现，低创造性词汇的反应时长于高创造性词汇，这表明个体对高创造性词汇的认知加工更快。

从神经层面来看，本研究对 P1、P2 和 N2 三个脑电成分进行了分析，对 P1 成分的分析发现，波幅由大到小依次为额叶、中央区、中央顶叶，这说明额叶的启动程度显著大于中央区和中央顶叶；潜伏期由长到短依次为额叶、中央区、中央顶叶。对 P2 成分的分析发现，在额叶，低创造性人物出现后，低创造性词汇的波幅显著大于高创造性人物；顶叶的潜伏期最长，其次是中央区和中央顶叶，最短的是额叶。P2 成分的结果表明，创造性信息在额叶得到了更多的认知加工，且额叶的潜伏期最短，说明创造性信息在额叶引起了更早的知觉注意。对 N2 成分的分析发现，在枕叶与顶枕叶，高创造性人物的波幅显著大于低创造性人物。这一结果表明，高创造性信息在枕叶与顶枕叶诱发了更大的脑电活动；在顶叶、枕叶、顶枕叶三个脑区，低创造性人物的潜伏期均长于高创造性人物的潜伏期，这表明顶叶、枕叶和顶枕叶对于不同的创造性信息有着不同的启动过程，高创造性信息更容易启动这三个脑区。无论个体的批判性思维倾向水平如何，创造性信息在额叶得到了更多的加工，引起了更早的注意警觉。这也证实了前人关于创造性的生理机制的研究结果,即创造性主要与大脑额叶等区域相关(沈汪兵,刘昌,陈晶晶,2010;郝宁,2013;宋洁,平凡,佘瑞琴,等,2017)。

宋洁等采用 Stroop 实验范式对不同批判性思维倾向者的认知进行了研究,结果发现,与高批判性思维倾向者相比,低批判性思维倾向者对肯定词的自动化加工水平更高(宋洁,平凡,佘瑞琴,等,2017)。高创造性词汇是肯定的、积极的词汇,低创造性词汇是消极的、否定的词汇。然而,本实验却并没有发现创造性词汇与批判性思维倾向相关的结果,这可能与 Stroop 实验范式更关注认知冲突有关。外显的测量结果还需要内隐的测量结果的补充,而且这个补充是必不可少的。在众多研究中,阈上实验被认为容易受到意识的影响,但这表明外显认知可能更敏感、更准确。

二、实验 1b:不同批判性思维倾向者对创造性信息的内隐认知

(一)研究方法

1. 实验被试

本实验被试同实验 1a。

2. 实验材料

本实验材料同实验 1a。

3. 实验设计与程序

本实验设计与程序同实验 1a。

4. EEG 记录与分析

本研究采用 64 导电极帽来记录被试的脑电信号,参考电极是双耳乳突位置的电极点,接地点在 FPz 和 Fz 连线的中点,眼电(electrooculography)记录点为左眼眼尾大约 1.5cm 外的电极点。每个电极点和被试大脑头皮之间的电阻大小都在 5kΩ 之内,采取脑电信号的频率为 500Hz,记录脑电信号需要连续进行,滤波带通区间范围为 0.05—80Hz。对筛选得来的数据进行离线处理。剔除不良脑电信号波段,删除波幅在 $\pm 80\mu V$ 范围之外的被试数据和眼球运动伪迹。

（二）实验结果

1. 行为结果

对行为数据进行 2（批判性思维倾向：高/低）×2（创造性词汇：高/低）×2（创造性人物：高/低）的重复测量方差分析，其中，创造性词汇、创造性人物为被试内变量，批判性思维倾向为被试间变量。

对正确率进行分析发现，创造性词汇的主效应显著，$F(1, 39)=22.076$，$p<0.001$，偏 $\eta^2=0.367$，简单效应分析发现，高创造性词汇的正确率（0.94±0.04）比低创造性词汇（0.86±0.10）高。创造性人物的主效应显著，$F(1, 39)=38.111$，$p<0.001$，偏 $\eta^2=0.501$，简单效应分析发现，高创造性人物的正确率（0.94±0.04）比低创造性人物（0.86±0.08）高。

对反应时进行分析发现，创造性词汇的主效应显著，$F(1, 39)=70.197$，$p<0.001$，偏 $\eta^2=0.643$，低创造性词汇的反应时比高创造性词汇更长。创造性词汇和创造性人物之间存在显著的交互作用，$F(1, 39)=40.581$，$p<0.001$，偏 $\eta^2=0.510$，简单效应分析发现，出现高创造性人物+高创造性词汇组合时的反应时（653.07±105.58ms）短于出现低创造性人物+高创造性词汇组合时的反应时（711.20±120.57ms）；出现低创造性人物+低创造性词汇组合时的反应时（755.21±134.51ms）短于出现高创造性人物+低创造性词汇组合时的反应时（799.37±140.57ms）。

2. ERP 数据分析

参考以往的 ERP 文献，结合本研究中实验任务引起的 ERP 活动的具体情形，选取进行实验分析的脑电波段为图片出现开始到之后 1000ms 的波段。选取图片出现前 300—500ms 的波段进行基线校正，对实验刺激下的脑电信号分别进行处理。

参考以往的 ERP 文献研究，以及本研究的总平均波形图（图 2-4）和地形图（图 2-5），选取脑电成分的电极点和相应的时间段如下。N1：50—120ms，记录点为 F1、F2、Fz、P1、P2、Pz；P1：60—120ms，记录点为 C1、C2、Cz、O1、O2、Oz、PO3、PO4、POz；P2：100—200ms，记录点为 F1、F2、Fz、C1、C2、Cz。共选取 21 个电极点进行数据分析。对行为数据和 ERP 成分分别进行统计分析，ERP 成分分析的因素分别是批判性思维倾向（高/低），创造性词汇（高/低），创造性人物（高/低）和脑区（N1：F 额叶 F1/F2/Fz，P 顶叶 P1/P2/Pz；

P1：C 中央区 C1/C2/Cz，O 枕叶 O1/O2/Oz，PO 顶枕叶 PO3/PO4/POz；P2：F 额
叶 F1/F2/Fz，C 中央区 C1/C2/Cz）。采用 Greenhouse-Geisser 法对方差分析的 p 值
进行校正。

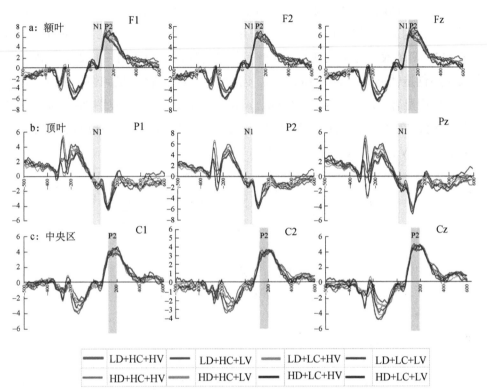

图 2-4　不同批判性思维倾向者对创造性信息认知加工的 ERP 总平均波形图

注：HD：高批判性思维倾向者；LD：低批判性思维倾向者；HC：高创造性人物；LC：低创造性人物；
HV：高创造性词汇；LV：低创造性词汇

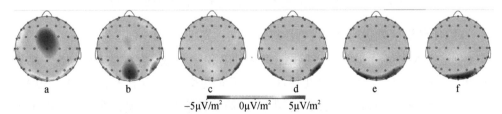

图 2-5　不同批判性思维倾向者对创造性信息认知加工的 ERP 地形图

注：Fz 电极点：a：低批判性思维倾向者+低创造性人物+低创造性词汇；b：低批判性思维倾向
人物+低创造性词汇。Cz 电极点：c：高批判性思维倾向者+低创造性人物+低创造性词汇；d：高批判性思维倾向
者+高创造性人物+低创造性词汇。Pz 电极点：e：低批判性思维倾向者+低创造性人物+低创造性词汇；f：低批判
性思维倾向者+高创造性人物+高创造性词汇

（1）N1

对 N1 的波幅进行 2（批判性思维倾向：高/低）×2（创造性词汇：高/低）×2（创造性人物：高/低）×2（脑区：F 额叶/P 顶叶）的重复测量方差分析，其中，创造性词汇、创造性人物、脑区为被试内变量，批判性思维倾向为被试间变量。结果表明，创造性词汇与脑区的交互作用显著，$F(1，39)=6.214$，$p<0.05$，偏 $\eta^2=0.137$。简单效应分析发现，在额叶，低创造性词汇的波幅（0.82±1.16μV）显著大于高创造性词汇（0.62±1.62μV）。创造性人物、脑区、批判性思维倾向之间的交互作用显著，$F(1，39)=4.364$，$p<0.05$，偏 $\eta^2=0.101$，见图 2-6。简单效应分析发现，在额叶，低批判性思维倾向者注视低创造性人物所诱发的波幅（0.673±1.24μV）显著大于高创造性人物（0.273±1.57μV）。

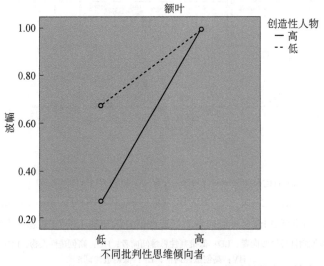

图 2-6   不同批判性思维倾向者与创造性人物波幅的交互效应

对 N1 的潜伏期进行 2（批判性思维倾向：高/低）×2（创造性词汇：高/低）×2（创造性人物：高/低）×2（脑区：F 额叶/P 顶叶）的重复测量方差分析。结果表明，创造性词汇、脑区和批判性思维倾向的交互作用显著，$F(1，39)=11.496$，$p<0.002$，偏 $\eta^2=0.228$，见图 2-7。简单效应分析发现，在额叶，低批判性思维倾向个体对低创造性词汇的潜伏期（43.62±13.34ms）短于高创造性词汇（46.87±14.26ms）；高批判性思维倾向个体对低创造性词汇的潜伏期（40.91±11.73ms）短于高创造性词汇（45.23±12.15ms）。

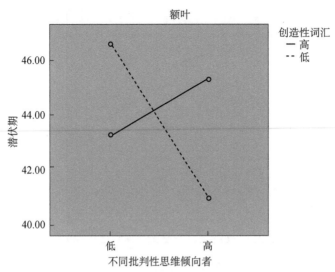

图 2-7　不同批判性思维倾向者与创造性词汇潜伏期的交互效应

（2）P1

对 P1 的波幅进行 2（批判性思维倾向：高/低）×2（创造性词汇：高/低）×2（创造性人物：高/低）×3（脑区：C 中央区/O 枕叶/PO 顶枕叶）的重复测量方差分析，创造性词汇、创造性人物、脑区为被试内变量，批判性思维倾向为被试间变量。简单效应分析发现，创造性人物与脑区的交互作用显著，$F_{(1, 39)}=14.212$，$p<0.01$，偏 $\eta^2=0.267$，在枕叶和顶枕叶，高创造性人物的波幅（3.13±1.64μV、2.71±1.72μV）显著大于低创造性人物（2.29±1.92μV）（2.21±1.84μV）；在中央区，低创造性人物的波幅（0.25μV±1.01）显著大于高创造性人物（−0.01±0.97μV）。创造性人物和批判性思维倾向的交互作用显著，$F_{(1, 39)}=6.576$，$p<0.05$，偏 $\eta^2=0.144$。简单效应分析发现，低批判性思维倾向个体在创造性人物为高创造性人物时所诱发的波幅（2.00±1.10μV）大于低创造性人物（1.37±1.07μV），见图 2-8。

对 P1 的潜伏期进行 2（批判性思维倾向：高/低）×2（创造性词汇：高/低）×2（创造性人物：高/低）×3（脑区：C 中央区/O 枕叶/PO 顶枕叶）的重复测量方差分析。结果表明，创造性人物的主效应显著，$F_{(1, 39)}=5.825$，$p<0.05$，偏 $\eta^2=0.130$，简单效应分析发现，高创造性人物的潜伏期（92.88±6.74ms）显著长于低创造性人物（90.48±7.74ms）。

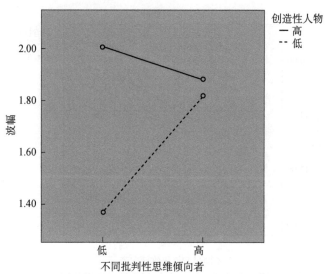

图 2-8　不同批判性思维倾向者与创造性人物的交互效应

（3）P2

对 P2 的波幅进行 2（批判性思维倾向：高/低）×2（创造性词汇：高/低）×2（创造性人物：高/低）×2（脑区：F 额叶/C 中央区）的重复测量方差分析，其中，创造性词汇、创造性人物、脑区为被试内变量，批判性思维倾向为被试间变量。结果表明，创造性人物与脑区的交互作用显著，$F（1，39）=9.317$，$p<0.001$，偏 $\eta^2=0.193$，简单效应分析发现，高创造性人物（6.77±3.09μV）和低创造性人物（6.50±2.79μV）在额叶诱发的波幅显著大于高创造性人物（4.51±2.12μV）和低创造人物（1.78±2.62μV）在中央区诱发的波幅。创造性词汇、脑区与批判性思维倾向的交互作用显著，$F（1，39）=4.213$，$p<0.05$，偏 $\eta^2=0.097$，见图 2-9。简单效应分析发现，在额叶和中央区，高批判性思维倾向者注视高创造性词汇的波幅（6.09±1.23μV、5.87±1.45μV）显著大于低创造性词汇（5.22±1.31μV、5.14±1.64μV）。

对 P2 的潜伏期进行 2（批判性思维倾向：高/低）×2（创造性词汇：高/低）×2（创造性人物：高/低）×2（脑区：F 额叶/P 中央区）的重复测量方差分析。结果表明，脑区的主效应显著，$F（1，39）=30.422$，$p<0.001$，偏 $\eta^2=0.438$，简单效应分析发现，中央区的潜伏期（387.17±36.29ms）长于额叶（376.92±34.27ms）。创造性人物和批判性思维倾向之间的交互作用显著，$F（1，39）=$

7.274，$p<0.05$，偏 $\eta^2=0.157$，见图 2-10。简单效应分析发现，高批判性思维倾向者注视低创造性人物的潜伏期（191.43±15.89ms）长于高创造性人物（188.91±14.56ms）。

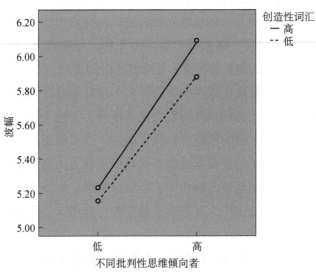

图 2-9　不同批判性思维倾向者与创造性人物波幅的交互效应

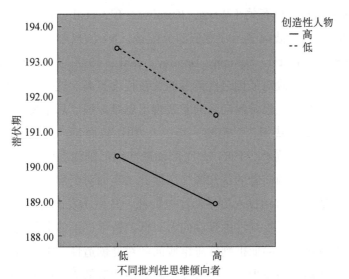

图 2-10　不同批判性思维倾向者与创造性人物潜伏期的交互效应

（三）讨论

行为数据表明，在反应时上，对于高创造性词汇，被试在创造性人物为高创造性人物时的反应时短于创造性人物为低创造性人物时的反应时；对于低创造性词汇，被试在创造性人物为低创造性人物时的反应时短于创造性人物为高创造性人物时的反应时。出现这一结果可能是因为人物的创造性与词汇的创造性不一致，从而导致个体出现认知上的冲突，使得判断时间更长。

在正确率上，被试对高创造性人物的正确率比低创造性人物高，同时还发现高创造性词汇的正确率比低创造性词汇的正确率高。无论个体的批判性思维水平如何，他们对高创造性人物的创造性认知更清晰。这可能与社会导向及被试的群体特征有关。创新型国家的建设鼓励提高科技创新能力，高创造性信息出现得更为频繁，因此个体对高创造性人物和词汇都更加熟悉。此外，本实验中的被试均为高校大学生，他们正处于个人发展的关键期和上升期，会更偏好具有高创造性特征的信息。

本研究对 N1 成分的分析结果表明，在额叶，相比于注视高创造性人物，低批判性思维倾向者注视低创造性人物诱发了更大的 N1 波幅。Wang 等指出，N1 成分与早期注意的选择有关（Wang，Kuroiwa，Li，et al.，2001），N1 潜伏期代表注意分配时间点，波幅表示注意资源分配量，N1 波幅越大，表示个体投入的注意资源越多（Cuthbert，Schupp，Bradley，et al.，1998）。由此可见，低批判性思维倾向者在早期阶段对低创造性信息的关注程度更高。这一现象可从其思维特征加以解释：低批判性思维倾向者通常表现出思维冷漠、思维妥协、思维顺从和思维固着等倾向（叶映华，尹艳梅，2019），相比较而言，高创造性词汇通常代表新颖和突破常规（周林，1985），而低创造性词汇则隐含保守、落后等意味，更贴近低批判性思维倾向者的认知风格。因此，当面对更契合其思维倾向的低创造性人物时，他们会自动投入更多的注意资源，从而诱发出更大的 N1 波幅。此外，本研究还发现，低批判性思维倾向者对低创造性词汇的潜伏期比对高创造性词汇的潜伏期更短，表明低批判性思维倾向者对低创造性词汇的自动化加工程度更高，投入的认知资源更少。这也可以理解为他们对低创造性词汇的注意警觉水平更高。可能的解释是低创造性词汇更符合低批判性思维倾向者的特征。研究发现，个体在加工与自身特征相符的信息时，通常更为熟练和迅速（李文辉，蒋重清，李婵，等，2015）。因此，低创造性人物更符合低批判性思维倾向者的认知风格，从而导致其在面对低创造性词汇时表现出更快的反应和更高的注意投入。

本研究对 P1 成分的分析表明，低批判性思维倾向者在创造性人物为高创造性人物时所诱发的波幅大于创造性人物为低创造性人物时所诱发的波幅。在注意早期阶段，被分配到更多注意资源的实验刺激诱发的 P1 成分波幅更大（Eldar, Yankelevitch, Lamy, et al., 2010），其所诱发的大脑神经活动水平也更高（Bar-Haim, Lamy, Glickman, 2005）。因此，在出现高创造性人物时，低批判性思维倾向者消耗了更多的认知资源。

本研究对 P2 成分的分析结果表明，在额叶和中央区，高批判性思维倾向者注视高创造性词汇的波幅显著大于低创造性词汇；当创造性人物为高创造性人物时，高批判性思维倾向者的潜伏期短于创造性人物为低创造性人物的潜伏期。有研究认为，P2 成分与选择性注意相关（Carretié, Hinojosa, Martín-Loeches, et al., 2004）。在本实验结果中，在额叶和中央区，高批判性思维倾向个体注视高创造性词汇的波幅显著大于低创造性词汇，这表明高批判性思维倾向个体更倾向于将注意资源分配给高创造性词汇。此外，高批判性思维倾向个体注视高创造性人物的潜伏期短于低创造性人物，这表明高批判性思维倾向个体对高创造性人物的自动化加工程度更高，投入的认知资源更少，也可以理解为他们对高创造性人物的注意警觉水平更高。

综上，本研究对 N1 成分与 P2 成分的分析结果证实了前人关于批判性思维倾向与创造性之间存在密切关系的观点，即个体批判性思维倾向往往与创造性存在正向相关关系（强瑞超，2016；曾小英，2016），而对 P1 成分的分析结果与前人研究不一致。

第二节　研究二：自我-他人参照启动批判性思维倾向

通过研究一，我们发现个体对高创造性人物更加感兴趣，同时，相对于低创造性人物，高批判性思维倾向个体对高创造性人物更为关注。个体对创造性的态度表明了其对创造性的感兴趣程度，同时也预示了其将如何发展自身的创造力。创新精神与批判性思维是大学生核心素养的重要组成部分，那么不同批判性思维倾向的大学生如何认知自己与他人的创造性？高批判性思维倾向个体是认为自己的创造性高还是认为他人的创造性高？低批判性思维倾向个体是认为自己的创造性低还是认为他人的创造性低？为了更深入地了解不同批判性思维倾向者在创造性信息上的认知加工差异，在研究一的基础上，研究二通过增加自我-他人参照的启动范式，以探究不同批判性思维倾向者对创造性信息的认知加工。

自我参照效应（self-reference effect）是指当信息与自我概念有关时，个体会进行快速的加工和更好的记忆。心理学家罗杰斯等在前人研究的基础上，用实验证实了对自我相关的刺激信息和其他刺激信息进行记忆时，个体对自我相关的刺激信息的记忆成绩比对其他刺激信息的记忆成绩更好，他们把这种记忆的优势效应归纳为自我参照效应（Rogers，Kuiper，Kirker，1997）。前人研究也发现，阈上范式存在着一定的不足。个体被直接询问其人格特质和能力是一件很不自然的事情，在日常生活中的发生概率比较低。用阈下范式研究自我参照加工可避免这些不足，反而存在一定的优势。内隐自我加工在心理学中被定义为与自我相联系的、自动化的且发生在潜意识层面上的加工。内隐自我知识和自我评估的形式可能会更好地反映个体在日常生活中的自我加工操作（Moran，Heatherton，Kelley，2009）。因此，研究二以自我刺激和非自我刺激来激活个体行为和神经层面的反应，分别从外显角度、内隐角度来考察不同批判性思维倾向者对自我/他人创造力的认知。

一、实验 2a：不同批判性思维倾向者对创造性信息的内隐认知

（一）研究方法

1. 实验被试

本实验采用加利福尼亚批判性思维倾向测验作为筛选工具，本研究中的 Cronbach's α 系数为 0.818。选取 135 名大学生作为研究对象（男生 48 名，女生

87 名），平均年龄为 23.02 岁，标准差为 1.55 岁。被试均为右利手。

2. 实验材料的准备

实验材料主要为参照词和创造词。其中参照词分为两类：一类为自我参照词，即"我""我的名字"；另一类为他人参照词，即"他""他的名字"。"他的名字"为网上随机选取的姓名，分为两字姓名、三字姓名、四字姓名三类，共 30 个，被试在实验前选取与自己姓名字数相同的姓名。属性词为高创造性词汇和低创造性词汇，同实验 1a。

3. 实验设计与程序

行为实验采用内隐联想测验（implicit association test，IAT）范式，以反应时为指标，通过分类任务测量两类词（概念词与属性词）自动化联系的紧密程度，继而对个体的内隐态度进行测量。相比于一般的阈上测验，运用内隐实验收集的数据能更加有力地说明问题，结果更加可靠、真实，具有重要的参考意义。本实验采用的 IAT 是目前使用较多，且流程较为规范的测量方式。

IAT 设计了两类任务：相容联合任务和不相容联合任务。在相容联合任务中，自我参照词和高创造性词汇一起呈现，他人参照词和低创造性词汇一起呈现；在不相容联合任务中，自我参照词和低创造性词汇一起呈现，他人参照词和高创造性词汇一起呈现。被试需要对概念词和属性词进行分类，研究发现，被试在相容联合任务中的反应时短于在不相容联合任务中的反应时。由此，我们可以通过个体在这两个任务中的反应时来判断其内隐态度偏向。

IAT 实验程序主要通过 E-Prime 软件来构建。根据 IAT 的数据处理方法，获得原始数据后，先剔除不合格数据，然后转换部分数据。在实验正式开始前，需要进行一些前期准备工作，包括被试选取他人名字，主试根据被试所选名字更新实验程序中的他人名字部分等。之后，主试给被试讲解实验的基本要求，被试表示明白自己实验流程后，主试离开实验室，让被试自行按照指导语完成实验。实验过程中，概念词与属性词组合呈现在电脑屏幕的中央，被试需要集中注意力以注视电脑屏幕。本研究程序共有两个阶段，每个阶段包含 8 个练习试次和 80 个正式试次，练习实验结束后进行正式实验。IAT 实验程序具体见表 2-2。

表 2-2 IAT 实验程序

实验步骤	练习/测验	"I"键反应内容	"E"键反应内容
1（练习实验）	"自我参照词"/"他人参照词"	"自我参照词"	"他人参照词"
2（练习实验）	"自我参照词+高创造性词汇"/"他人参照词+低创造性词汇"	"自我参照词+高创造性词汇"	"他人参照词+低创造性词汇"
3（正式实验）	"自我参照词+高创造性词汇"/"他人参照词+低创造性词汇"	"自我参照词+高创造性词汇"	"他人参照词+低创造性词汇"
4（练习实验）	"自我参照词"/"他人参照词"	"他人参照词"	"自我参照词"
5（练习实验）	"自我参照词+低创造性词汇"/"他人参照词+高创造性词汇"	"自我参照词+低创造性词汇"	"他人参照词+高创造性词汇"
6（正式实验）	"自我参照词+低创造性词汇"/"他人参照词+高创造性词汇"	"他人参照词+高创造性词汇"	"自我参照词+低创造性词汇"

（二）实验结果

根据 Greenwald 等（Greenwald，McGhee，Schwartz，1998）提出的数据处理方案，将反应时长于 3000ms 的项目以 3000ms 计，短于 300ms 的项目以 300ms 计。进入数据分析的有效被试共 121 名，包括高批判性思维倾向被试 60 人，低批判性思维倾向被试 61 人。最后，对每个项目的反应时进行对数转换。将相容联合任务、不相容联合任务的反应时相减即可得到内隐联想测验效应。

Greenwald 等就 IAT 对所测量对象的敏感性进行了研究。他们以 d 值（均值差/标准差）作为敏感度指标，d 值越大，表明测量工具越敏感（Greenwald，Nosek，Banaji，2003）。

表 2-3 呈现了被试在相容联合任务和不相容联合任务中的反应时、IAT 效应值、d 等。

表 2-3 被试的 IAT 效应值统计表

项目	相容联合任务中的反应时（ms）	不相容联合任务中的反应时（ms）	IAT 效应值	d
M	605.38	601.55	3.83	0.046
SD	102.90	103.59	82.50	

对相容联合任务和不相容联合任务的 IAT 效应值进行单样本 t 检验，结果表

明，效应值的检验结果并不显著（$t=0.510$，$p=0.611$）。

为验证高批判性思维倾向者（-9.34 ± 80.25）和低批判性思维倾向者（16.77 ± 80.25）的 IAT 效应值是否存在差异，进行独立样本 t 检验（$t=-1.756$，$df=119$，$p=0.082$），结果表明，IAT 效应值边缘显著，相对于低批判性思维倾向者，高批判性思维倾向者在相容联合任务中的反应时长于不相容联合任务。

（三）讨论

本研究结果表明，IAT 效应值边缘显著，相对于低批判性思维倾向者，高批判性思维倾向者在不相容联合任务中的反应时短于相容联合任务。两类任务的平均反应时之差就是 IAT 测量指标，反映了被试的内隐认知态度（Greenwald，Mcghee，Schwartz，1998）。实验结果发现，高批判性思维倾向者在自我参照词和低创造性词汇、他人参照词与高创造性词汇上存在概念联结，低批判性思维倾向者在自我参照词和高创造性词汇、他人参照词与低创造性词汇上存在概念联结。这表明高批判性思维倾向者似乎更愿意将自我与低创造性、他人与高创造性相联结，而低批判性思维倾向者更愿意将自我与高创造性、他人与低创造性相联结，这与一般的认知存在差异。前人关于批判性思维倾向与创造性的研究发现，个体批判性思维倾向与创造性存在正相关关系（强瑞超，2016；曾小英，2016）。个人的批判性思维技能越高，自尊水平就越高（袁源，2018；李成齐，范冠冠，2014），并且批判性思维与自我效能感也存在正相关关系（黄丽苹，谢宇，马伟娜，2016）。造成这一结果可能是由于内隐认知结果的区分度还不够，且本研究采取的是边缘显著的统计量作为参考。

实验 2a 的结果与前人的研究并不一致，为了进一步探究在自我-他人参照的启动范式下，不同批判性思维倾向者对创造性信息的认知加工是否存在差异，我们采取了阈上的 ERP 实验，因为外显认知可能比内隐认知更敏感、更准确。除此之外，ERP 技术在考察加工问题上存在优势，因此我们采用这种技术探索在自我-他人参照条件下，不同批判性思维倾向者对创造性信息加工的差异，以追寻其内在的神经机制。

二、实验 2b：不同批判性思维倾向者对创造性信息的外显认知

（一）研究方法

1. 实验被试

本实验被试同实验 2a。

2. 实验材料

本实验材料同实验 2a。

3. 实验设计与程序

在正式实验开始前，需要进行一些前期准备工作，包括被试选取他人名字，主试根据被试所选名字更新实验程序中的他人名字部分等，之后进入正式实验。首先，被试在接受刺激之前，会看到 300ms 的红色 "+" 注视点，然后是参照词，即自我参照词或他人参照词。参照词刺激界面呈现 200ms，随后呈现创造性词汇，被试需对两者的创造性进行判断（被试通过按键 "1" 或 "2" 做出决策，"1" 表示参照词的创造性与呈现的词汇创造性一致，例如，"自我" 类参照刺激启动后，呈现高创造性词汇，即被试认为自我与高创造性词汇一致；"2" 表示参照词的创造性与呈现的词汇创造性不一致，例如，"他人" 类参照刺激启动后，呈现高创造性词汇，即被试认为他人与高创造性词汇不一致），词汇界面最多呈现 2000ms。对于被试内的因素，每个水平条件（即自我参照词和他人参照词）有 80 个试次，实验共 160 个试次，分为 4 个组块，组块之间有 2 分钟的休息。正式实验之前，练习 8 个试次。具体见图 2-11。

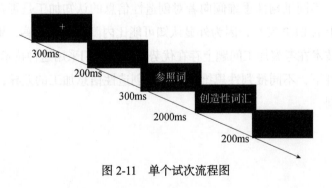

图 2-11　单个试次流程图

4. ERP 数据分析

参考以往 ERP 的文献研究，以及本研究总平均图和地形图，选取脑电成分的电极点和相应的时间段如下。P1：0—100ms，记录点为 F1、F2、Fz、C1、C2、Cz；P2：140—300ms，记录点为 F1、F2、Fz、C1、C2、Cz、P1、P2、Pz、PO3、PO4、POz；N1：0—100ms，记录点为 P1、P2、Pz、O1、O2、Oz、PO3、PO4、POz，共 27 个电极点进行数据分析。对行为数据和 ERP 成分分别进行统计分析，分析 ERP 数据的因素分别是参照词类型（自我/他人）、批判性思维倾向（高/低）、创造性词汇（高/低）和脑区（P1：F 额叶 F1/F2/Fz，C 中央区 C1/C2/Cz；P2：F 额叶 F1/F2/Fz，C 中央区 C1/C2/Cz，P 顶叶 P1/P2/Pz，PO 顶枕叶 PO3/PO4/POz；N1：P 顶叶 P1/P2/Pz，O 枕叶 Oz/O1/O2；PO 顶枕叶 PO3/PO4/POz），采用 Greenhouse Geisser 法对方差分析的 p 值进行校正。

（二）实验结果

1. 行为结果

对行为数据进行 2（参照词类型：自我/他人）×2（创造性词汇：高/低）×2（批判性思维倾向：高/低）的重复测量方差分析，其中，参照词类型、创造性词汇为被试内变量，批判性思维倾向为被试间变量。

对正确率进行分析，结果发现，参照词类型的主效应显著，F（1，38）=86.653，$p<0.001$，偏 $\eta^2=0.684$。进一步分析发现，自我参照词的正确率（0.76±0.23）高于他人参照词（0.26±0.29）。创造性词汇和批判性思维倾向的交互作用显著，F（1，38）=5.921，$p<0.05$，偏 $\eta^2=0.129$，简单效应分析发现，高批判性思维倾向者在高创造性词汇上的正确率（0.61±0.24）大于低创造性词汇（0.50±0.25）。创造性词汇与参照词类型的交互作用显著，F（1，38）=5.990，$p<0.05$，偏 $\eta^2=0.130$。简单效应分析发现，被试在"自我参照词+高创造性词汇"上的正确率（0.74±0.25）大于"他人参照词+高创造性词汇"（0.32±0.35），在"自我参照词+低创造性词汇"上的正确率（0.77±0.25）大于"他人参照词+低创造性词汇"（0.21±0.28）。

对反应时进行分析，结果发现，参照词类型的主效应显著，F（1，38）=7.831，$p=0.008$，偏 $\eta^2=0.171$。简单效应分析发现，被试对自我参照词的反应时

（686.79±149.34ms）长于他人参照词（634.34±137.49ms）。创造性词汇与批判性思维倾向的交互作用显著，$F（1，38）=8.700$，$p<0.01$，偏 $\eta^2=0.186$。简单效应分析发现，高批判性思维倾向者在高创造性词汇上的反应时（597.21±115.76ms）短于低创造性词汇（698.99±135.08ms）。

2. 脑电结果

（1）P1

对 P1 的波幅进行 2（参照词类型：自我/他人）×2（创造性词汇：高/低）×2（脑区：F 额叶/C 中央区）×2（批判性思维倾向：高/低）的重复测量方差分析，其中，参照词类型、创造性词汇、脑区为被试内变量，批判性思维倾向为被试间变量。结果表明，参照词类型的主效应显著，$F（1，38）=30.154$，$p<0.001$，偏 $\eta^2=0.442$，简单效应分析发现，被试对自我参照词的波幅（3.56±3.01μV）显著大于他人参照词（1.98±2.63μV）。创造性词汇与脑区的交互作用显著，$F（1，38）=7.691$，$p<0.05$，偏 $\eta^2=0.168$。简单效应分析发现，对于高创造性词汇，被试在额叶的波幅（3.04±3.09μV）显著大于中央区（2.84±2.81μV）。

对 P1 的潜伏期进行 2（参照词类型：自我/他人）×2（创造性词汇：高/低）×2（脑区：F 额叶/C 中央区）×2（批判性思维倾向：高/低）的重复测量方差分析。结果表明，创造性词汇的主效应显著，$F（1，38）=5.601$，$p<0.05$，偏 $\eta^2=0.128$，简单效应分析发现，高创造性词汇的潜伏期（106.43±39.66ms）长于低创造性词汇（95.39±39.86ms）。脑区的主效应显著，$F（1，38）=11.401$，$p<0.01$，偏 $\eta^2=0.231$，简单效应分析发现，额叶的潜伏期（109.72±38.56ms）长于中央区（92.10±42.21ms）。

（2）P2

对 P2 的波幅进行 2（参照词类型：自我/他人）×2（创造性词汇：高/低）×4（脑区：F 额叶/C 中央区/P 顶叶/PO 顶枕叶）×2（批判性思维倾向：高/低）的重复测量方差分析，其中，参照词类型、创造性词汇、脑区为被试内变量，批判性思维倾向为被试间变量。结果表明，参照词类型主效应显著，$F（1，38）=13.263$，$p<0.001$，偏 $\eta^2=0.259$，简单效应分析发现，被试对自我参照词的波幅（7.46±2.96μV）显著大于他人参照词（6.78±2.60μV）。脑区与批判性思维倾向的交互作用显著，$F（1，38）=5.441$，$p<0.05$，偏 $\eta^2=0.125$，简单效应分析发现，不管是高批判性思维倾向者还是低批判性思维倾向者，波幅由大到小依次均为额

叶（10.37±3.72μV）、中央区（9.02±3.43μV）、顶叶（5.91±2.78μV）、顶枕叶（3.18±2.24μV）。

对 P2 的潜伏期进行 2（参照词类型：自我/他人）×2（创造性词汇：高/低）×4（脑区：F 额叶/C 中央区/P 顶叶/PO 顶枕叶）×2（批判性思维倾向：高/低）的重复测量方差分析。结果表明，创造性词汇与脑区的交互作用显著，$F_{(1, 38)}$=9.935，$p<0.001$，偏 η^2=0.207，简单效应分析发现，在额叶和中央区，高创造性词汇的潜伏期（228.29±27.12ms、226.42±27.13ms）短于低创造性词汇（234.40±26.22ms、234.20±27.88ms）。

（3）N1

对 N1 的波幅进行 2（参照词类型：自我/他人）×2（创造性词汇：高/低）×3（脑区：P 顶叶/O 枕叶/PO 顶枕叶）×2（批判性思维倾向：高/低）的重复测量方差分析，其中，参照词类型、创造性词汇、脑区为被试内变量，批判性思维倾向为被试间变量。结果表明，参照词类型、脑区、批判性思维倾向的交互作用显著，$F_{(1, 38)}$=4.104，p=0.050，偏 η^2=0.097，简单效应分析发现，在自我参照词条件下，低批判性思维倾向者脑区的波幅由大到小依次为顶叶（5.16±2.62μV）、顶枕叶（2.87±2.11μV）、枕叶（1.94±1.69μV），高批判性思维倾向者脑区的波幅由大到小依次为顶叶（3.99±2.02μV）、顶枕叶（2.60±2.00μV）、枕叶（1.64±1.72μV）；在他人参照词条件下，低批判性思维倾向者脑区的波幅由大到小依次为顶叶（5.57±3.95μV）、顶枕叶（3.40±2.60μV）、枕叶（2.37±1.62μV），高批判性思维倾向者脑区的波幅由大到小依次为顶叶（4.69±2.55μV）、顶枕叶（2.60±1.81μV）、枕叶（1.75±1.47μV）。

对 N1 的潜伏期进行 2（参照词类型：自我/他人）×2（创造性词汇：高/低）×3（脑区：P 顶叶/O 枕叶/PO 顶枕叶）×2（批判性思维倾向：高/低）的重复测量方差分析。结果发现，脑区的主效应显著，$F_{(1, 38)}$=61.846，$p<0.05$，偏 η^2=0.619。简单效应分析发现，潜伏期由长到短依次为顶叶（177.87±36.91ms）、顶枕叶（139.29±36.89ms）、枕叶（124.70±32.66ms）。创造性词汇、参照词类型、脑区、批判性思维倾向之间的交互作用显著，$F_{(1, 39)}$=4.382，$p<0.05$，偏 η^2=0.103。简单效应分析发现，在顶枕叶，高批判性思维倾向者在"他人参照词+高创造性词汇"上的潜伏期（149.40±50.76ms）长于"自我参照词+高创造性词汇"（127.20±41.78ms）；在顶叶，高批判性思维倾向者在"他人参照词+低创造

性词汇"上的潜伏期（131.90±46.02ms）长于"自我参照词+低创造性词汇"（108.23±33.17ms）。

（三）讨论

行为数据表明，对正确率进行分析的结果发现，高批判性思维倾向者在高创造性词汇上的正确率大于低创造性词汇，这表明高批判性思维倾向者对高创造性词汇进行了更为精细的加工。刺激与自我的接近程度不同，对于个体而言的意义也会不一样。相比于低自我相关刺激，高自我相关刺激对个体有更大的生理和社会意义，会得到大脑更精细的加工（范伟，钟毅平，2013）。这一结果可被理解为高创造性词汇对于高批判性思维倾向者来说是高自我相关刺激。本研究结果还发现，被试对自我参照词的正确率高于他人参照词，被试在"自我参照词+高创造性词汇"上的正确率大于"他人参照词+高创造性词汇"，在"自我参照词+低创造性词汇"上的正确率大于"他人参照词+低创造性词汇"，这可能是由于大脑更容易识别高自我相关的名字。由于高自我相关的名字可能具有更高的心理突出性（psychologically salient）和生理重要性（biologically important），个体在对其进行加工时消耗的认知资源更少（Campanella，Gaspard，Debatisse，et al.，2002）。对反应时进行分析的结果是，被试对自我参照词的反应时长于他人参照词，这可能由于前者得到了更多的认知资源。此外，本研究还发现，高批判性思维倾向者在高创造性词汇上的反应时短于低创造性词汇。反应时越短，说明个体的认知加工更快，这一结果表明，高批判性思维倾向者对高创造性词汇更加敏感。这验证了前人的研究结果，即个体在自我-他人参照范式下的判断会受到人格特质的影响，如自尊水平（Wray，Stone，2005）、不同的人格维度等（Olson，Suls，2000）。

从神经层面来看，本研究对P1成分的分析结果表明，被试对自我参照词的波幅显著大于他人参照词。这可能是因为与自身具有高相关关系的信息容易引起个体的注意。在Kahneman（1973）的注意能量分配模型中，个人长期意向反映了不随意注意的作用，不随意注意要求个体将能量分配给新异刺激、突出刺激和自己的名字等。同时，本实验结果发现，高创造性词汇在额叶诱发的波幅大于中央区，这表明在额叶，创造性信息消耗了更多的认知资源。额叶是大脑进化中最高级的部分，与多种认知功能都有密切关系（杨炯炯，翁旭初，管林初，等，2002）。对P1潜伏期的分析结果显示，被试对高创造性词汇的潜伏期长于低创造性词汇，且在额叶的潜伏期长于中央区。这也表明对于高创造性词汇的加工需要更长的时间，尤其是在额叶，对于词汇的加工需要更多的时间。

本研究对 P2 成分的分析结果表明，被试对自我参照词的波幅显著大于他人参照词，说明自我参照词需要占用更多的大脑认知资源。西方学者的一系列研究显示，人脑在加工自我参照信息时存在着优势效应（Berlad，Pratt，1995；Miyakoshi，Nomura，Ohira，et al.，2007；Ninomiya，Onitsuka，Chen，et al.，1998；Symons，Johnson，1997；Schneider，Debbané，Lagioia，et al.，2012；Zhao，Wu，Zimmer，et al.，2011）。除此之外，不管是高批判性思维倾向者还是低批判性思维倾向者，其波幅由大到小依次均为额叶、中央区、顶叶、顶枕叶。同时，P2 潜伏期的分析结果表明，相比于低创造性信息，被试在看到高创造性词汇图片时更早出现 P2 效应，且该效应只存在于额叶和中央区，这表明高创造性词汇能够引发个体更加集中和深入的加工。

本研究对 N1 成分的分析结果表明，在自我参照词和他人参照词条件下，被试的波幅由大到小依次均为顶叶、顶枕叶、枕叶。对 N1 潜伏期的分析结果发现，在顶枕叶，高批判性思维倾向者在"自我参照词+高创造性词汇"上的潜伏期短于在"他人参照词+高创造性词汇"上的潜伏期；在顶叶，高批判性思维倾向者在"自我参照词+低创造性词汇"上的潜伏期短于在"他人参照词+低创造性词汇"上的潜伏期。这表明高批判性思维倾向者对自我相关信息的加工更快。Trafimow 等提出，个体的自我由自身生活知识构成，这些知识包括个体的过去、现在、将来以及其信仰和个性特征等（Trafimow，Triandis，Goto，1991）。这种高度结构化的自我图式允许个体选择和过滤信息，促进个体对相关信息的有效加工，使其对图式包含的内容能够做出快速而自信的判断，并更容易提取相关事例，从而能够更快地加工自我相关信息（Kim，2012）。结合上述理论，我们可将"高批判性思维倾向者对自我信息的加工更快"这一结果理解为，高批判性思维倾向者对自我的认识更为清晰，自我图式的结构化程度更高。

三、批判性思维对创造性影响的总讨论

在研究一中，实验 1a 发现不同批判性思维倾向者对创造性信息的注意偏向

存在神经生理差异。低批判性思维倾向者对低创造性信息分配了更多的注意资源，并且启动了更早的注意警觉，而高批判性思维倾向者更倾向于将注意资源分配给高创造性信息。实验 1a 是一个外显的、有意识的过程，而阈下实验也具有重要的参考意义。阈下实验 1b 发现创造性信息在额叶引起了更早的知觉注意。顶叶、枕叶和顶枕叶对于不同的创造性信息有着不同的启动过程，高创造性信息更容易启动这三个脑区。实验 1b 并未发现与批判性思维倾向相关的显著结果，这可能与 Stroop 实验范式更关注认知冲突有关。

研究一结合了阈上和阈下的 ERP 实验，对不同批判性思维倾向者如何认知创造性信息进行了研究。从阈上实验 1a 来看，不同批判性思维倾向者注意偏向的神经生理机制结果存在显著差异。而阈下实验 1b 虽然并未发现与批判性思维倾向者相关的结果，但也验证了前人关于创造性的神经生理机制的研究成果，即创造性主要与大脑的额叶等区域相关，同时间接地证实了本实验中图片材料的有效性。

为了更深入地考察不同批判性思维倾向者对创造性信息的认知差异，我们开展了研究二。当然，仅进行行为实验研究可能存在不足，ERP 技术在考察加工时存在优势，因此，研究二也采用阈下与阈上相结合的实验方式，探讨在自我-他人参照的启动范式中，不同批判性思维倾向者对创造性信息的认知加工情况。

在研究二中，实验 2a 发现不同批判性思维倾向者对创造性信息的内隐认知加工存在差异，IAT 效应值边缘显著。实验结果表明，高批判性思维倾向者似乎更愿意将自我与低创造性、他人与高创造性相联结，而低批判性思维倾向者更愿意将自我与高创造性、他人与低创造性相联结。实验 2b 发现，高批判性思维倾向者在高创造性词汇上的正确率大于低创造性词汇，高批判性思维倾向者在高创造性词汇上的反应时短于低创造性词汇。对潜伏期的分析结果发现，相比于低批判性思维倾向者，高批判性思维倾向者对自我相关信息的加工更快。

研究二结合了阈上和阈下的 ERP 实验，采用自我-他人参照范式，对不同批判性思维倾向者进行了研究，探讨其如何认知自我-他人的创造性。在阈下实验 2a 中，实验结果验证了实验假设，即在 IAT 中，不同批判性思维倾向者对创造性信息的认知加工存在差异。

第三章

大学生"批创思维"的现状研究

第一节 大学生"批创思维"测评的研究设计

本研究的目的是探讨当前大学生批判性思维与创造性思维的现状及特点。本研究通过问卷与测试的形式测量大学生的"批创思维"水平,通过批判性思维测试筛选出批判性思维高分组与低分组个体,考察在控制个体的流体智力之后,不同批判性思维水平的大学生在创造性思维上是否存在差异,以及批判性思维的各个维度对创造性思维有何影响。

一、批判性思维的测量

(一)批判性思维倾向的测量

本研究采用加利福尼亚批判性思维倾向测验量表来测查大学生的批判性思维倾向。该量表由卢忠耀和陈建文(2017)修订,共 17 个项目,采用 6 点计分,包含四个维度:①求真求知,指对知识充满好奇与渴望,努力探求知识;②客观开放,指客观地看待别人的看法,时刻警惕自己的偏见;③自信成就,指能够运用判断思维来解决问题并做出决策,对自己的推理能力有信心;④系统分析,指能够关注问题并具有运用证据进行推理、分析的能力。四维度可累计解释总方差49.38%的变异。总量表和四个维度的 Cronbach's α 系数为 0.52—0.79，该量表可用于团体测验。

（二）批判性思维技能的测量

本研究采用批判性思维技能自编试卷来测量大学生的批判性思维技能。题目来源为教材《批判性思维十讲：从探究实证到开放创造》的课后习题（董毓，2019）。共 20 题，涉及书中的 8 个章节，涵盖批判性思维技能的 7 个维度。该试卷的总难度为 0.65，区分度为 0.36，难度、区分度适中，见表 3-1，可用于衡量学生的批判性思维技能。

表 3-1 批判性思维技能自编试卷的难度及区分度

能力	章节	题目	难度	区分度
理解主题问题	批判性思维：必要性和本质	1	0.89	0.06
		2	0.49	0.36
		3	0.85	0.25
		4	0.50	0.42
分析论证结构	批判性阅读和论证分析	7（1）	0.39	0.44
		7（2）	0.41	0.44
澄清观念意义	澄清概念，具体思维	5	0.83	0.31
		6	0.38	0.5
审查理由质量	求真：探求信息、评估信息	8	0.89	0.31
		9	0.5	0.36
评价推理关系	推理：相关、充分和谨慎	10	0.61	0.42
	科学和实践推理：最佳选择	11	0.77	0.33
挖掘隐含假设	深入和严密思考：考察假设	12（1）	0.79	0.39
		12（2）	0.6	0.33
		12（3）	0.72	0.31
		12（4）	0.73	0.31
考虑多样替代与综合组织判断	开放理性：辩证、创造和综合	13（1）	0.43	0.31
		13（2）	0.78	0.39
		14（1）	0.83	0.39
		14（2）	0.62	0.50
总试卷			0.65	0.36

注：小括号内数据指的是题目序号

二、创造性思维的测量

（一）创造性思维倾向的测量

本研究采用威廉斯创造力倾向量表来测量大学生的创造性思维倾向。该量表最初由 Williams（1980）设计，随后经由林幸台和王木荣（1999）进行了修订，并由刘晓陵等对其信度和效度进行了再次验证（刘晓陵，刘路，邱燕霞，等，2016）。该量表包括 50 个项目，采用 3 点计分，包含冒险性、好奇性、想象力和挑战性四个维度，得分越高，说明个体的创造性思维倾向越明显。各维度的内部一致性信度为 0.40—0.78，总量表的内部一致性信度为 0.88；各维度的相关系数为 0.50—0.59，各维度与总量表的相关系数为 0.78—0.84，表明该量表具有较好的信度和效度。

（二）创造性思维能力的测量

本研究采用外星生物绘画任务来测查大学生的创造性思维能力。该任务主要是为了评估个体为创造出新颖的产品而打破已经建立的概念边界的能力（Ward，1994）。在该任务中，被试需要通过想象画出尽可能新颖的外星生物，评分者为两位不了解被试情况的研究生。在评分之前，评分者必须查看全部绘画作品。

评分者主要从被试所描绘的外星生物的差异性和新颖性两个方面进行打分。差异性得分是指外星生物的特征与地球生物的典型特征中存在不同之处的个数。而新颖性得分则是用来描述外星生物的特征与地球生物的典型特征之间的相似程度，如果外星生物的特征与地球生物的典型特征相似性较高，那么新颖性得分就会相对较低；相反，如果外星生物的特征与地球生物的典型特征差异较大，那么新颖性得分就会较高（Ward，Patterson，Sifonis，2004）。评分时，评分者主要考察被试的外星生物作品是否表现出了以下五种特点：双侧对称、典型的附属器官（手、腿、翅膀和尾巴）、典型的感觉器官（眼睛、嘴巴、鼻子和耳朵）、非典型的附属器官、非典型的感觉器官。被试的作品中若存在前三个特点，则得 0 分，不存在则得 1 分；若存在后两个特点，可得 1 分，不存在则得 0 分。"差异性"指标的得分范围为 0—5 分。例如，如果绘画作品中的外星生物是双侧对称的，有典型的附属器官和典型的感觉器官，没有非典型的附属器官和非典型的感觉器官，则被试的"差异性"得分为 0 分。如果绘画作品中的外星生物的附属器官数目是不同的，具有特殊功能，或是具有地球生物所没有的器官，则这些器官被看作非典型的附属器官，被试的"差异性"得分为 1 分。当两个评分者的评分一致时，被试的"差异性"评分被认为是有效的（王丽霞，2017）。"新颖性"指标采用 7 点计分，1 代表"一点也不新颖"，7 代表"非常新颖"（Hao，2010）。评分过程中，两位研究生作为评分者，需要基于同感评估技术分别对每位被试的作品进行评分并最终达成一致，每位被试最后的创造性思维能力得分取两位评分者的平均值。

三、控制变量：流体智力

本研究采用瑞文标准推理测验测量大学生的流体智力。该测验源自英国心理学家 Raven 等设计的非文字智力测验（Raven J，Raven J C，Court，1998），张厚粲和王晓平对其进行了修订，该测验可以较好地鉴别个体的智力发展水平。以往研究表明，该测验的分半信度为 0.95，间隔 15 天与间隔 30 天的重测信度分别为 0.82 和 0.79，同时效度介于 0.54—0.71，预测效度介于 0.29—0.54，在中国城市范围内具有较高的信度和效度（张厚粲，王晓平，1989）。

第二节   大学生"批创思维"测评的结果

一、大学生批判性思维的现状与特点研究

（一）批判性思维倾向的研究结果

1. 研究对象

研究对象为在校大学生。使用 G-Power 3.1 软件估算样本量（Faul，Erdfelder，Buchner，et al.，2009）。设定检验方法为相关分析，效应量为 0.3，显

著性水平 α 为 0.05，统计检验效力 $1-\beta$ 为 0.8，由此计算得到的总样本量最小为 82。因此，本研究共发放问卷 485 份，回收有效问卷 455 份，问卷回收有效率为 93.81%。其中，男生有 343 人（75.38%），女生有 112 人（24.62%）；被试年龄范围为 17—25 岁，平均年龄为 20.21±1.34 岁；大一学生有 193 人（42.42%），大二学生有 199 人（43.74%），大三学生有 63 人（13.85%）；人文社科专业大学生有 48 人（10.55%），工科专业大学生有 293 人（64.40%），理科专业大学生有 114 人（25.05%）。

2. 批判性思维倾向的总体情况

加利福尼亚批判性思维倾向测验的计分方式为 6 点计分，各维度的得分为维度内部所有题目的平均分，所有维度得分的平均分即为总分。每个维度得分及总分在 3 分及以下，表明被试有负性批判性思维倾向；正、负批判性思维倾向的分界值为 4 分，各个维度的平均分如果处于 4—5 分，表明被试具有正性批判性思维倾向；批判性思维倾向的目标值为 5 分（刘义，赵炬明，2010），各个维度的平均分如果高于 5 分，表明被试具有强正性批判性思维倾向（Yu，Zhang，Xu，et al.，2013）。批判性思维倾向总分及各维度的描述性统计见表 3-2。

表 3-2　批判性思维倾向总分及各维度的描述性统计

维度	M	SD	各批判性思维倾向的人数及占比			
			强正性	正性	中性	负性
求真求知	4.72	0.86	198（43.52）	208（45.71）	37（8.13）	12（2.64）
自信成就	3.79	1.01	78（17.14）	144（31.65）	164（36.04）	69（15.16）
系统分析	4.59	0.79	175（38.46）	208（45.71）	67（14.73）	5（1.10）
客观开放	4.14	1.09	125（27.47）	170（37.36）	115（25.27）	45（9.89）
批判性思维倾向	4.31	0.67	76（16.70）	226（49.67）	149（32.75）	4（0.88）

注：括号外数据是人数，单位为人；括号内数据是占比，单位为%

结果显示，大学生批判性思维倾向整体平均得分为 4.31 分，未达到目标值 5 分。76 名（16.70%）大学生具有强正性批判性思维倾向，226 名（49.67%）大学生具有正性批判性思维倾向，149 名（32.75%）大学生具有中性批判性思维倾向，4 名（0.88%）大学生具有负性批判性思维倾向。由此可见，总体上，大学生具有较为良好的批判性思维倾向水平，但仍有 33.63% 的大学生的批判性思维倾向水平亟待加强。

从批判性思维倾向各维度来看，求真求知维度得分为 4.72 分，得分最高；系统分析和客观开放维度得分分别为 4.59 分和 4.14 分，得分相对较高；思维的自信成就维度得分为 3.79 分，得分最低，表现为中性特征，未达到正、负批判性思维倾向的分界值 4 分。由此说明，大学生的批判性思维倾向各维度仍有较大提升空间，尤其是思维的自信成就维度。

3. 批判性思维倾向的性别差异

本研究采用独立样本 t 检验来比较不同性别大学生的批判性思维倾向差异。结果表明，虽然男生的批判性思维倾向总分（M=4.32）略高于女生（M=4.28），但不同性别的大学生在批判性思维倾向上并没有表现出显著差异（t=0.67，p=0.506），见表 3-3。

表 3-3　不同性别大学生的批判性思维倾向差异检验情况

维度	男生		女生		t	p
	M	SD	M	SD		
求真求知	4.73	0.90	4.70	0.72	0.34	0.731
自信成就	3.80	1.05	3.73	0.90	0.71	0.477
系统分析	4.63	0.81	4.45	0.71	2.27	0.024
客观开放	4.11	1.11	4.26	1.02	−1.33	0.184
批判性思维倾向	4.32	0.69	4.28	0.61	0.67	0.506

具体到批判性思维倾向各维度，在系统分析维度，不同性别的大学生存在显著差异（t=2.27，p=0.024），男生的系统分析维度得分（M=4.63）显著高于女生（M=4.45）。此外，虽然男生在求真求知、自信成就维度上的得分略高于女性，在客观开放维度上的得分略低于女性，但这些差异均未达到显著水平（ps>0.05）。

4. 批判性思维倾向的专业差异

本研究采用单因素方差分析来比较人文社科、工科与理科三个专业大学生的批判性思维倾向差异。结果表明，虽然人文社科专业大学生的批判性思维倾向总分为 4.41，工科专业总分为 4.33，理科专业总分为 4.23，但不同专业的大学生在批判性思维倾向上无显著差异（F=1.48，p=0.228）。

具体到批判性思维倾向各维度，在自信成就维度上，不同专业大学生的差异边缘显著（F=2.88，p=0.057）。随后进行两两比较，结果显示，人文社科专业大学生的得分与理科专业之间存在显著差异（p=0.028），人文社科专业大学生的自信成就维度水平高于理科专业；理科专业和工科专业之间的得分差异边缘显著（p=0.066），理科专业大学生的自信成就维度水平低于工科专业；人文社科专业大学生的得分与工科专业之间不存在显著差异（p=0.257）。具体见表3-4。

表3-4　不同专业大学生的批判性思维倾向差异检验情况

维度	人文社科		工科		理科		F	p	多重比较
	M	SD	M	SD	M	SD			
求真求知	4.85	0.63	4.72	0.88	4.68	0.88	0.71	0.494	—
自信成就	4.00	1.02	3.82	1.00	3.61	1.02	2.88	0.057	文>理，工>理（边缘显著）
系统分析	4.54	0.67	4.64	0.78	4.48	0.86	1.77	0.171	—
客观开放	4.19	1.04	4.12	1.08	4.17	1.13	0.13	0.877	—
批判性思维倾向	4.41	0.64	4.33	0.66	4.23	0.71	1.48	0.228	—

注："文"指"人文社科"，下同

5. 批判性思维倾向的年级差异

本研究将大一学生命名为"新生"，将大二和大三学生命名为"非新生"，之后采用独立样本 t 检验来比较不同年级大学生在批判性思维倾向上的差异。结果表明，虽然非新生的批判性思维倾向总分（M=4.32）略高于新生（M=4.30），但不同年级的大学生在批判性思维倾向上并无显著差异（t=-0.42，p=0.675），见表3-5。

表3-5　不同年级大学生的批判性思维倾向差异检验情况

维度	新生		非新生		t	p
	M	SD	M	SD		
求真求知	4.70	0.88	4.74	0.84	-0.45	0.651
自信成就	3.74	1.06	3.82	0.97	-0.84	0.404
系统分析	4.60	0.82	4.58	0.77	0.33	0.745
客观开放	4.15	1.15	4.14	1.04	0.11	0.914
批判性思维倾向	4.30	0.68	4.32	0.66	-0.42	0.675

（二）批判性思维技能的研究结果

1. 研究对象

研究对象为在校大学生。使用 G-Power 3.1 软件估算样本量（Faul，

Erdfelder，Buchner，et al.，2009）。设定检验方法为相关分析，效应量为 0.3，显著性水平 α 为 0.05，统计检验效力 $1-\beta$ 为 0.8，由此计算得到的总样本量最小为 82。因此，本研究共发放问卷 90 份，回收有效问卷 86 份，问卷回收有效率为 95.56%。其中，男生有 60 人（69.77%），女生有 26 人（30.23%）；被试年龄范围为 17—24 岁，平均年龄为 21.12±1.23 岁；大一新生有 64 人（74.42%），非大一新生有 22 人（25.58%）；人文社科专业大学生有 5 人（5.8%），工科专业大学生有 55 人（63.95%），理科专业大学生有 26 人（30.23%）。

2. 批判性思维技能的总体情况

批判性思维技能自编试卷的总分为 100 分，60 分为及格线。结果表明，大学生的批判性思维技能平均分为 63.55 分，处于及格水平，其中，大学生在澄清观念意义（M=0.84，得分率为 42.00%）和分析论证结构（M=1.02，得分率为 51.00%）维度上的得分较低，见表 3-6。

表 3-6 批判性思维技能及各维度的描述性统计

维度	M	SD	得分率（%）
理解主题问题	2.77	0.93	69.25
分析论证结构	1.02	0.57	51.00
澄清观念意义	0.84	0.82	42.00
审查理由质量	1.34	0.64	67.00
评价推理关系	1.36	0.67	68.00
挖掘隐含假设	2.78	0.96	69.50
考虑多样替代与综合组织判断	2.60	0.87	65.00
批判性思维技能	63.55	14.16	63.55

注：得分率指各个批判性思维技能维度得分为满分的人数占总人数的比例，例如，理解主题问题维度的得分率=理解主题问题维度得分为 4 分的人数/总人数×100%

3. 批判性思维技能的性别差异

本研究采用独立样本 t 检验来比较大学生在批判性思维技能上的性别差异。结果表明，虽然男生的批判性思维技能总分（M=63.25）略低于女生（M=64.32），但不同性别的大学生在批判性思维技能上的差异并未达到显著水平（t=−0.29，p=0.770），见表 3-7。

表 3-7　不同性别大学生的批判性思维技能差异检验情况

维度	男生		女生		t	p
	M	SD	M	SD		
理解主题问题	2.77	0.91	2.77	0.99	−0.01	0.991
分析论证结构	0.97	0.55	1.15	0.61	−1.40	0.166
澄清观念意义	0.82	0.81	0.88	0.86	−0.35	0.728
审查理由质量	1.33	0.68	1.35	0.56	−0.08	0.933
评价推理关系	1.30	0.67	1.50	0.65	−1.28	0.203
挖掘隐含假设	2.83	0.96	2.65	0.98	0.79	0.430
考虑多样替代与综合组织判断	2.63	0.82	2.54	0.99	0.46	0.646
批判性思维技能	63.25	13.34	64.32	16.17	−0.29	0.770

具体到批判性思维技能各维度，不同性别的大学生在各维度上也不存在显著差异（$ps > 0.05$）。

4. 批判性思维技能的专业差异

本研究采用单因素方差分析来比较人文社科、理科与工科三个专业大学生的批判性思维技能差异。结果表明，虽然理科专业大学生的批判性思维技能总分（$M = 66.54$）略高于工科专业（$M = 62.27$）与人文社科专业（$M = 62.00$），但不同专业大学生在批判性思维技能上并无显著差异（$F = 0.83$，$p = 0.440$），见表 3-8。

表 3-8　不同专业大学生的创造性思维能力差异检验情况

维度	人文社科		工科		理科		F	p
	M	SD	M	SD	M	SD		
理解主题问题	2.60	1.14	2.80	0.93	2.73	0.92	0.13	0.876
分析论证结构	1.00	0.71	0.95	0.52	1.19	0.63	1.67	0.195
澄清观念意义	1.20	0.84	0.80	0.83	0.85	0.83	0.54	0.587
审查理由质量	1.40	0.55	1.29	0.66	1.42	0.64	0.39	0.677
评价推理关系	1.20	0.84	1.33	0.67	1.46	0.65	0.51	0.605
挖掘隐含假设	2.40	1.52	2.73	0.95	2.96	0.87	0.93	0.398
考虑多样替代与综合组织判断	2.60	0.89	2.56	0.96	2.69	0.68	0.19	0.828
批判性思维技能	62.00	23.08	62.27	13.33	66.54	14.13	0.83	0.440

5. 批判性思维技能的年级差异

本研究采用独立样本 t 检验来比较不同年级大学生在批判性思维技能上的差异。结果表明，虽然新生的批判性思维技能总分（M=63.91）略高于非新生（M=62.50），但不同年级大学生在批判性思维技能上并无显著差异（t=0.40，p=0.690）。具体到批判性思维技能各维度，经过大学的学习生活，非新生仅在批判性思维技能的理解主题问题维度上的得分（M=2.86）略高于新生（M=2.73），在其余维度上的得分均低于新生，但这些差异均不显著，见表 3-9。

表 3-9　不同年级大学生的创造性思维能力差异检验情况

维度	新生		非新生		t	p
	M	SD	M	SD		
理解主题问题	2.73	0.93	2.86	0.94	−0.56	0.576
分析论证结构	1.05	0.55	0.95	0.65	0.65	0.518
澄清观念意义	0.84	0.82	0.82	0.85	0.13	0.901
审查理由质量	1.38	0.60	1.23	0.75	0.93	0.356
评价推理关系	1.39	0.66	1.27	0.70	0.71	0.478
挖掘隐含假设	2.78	0.95	2.77	1.02	0.04	0.972
考虑多样替代与综合组织判断	2.61	0.90	2.59	0.80	0.09	0.932
批判性思维技能	63.91	14.21	62.50	14.29	0.40	0.690

二、大学生创造性思维的现状与特点研究

（一）创造性思维倾向的研究结果

1. 研究对象

本研究对象同"批判性思维倾向的研究结果"部分的研究对象。

2. 创造性思维倾向的总体情况

威廉斯创造力倾向量表采用 3 点计分，共 50 个项目，每个项目上的得分若为 2 分，则表示被试处于中等水平，由此，若总分为 100 分，表示被试的创造性思维倾向总体上处于中等水平。在此基础上，总分小于 111 分表示一般，总分为

111—133 分表示良好，总分大于 133 分表示优秀。结果显示，大学生的创造性思维倾向得分为 113.04±13.05 分，高于中等水平。但 216（47.47%）名大学生的创造性思维倾向整体水平一般，接近半数，200 名（43.96%）大学生创造性思维倾向处于良好水平，仅有 39 名（8.57%）大学生的创造性思维倾向处于优秀水平，见表 3-10。

表 3-10　大学生创造性思维倾向各水平人数及占比情况

项目	一般	良好	优秀
人数（人）	216	200	39
占比（%）	47.47	43.96	8.57

其中，冒险性分量表共 11 个项目，得分为 22 分表明处于中等水平，得分在 25—30 分为良好；好奇性分量表共 14 个项目，得分为 28 分表明处于中等水平，得分在 30—36 分为良好；想象力共 13 个项目，得分为 26 分表明处于中等水平，得分在 29—35 分为良好；挑战性共 12 个项目，得分为 24 分表明处于中等水平，得分在 27—32 分为良好。结果显示，冒险性、好奇性、想象力和挑战性的得分均高于中等水平，其中，大学生在好奇性、挑战性方面表现良好，在想象力和冒险性方面则表现一般，见表 3-11。

表 3-11　创造性思维倾向总分及各维度的描述性统计

维度	M	SD
冒险性	24.16	3.24
好奇性	32.72	4.46
想象力	27.84	4.10
挑战性	28.31	3.38
创造性思维倾向	113.04	13.05

3. 创造性思维倾向的性别差异

本研究采用独立样本 t 检验来比较不同性别大学生在创造性思维倾向上的差异。结果表明，虽然男生的创造性思维倾向总分（112.65±13.21）低于女性（114.21±12.53），但不同性别大学生在创造性思维倾向上并无显著差异（$t=-1.10$，$p=0.271$），见表 3-12。

表 3-12　不同性别大学生的创造性思维倾向差异检验情况

维度	男生		女生		t	p
	M	SD	M	SD		
冒险性	24.07	3.28	24.45	3.12	−1.06	0.290
好奇性	32.62	4.52	33.05	4.28	−0.90	0.367
想象力	27.70	4.13	28.27	4.00	−1.28	0.201
挑战性	28.27	3.43	28.45	3.22	−0.49	0.623
创造性思维倾向	112.65	13.21	114.21	12.53	−1.10	0.271

4. 创造性思维倾向的专业差异

本研究采用单因素方差分析来比较人文社科、理科与工科三个专业大学生在创造性思维倾向上的差异。结果表明，在创造性思维倾向总分上，不同专业的大学生存在显著差异（$F=3.14$，$p=0.044$）。随后进行两两比较，人文社科专业大学生的创造性思维倾向得分显著高于工科专业（$p=0.013$）与理科专业（$p=0.041$），但理科专业与工科专业之间不存在显著差异（$p=0.739$），见表 3-13。

表 3-13　不同专业大学生的创造性思维倾向差异检验情况

维度	人文社科		工科		理科		F	p	多重比较
	M	SD	M	SD	M	SD			
冒险性	25.23	3.30	24.08	3.23	23.93	3.19	3.01	0.050	文>工，文>理
好奇性	34.21	4.39	32.54	4.52	32.57	4.25	3.01	0.050	文>工，文>理
想象力	29.08	4.27	27.52	4.06	28.12	4.03	3.40	0.034	文>工
挑战性	28.92	3.09	28.24	3.44	28.24	3.35	0.86	0.422	—
创造性思维倾向	117.44	12.99	112.38	13.10	112.86	12.68	3.14	0.044	文>工，文>理

具体到创造性思维倾向各维度，在冒险性维度上，不同专业的大学生存在显著差异（$F=3.01$，$p=0.050$）。随后进行两两比较，人文社科专业大学生的冒险性得分显著高于工科专业（$p=0.023$）与理科专业（$p=0.020$），但理科专业与工科专业之间不存在显著差异（$p=0.670$）。

在好奇性维度上，不同专业的大学生存在显著差异（$F=3.01$，$p=0.050$）。随后进行两两比较，人文社科专业大学生的得分显著高于工科专业（$p=0.016$）与理科专业（$p=0.033$），但理科专业与工科专业之间不存在显著差异（$p=0.950$）。

在想象力维度上，不同专业的大学生存在显著差异（$F=3.40$，$p=0.034$）。随后进行两两比较，人文社科专业大学生的得分显著高于工科专业（$p=0.014$），但人文社科专业与理科专业（$p=0.172$）、理科专业与工科专业（$p=0.183$）之间不存在显著差异。

在挑战性维度上，不同专业的大学生不存在显著差异（$F=0.86$，$p=0.422$）。

5. 创造性思维倾向的年级差异

本研究将大一学生命名为"新生"，将大二和大三学生命名为"非新生"，之后采用独立样本 t 检验来比较不同年级大学生在创造性思维倾向上的差异。结果表明，虽然非新生的创造性思维倾向总分（$M=113.39$）略高于新生（$M=112.55$），但不同年级的大学生在创造性思维倾向上并无显著差异（$t=-0.67$，$p=0.501$），见表 3-14。

表 3-14　不同年级大学生的创造性思维倾向差异检验情况

维度	新生		非新生		t	p
	M	SD	M	SD		
冒险性	24.14	3.23	24.18	3.26	−0.14	0.888
好奇性	32.49	4.50	32.89	4.43	−0.95	0.344
想象力	27.80	3.85	27.87	4.28	−0.18	0.860
挑战性	28.12	3.49	28.45	3.30	−1.01	0.315
创造性思维倾向	112.55	12.76	113.39	13.27	−0.67	0.501

（二）创造性思维能力的研究结果

1. 研究对象

本研究对象同"批判性思维技能的研究结果"部分的研究对象。

2. 创造性思维能力的总体情况

创造性思维能力的总分为 12 分，中值为 6 分。其中，差异性维度总分为 5 分，中值为 2.5 分；新颖性维度总分为 7 分，中值为 3.5 分。

由表 3-15 可知，大学生创造性思维能力的平均分为 6.01 分，处于中等水平。其中，差异性平均分为 1.91，低于中等水平。这表明大学生在创造性思维的差异性方面表现较差，他们所绘制的外星生物与典型的地球生物相似性较高，出现大量地球生物的典型属性。新颖性平均分为 4.10 分，处于中等水平。但大学生之间的作品较为相似，且在很大程度上受到了影视作品的影响，创新性不足，示例见图 3-1。

表 3-15　创造性思维能力总分及各维度的描述性统计

维度	M	SD
差异性	1.91	1.25
新颖性	4.10	1.37
创造性思维能力	6.01	2.42

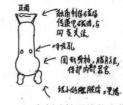

(a) 低创造性思维能力作品典型示例　　　(b) 高创造性思维能力作品典型示例

图 3-1　不同创造性思维能力作品典型示例

3. 创造性思维能力的性别差异较

本研究采用独立样本 t 检验来比较不同性别大学生在创造性思维能力上的差异。结果表明，虽然女生的创造性思维能力总分（$M=6.15$）略高于男生（$M=5.95$），但不同性别的大学生在创造性思维能力上并无显著差异（$t=-0.36$，$p=0.722$），见表 3-16。

表 3-16　不同性别大学生的创造性思维能力差异检验情况

维度	男生		女生		t	p
	M	SD	M	SD		
差异性	1.90	1.27	1.92	1.23	−0.08	0.938
新颖性	4.05	1.29	4.23	1.56	−0.56	0.578
创造性思维能力	5.95	2.32	6.15	2.68	−0.36	0.722

4. 创造性思维能力的专业差异

本研究采用单因素方差分析来比较人文社科、理科与工科三个专业大学生在创造性思维倾向上的差异。结果表明，理科专业大学生的创造性思维能力得分最高（$M=6.15$），其次为工科专业（$M=6.02$），最低为人文社科专业（$M=5.20$），但不同专业大学生在创造性思维能力上并无显著差异（F=0.32，p=0.726），见表 3-17。

表 3-17　不同专业大学生的创造性思维能力差异检验情况

维度	人文社科		工科		理科		F	p
	M	SD	M	SD	M	SD		
差异性	1.60	0.55	1.87	1.31	2.04	1.25	0.31	0.735
新颖性	3.60	0.89	4.15	1.46	4.12	1.28	0.36	0.700
创造性思维能力	5.20	1.30	6.02	2.55	6.15	2.33	0.32	0.726

5. 创造性思维能力的年级差异

本研究采用独立样本 t 检验来比较不同年级大学生在创造性思维能力上的差异。结果表明，虽然非新生的创造性思维能力总分（M=6.09）略高于新生（M=5.98），但不同年级大学生在创造性思维能力上并无显著差异（t=−0.18，p=0.860），见表 3-18。

表 3-18　不同年级大学生的创造性思维能力差异检验情况

维度	新生		非新生		t	p
	M	SD	M	SD		
差异性	1.83	1.28	2.14	1.17	−1.00	0.322
新颖性	4.16	1.44	3.95	1.17	0.59	0.555
创造性思维能力	5.98	2.54	6.09	2.07	−0.18	0.860

三、大学生批判性思维与创造性思维的关系研究

（一）批判性思维倾向与创造性思维倾向的关系研究

1. 研究对象

在 455 名被试中，按照批判性思维得分的高低，选取前 27% 和后 27% 的被试各 123 人，分别作为高分组和低分组。

2. 高、低批判性思维倾向组的创造性思维倾向比较

根据批判性思维倾向得分对被试进行高、低分组，对其创造性思维倾向进行

比较。结果表明，高、低批判性思维倾向组的创造性思维倾向得分差异显著（$t=-13.18$，$p<0.001$），高批判性思维倾向组的创造性思维倾向得分（$M=123.07$）显著高于低批判性思维倾向组（$M=104.83$），见表 3-19。

表 3-19　高、低批判性思维倾向组的创造性思维倾向差异情况

维度	高批判性思维组		低批判性思维组		t	p
	M	SD	M	SD		
冒险性	26.46	2.85	22.34	2.94	−11.14	0.000
好奇性	35.93	3.76	29.75	3.43	−13.47	0.000
想象力	29.85	4.08	26.84	3.87	−5.95	0.000
挑战性	30.84	2.91	25.90	2.61	−14.00	0.000
创造性思维倾向	123.07	11.40	104.83	10.28	−13.18	0.000

3. 批判性思维倾向与创造性思维倾向的相关分析

本研究采用 Pearson 相关分析来考察批判性思维倾向与创造性思维倾向之间的相关关系。结果表明，在对被试的流体智力进行控制后，其批判性思维倾向与创造性思维倾向各维度之间均呈显著相关（$ps<0.05$），见表 3-20。

表 3-20　批判性思维倾向与创造性思维倾向各维度的相关分析

变量	1	2	3	4	5	6	7	8	9
批判性思维倾向	1								
求真求知	0.68***	1							
自信成就	0.78***	0.19***	1						
系统分析	0.70***	0.53***	0.35***	1					
客观开放	0.65***	0.20***	0.55***	0.16**	1				
创造性思维倾向	0.51***	0.45***	0.31***	0.42***	0.26***	1			
冒险性	0.50***	0.47***	0.30***	0.45***	0.17***	0.87***	1		
好奇性	0.48***	0.43***	0.27***	0.39***	0.28***	0.90***	0.73***	1	
想象力	0.29***	0.25***	0.18***	0.25***	0.15***	0.82***	0.63***	0.62***	1
挑战性	0.50***	0.40***	0.32***	0.38***	0.31***	0.84***	0.68***	0.71***	0.54***

注：**表示 $p<0.01$，***表示 $p<0.001$，下同。控制变量为流体智力

4. 批判性思维倾向与创造性思维倾向的回归分析

为进一步分析批判性思维倾向各维度对创造性思维倾向的预测情况，以创造

性思维倾向为因变量进行多元分层回归分析，其中，第一层纳入流体智力这一控制变量，第二层纳入批判性思维倾向的四个维度（求真求知、自信成就、系统分析、客观开放），具体结果见表 3-21。

表 3-21   批判性思维倾向对创造性思维倾向的多元分层回归分析

自变量	M1				M2				VIF
	B	β	t	p	B	β	t	p	
常量	96.830		28.658	0.000	59.195		14.422	0.000	
流体智力	0.318	0.223	4.873	0.000	0.123	0.086	2.075	0.039	1.142
求真求知					4.373	0.288	6.090	0.000	1.473
自信成就					1.522	0.118	2.321	0.021	1.709
系统分析					3.400	0.206	4.208	0.000	1.574
客观开放					1.344	0.112	2.239	0.026	1.654
R^2	0.050				0.319				
调整后的 R^2	0.048				0.311				
F	23.742				42.066				
R^2 变化量	0.050				0.269				
F 变化量	23.742				44.374				
F^2	0.052				0.395				

注：VIF（方差膨胀因子，variance inflation factor）

结果表明，VIF 的范围为 1.142—1.709，表明自变量之间不存在严重的共线性问题。$R^2=0.319$，$p<0.001$，表明回归模型拟合良好。已纳入的四个自变量（求真求知、自信成就、系统分析、客观开放）对创造性思维倾向的影响均具有统计学意义（$ps<0.05$）。回归方程为 $Y=59.195+4.373X_1+1.522X_2+3.400X_3+1.344X_4+0.123Z$。通过方程可以看出，求真求知、自信成就、系统分析、客观开放这四个维度每增加一个单位，可分别对创造性思维倾向产生 4.373、1.522、3.400、1.344 单位的正向促进作用。

（二）批判性思维技能与创造性思维能力的关系研究

1. 研究对象

由于被试量较少，根据批判性思维技能得分，选取前 50% 和后 50% 的被试各 43 人，分别作为高分组和低分组。

2. 高、低批判性思维技能组的创造性思维能力比较

根据批判性思维技能得分对被试进行高、低分组,对其创造性思维能力进行比较。结果表明,虽然高批判性思维技能组的创造性思维能力得分(M=6.30)高于低批判性思维技能组(M=5.72),但高、低批判性思维技能组的创造性思维能力得分并无显著差异(t=−1.12,p=0.268),见表 3-22。

表 3-22　高、低批判性思维技能组的创造性思维能力差异情况

维度	高批判性思维技能组		低批判性思维技能组		t	p
	M	SD	M	SD		
差异性	2.02	1.32	1.79	1.19	−0.86	0.392
新颖性	4.28	1.52	3.93	1.20	−1.18	0.241
创造性思维能力	6.30	2.63	5.72	2.17	−1.12	0.268

3. 批判性思维技能与创造性思维能力的相关分析

本研究采用 Pearson 相关分析来考察批判性思维技能与创造性思维能力之间的相关关系。结果表明,在对被试的流体智力进行控制后,其批判性思维技能与创造性思维能力各维度之间均不存在显著的相关关系(ps>0.05),见表 3-23。

表 3-23　批判性思维技能与创造性思维能力各维度的相关分析

维度	1	2	3	4	5	6	7	8	9	10
批判性思维技能	1									
理解主题问题	0.45***	1								
分析论证结构	0.42***	0.14	1							
澄清观念意义	0.51***	0.03	0.04	1						
审查理由质量	0.44***	0.04	0.19	0.04	1					
评价推理关系	0.47***	−0.03	0.23*	0.21	0.28**	1				
挖掘隐含假设	0.56***	0.13	0.13	0.10	0.09	0.08	1			
考虑多样替代与综合组织判断	0.53***	0.03	0.01	0.25*	0.08	0.09	0.19	1		
创造性思维能力	−0.01	0.19	−0.06	−0.15	−0.02	−0.16	−0.03	0.11	1	
差异性	−0.01	0.14	−0.06	−0.14	−0.07	−0.16	0.03	0.12	0.91***	1
新颖性	−0.004	0.21	−0.05	−0.13	0.03	−0.14	−0.08	0.09	0.93***	0.70***

注:*表示 p<0.05,下同

第三节 大学生"批创思维"测评的讨论

一、大学生创造性思维倾向与批判性思维倾向的特点分析与讨论

（一）批判性思维的总体情况分析与讨论

本研究发现，大学生批判性思维倾向及能力总体处于中等水平，与使用相同工具的前人研究结果一致（王勃然，王姝阳，2018）。

1. 批判性思维倾向的分析

大学生的批判性思维倾向总分略高于正负分界值，但未达到目标值，仍有1/3左右的大学生批判性思维倾向水平亟待提升。此外，大学生在求真求知、系统分析、客观开放维度上的得分相对较高，在自信成就维度上的得分相对较低，未达到正负分界值。

2. 批判性思维技能的分析

大学生在批判性思维技能的应用阶段仍存在问题，在批判性思维技能上的得分略高于及格线，且在不同维度上的表现不同，批判性思维技能由高到低依次为挖掘隐含假设、理解主题问题、评价推理关系、审查理由质量、考虑多样替代与综合组织判断、分析论证结构、澄清观念意义，其中澄清观念意义维度的得分比较低。

3. 性别变量对批判性思维的影响

不同性别大学生在批判性思维倾向上存在差异，男生的系统分析水平显著高于女生，这与以往研究结果一致（庞雅琴，周敏，李阳，等，2012；Da Costa Carbogim，Barbosa，De Oliviera，et al.，2018）。本研究中发现的批判性思维倾向的性别差异可能来源于个体对性别的角色期待和刻板印象，可能与中国长久以来根深蒂固的性别刻板印象有关。家长和教师在养育孩子的过程中可能会潜移默化

地将自己的角色期待传递给孩子，会根据孩子的性别角色提出不同的要求和采用不同的教育方式，因此可能会使得不同性别的个体在行为与认知上存在差异：女性偏向于保守谨慎，逻辑推理能力比较弱；男性偏向于果决果敢，擅长解决富有挑战性与创造性的问题。分析属于探究性思维（Facione P A，Facione N C，Giancarlo，1992），传统观念认为男性比女性更擅长理性分析问题（丁静，2013），这可能也是男生在系统分析水平上优于女生的原因。

不同性别的大学生在批判性思维技能上则不存在显著差异，但本研究发现存在女性优于男性的趋势。以往的研究也发现，女性在各维度上都表现出了较强的批判性思维技能（王迎超，耿凡，靖洪文，2015）。这一结果与性别相似假设保持一致（Hyde，2005），即虽然男女之间在一些心理品质上是有差别的，但是基本上大同小异。一方面，如果家庭环境和学校环境并不鼓励学生质询，那么学生批判性思维技能的发展可能会受到抑制，批判性思维的性别差异可能会被削弱（Khandaghi，Pakmehr，2011）。另一方面，在当今社会中，女性的发展呈现出两极分化的状况，即在某些领域，女性可能因为受到鼓励而展现出卓越的批判性思维技能，而在其他领域，她们可能没有得到足够的支持来发展这些技能。因此，不同性别大学生的批判性思维技能不存在显著差异。这再一次提示教育界应改变传统的刻板印象，重新考量当今女性的批判性思维技能发展到底是先天习得，还是受学校环境的影响，由此对我国高等教育进行再规划。

4. 专业变量对批判性思维的影响

大学生批判性思维倾向在专业上差异不显著，这与前人研究结果不一致，以往研究往往认为理工科专业学生比文科专业学生具有更高的批判性思维水平。这一差异可能与当前不同院系的课程设置和培养计划有关，长期规划的学科建设对人文社科专业学生的批判性思维倾向培养起到了一定的积极影响。但对于缺乏批判性思维教育的大学生而言，仅仅在常态化课程中加入批判性思维培训，这种培训方式缺乏一定的系统性与专业性（陈倩，2009）。目前已有学校的人文社科专业已单独设立了批判性思维等逻辑学及哲学课程，旨在从理论层面系统地培养学生的批判性思维，尤其是一些学校针对部分语言类专业学生特别开设了论辩性论文写作课程，强调批判性阅读和写作。合理且有针对性的批判性思维课程的开设有利于专业、系统地提高学生的批判性思维水平。

5. 年级变量对批判性思维的影响

大学生的批判性思维倾向及能力在年级上无显著差异，高年级学生的批判性思维倾向得分略高于新入学的学生。批判性思维水平得到提升是高等教育结果的一种表现。批判性思维水平的提高是一个日积月累的过程（雷洪德，刘水君，2018）。大学生通过不断学习，其各类知识会不断积累，思维水平也会相应提高，特别在求真求知、自信成就方面表现明显。

虽然不同年级大学生的批判性思维技能得分差异不显著，但高年级学生的批判性思维技能得分略低于新生。这也表明批判性思维的提升受到课程设置与教学方式等诸多因素的影响，与年级的增长并非呈线性关系。当前，学校教育尚没有完全形成鼓励学生质疑的浓厚氛围，尤其是新生在刚进入大学后，受导师思路和课题组研究思维的影响较小，而非新生大多已经在一年时间以上的学习过程中形成了一定的思维定式，这使得他们在实际生活中运用批判性思维技能的主动性相对较弱。

（二）创造性思维的总体情况分析与讨论

本研究发现，大学生的创造性思维倾向得分处于中高等水平，创造性思维能力均处于中等水平，这表明，尽管大学生在理论知识的掌握上可能表现出色，但在创新思维与问题解决能力方面还有很大的提升空间。这一发现不仅揭示了当前高等教育体系在培养学生创新精神方面的不足，也反映了学生在实际应用知识、进行跨学科思考以及提出新颖观点方面存在的局限性。这些挑战可能源于教育环境的限制、课程设置的单一性以及缺乏足够的实践机会等因素。因此，为了提升大学生的创造性思维能力，教育者和政策制定者需要重新审视并优化教育策略，以促进学生在创新思维方面的全面发展。

1. 创造性思维倾向维度的分析

大学生在创造性思维倾向上的得分高于中等水平，仍有将近半数的大学生处于一般水平，其创造性思维倾向水平亟待提升。在创造性思维倾向的具体维度上，大学生在好奇性、挑战性维度上的水平较高，在想象力和冒险性维度上的水平较低。针对大学生在创造性思维倾向上的现状，深入分析其背后的原因，一方面，好奇性和挑战性维度得分较高，这可能得益于当前教育体系中对于问题探索和知识质疑的鼓励。现代教育越来越注重培养学生的独立思考和问题解决能力，这在一定程度上激发了学生的好奇心和挑战精神。另一方面，想象力和冒险性维度的得分较低，这可能与传统教育模式和社会文化背景有关。长期以来，应试教育注重知识的记忆和应试技巧的训练，相对忽视了对学生想象力和创新能力的全方位培养。同时，社会文化中的保守倾向和对于失败的恐惧也可能抑制了学生的冒险精神和创新尝试。因此，为了全面提升大学生的创造性思维倾向，我们不仅需要继续强化好奇性和挑战性方面的教育，更需要加大对想象力和冒险性的培养力度。这就要求教育机构和教师创新教学方法，鼓励学生大胆想象、勇于尝试，同时营造更加开放和包容的学习氛围，让学生敢于面对挑战、不怕失败。

2. 创造性思维能力维度的分析

大学生在创新过程中缺少创造性思维能力，在外星生物绘画任务中的得分处于中等水平，具体表现为其创造性作品中缺少差异性和新颖性，尤其是出现大量的地球生物的典型属性和典型的外星人形象。这种现象可能源于教育体系中对传统知识的过分强调，相对忽视了培养学生的想象力和创新意识。在学术环境中，学生往往被鼓励遵循既定的规则和模式，这导致他们在面对需要原创性思考的任务时显得束手无策。此外，缺乏跨学科的思维训练也是导致这一问题出现的原因之一。跨学科的思维训练能够帮助学生跳出自己专业的局限，从更广阔的视角审视问题，从而激发创新灵感。

3. 性别变量对创造性思维的影响

大学生的创造性思维倾向及能力在性别上无显著差异。学界对不同性别个体的创造性思维差异存在不同的观点，但有研究表明，通过相同的培养方式，无论个体的性别如何，其创造性思维水平均可在本科阶段得到提高，且随着培养过程中性别刻板印象的减少和对男女平等的主张，不同性别个体的创造性思维差异正在逐年减少（张丽娇，曹佳佳，曾天德，2012），在男女平等的社会文化中，性别差异对创造性思维的影响减小。本研究结果也支持了这一观点。

4. 专业变量对创造性思维的影响

大学生的创造性思维倾向在专业上存在显著差异，总体而言，人文社科专业大学生优于理工科专业大学生，且在冒险性、好奇性和想象力维度上表现明显；而大学生的创造性思维能力在专业上则不存在显著差异，人文社科专业大学生略低于理工科专业大学生。以往研究表明，文科专业学生的创造性高于其他专业学生（Miller，Smith，2017），尤其是社会科学和艺术专业的学生在自我报告的创造力方面得分更高（Kaufman，Pumaccahua，Holt，2013）。这与本研究结果保持一致。国内的研究中也有相似的发现（耿婕，2017）。这是因为在大学阶段，人文社科专业的关注点已经不禁锢于死记硬背，同时，人工智能的高速发展，也对人文社会科学专业提出了更高的要求。在"新文科"建设背景下，人文社科专业在实践能力和创造性思维培养方面进行了新的尝试，进行了"学科再造"。无论是模拟法庭、沙盘演练、多媒体教室等实验教学方面的探索，还是文科实验室的建设，都有利于培养学生跨越理、工、医、文等多学科的学术想象力和创新创意能力，这使得传统人文社科专业能够突破专业的限制，加强对学生创造性思维的培养。这一改变打破了原来理工科专业学生的创造性思维能力优于人文社科专业学生的刻板印象。

但人文社科专业和理工科专业也由于专业发展方向、研究对象的不同，在培养方式上存在区别。理工科专业更重视实践性与应用性，注重实践能力的培养。而人文社科专业则重视对学科知识逻辑关系的梳理，其创新性体现为新思想、新观念和新理论的创新。因此，理工科专业学生在考察创新成果的创造性思维能力测验中有较为优秀的表现。

5. 年级变量对创造性思维的影响

大学生的创造性思维倾向及能力在年级上无显著差异，非新生的创造性思维略优于新生。目前，学界对创造性思维的年级差异存在争议。有研究发现，在读大学生的创造性思维呈现出相对稳定性的特点，并没有随着年级的升高而变化（刘春晖，2015）。也有研究者采用纵向研究，发现大学生的创造力呈现出上升的发展趋势（Chen，Beaty，Wei，et al.，2018）。本研究结果支持后一种观点，即年级的升高有利于学生创造性思维的培养。

二、大学生"批创思维"关系的分析与讨论

（一）"批创思维"倾向

本研究发现，"批创思维"倾向之间呈显著相关。高批判性思维倾向组的创造性思维倾向水平显著高于低批判性思维倾向组。创造性思维倾向与批判性思维

倾向之间存在显著的正相关关系。这说明学生的批判性思维倾向水平越高，其创造性思维倾向越高。对批判性思维倾向各维度对创造性思维倾向的影响进行进一步探索，发现两者之间呈显著相关，并且回归系数显著，即大学生的批判性思维倾向各维度能够显著预测创造性思维倾向，其中，求真求知和系统分析发挥的作用较大。

1. 求真求知对创造性思维的影响

求真求知是创造性思维的起源，探索和研究未知事物的心理倾向促使人们不断求新求异，发现和提出新的问题，并积极探索解决问题的方案。求真求知驱动着个体在认识世界的过程中产生对未知和新异事物进行积极探索的好奇心。在求真求知心理的驱使下，个体在遇到新奇事物时会主动提出问题，并产生通过实际行动解决问题的心理倾向。好奇心是人的天性和本能，并不是少数人才具有的特质，而是人类在长期进化过程中形成的自然禀赋，如同恐惧、焦虑等情绪一样，人类对未知世界的探索既是本性使然，也是生存之本。

好奇心在个体与社会互动的过程中既能够被引导、激发，也能被限制、约束。好奇心虽然是人类与生俱来的本能，但随着人的成长，在与他人、集体和社会互动的过程中，它会逐渐具有一定的目标性。例如，父母、教师、同伴以及个体在生活中所接触到的其他社会成员或集体所采取的各种形式的奖励或认可，可能会激发个体对特定活动的好奇心，使其转化为求知激情、审美情趣和执着探索的精神。儿童时期，个体的好奇心和想象力相对较强。但好奇心和想象力往往会挑战已有知识体系的框架和假定，各种形式的惩罚、排斥等显性或隐性规训会对好奇心和想象力的培养产生负面效果，不利于个体好奇心和想象力的培养，进而阻碍其创造力的发展。在当前的应试教育体系中，个体的知识储备得到了显著增加，为提升其创造性思维能力提供了必要的前提条件。然而，由于规范性的限制，学生的好奇心和想象力在一定程度上受到抑制，从而对其创造力产生一定的负面影响。研究指出，随着教育年限的增长，学生对知识的掌握程度相应提高，但即便教师和学生都投入了极大的热情和努力，现行教育体系中学生的好奇心和想象力仍面临着被间接削弱的风险。这种现象在一定程度上反映了教育体系中潜在的矛盾：一方面，教育旨在培养学生的知识和技能；另一方面，学生探索未知和自由思考的能力可能受到一定限制。教育者和政策制定者需要认识到，教育不应仅局限于知识的传授方面，更应关注学生个性的发展和创新精神的培养。因此，探索一种能够平衡知识学习与创造力培养的教育模式，对于激发学生的潜能和促进其全面发展至关重要。

2. 系统分析对创造性思维的影响

系统分析是创造性思维的助力。创造性思维首先来源于知识，其次也应该包括跨学科知识、跨领域知识、跨界知识。任何事物都是作为系统而存在的，事物之间相互联系、相互制约，并按照一定的结构组成一个有机整体。当下，学生受限于其专业视野和知识结构，跨学科、跨领域的系统分析能力相对缺乏。

在认知过程中，创造性思维的首要要求是个体不能孤立地观察事物，而应基于系统视角，进行全面且多层次的综合剖析。这一剖析旨在揭示事物间相互作用、相互制约及相互影响的内在联系。进一步而言，此种创造性思维能力根植于逻辑思维，它强调结合多种思维方式以深化认知。在此过程中，个体需广泛掌握与客观事实紧密相关的信息，这些信息如同纽带，连接并统摄着各种思维元素。值得注意的是，这种思维方式并不是指对既有知识与思维的简单累加，而是通过深度归纳与提升，实现整体效能的优化，即达成"整体大于部分之和"的积极效果。最终，在这一辩证且逻辑严密的思维运动过程中，既有的认识和想法将被重新审视与突破，从而催生出对社会具有积极影响的新成果。

（二）"批创思维"能力

本研究发现，高批判性思维技能组的创造性思维能力高于低批判性思维技能组，但两组之间的差异并不显著，且"批创思维"能力之间不存在显著的相关关系。这一方面可能与当前大学生在创造性思维与批判性思维上表现出的能力不足有关，另一方面也可能与本研究所采用的工具有关。本研究所考察的批判性思维技能为需要个体通过培训与学习才能获得的技能，来源于教材，对于未经专业和系统培训的大学生而言难度相对较大。此外，本研究采用的创造性思维能力研究工具重点考察的是想象力相关的内容，但绘画这种考察形式可能增加了学生对自身绘画水平和艺术表现的担忧，进而影响了他们在该任务中的表现，这也是大学生缺乏运用"批创思维"自信心的表现。

三、"批创思维"发展的问题与困境

（一）批判性思维与创造性思维的双维结构

1. 批判性思维与创造性思维的倾向维度

在批判性思维与创造性思维的倾向方面，大学生总体上处于中等水平，但是个体的想象力、冒险性，思维自信心均并未达到较高水平。

大学生对学习与知识充满好奇，并愿意不断追寻和探索知识。大学生正处于人生黄金期，具有旺盛的精力和好奇心，其学习能力与创造能力也处于巅峰时期，他们追寻知识、愿意学习并喜欢挑战新奇事物。此时的大学生已基本形成了批判性思维方式，并尝试在学习过程中加以使用。但大学生的思维发展仍有不足之处，主要体现在以下三个方面。

第一，学生缺少冒险精神。学生有时可能缺乏质疑教师教学内容和观点的勇气，虽然他们的内心往往充满好奇和求知欲，但由于尚未掌握批判性思维技能，他们还难以评估教师教学的可靠性和有效性。另外，学生尚未具备成熟的决策制定和风险评估能力，因此在追求更高评价的过程中，更倾向于接受教师的指导。然而，我们也看到，学生逐渐学会采取更为审慎和理性的态度，尝试对教师的教学进行有根据的、委婉的质疑，这体现了他们成长的积极面。

第二，学生缺少想象力。特别是在高中教育阶段，学生在标准化测试中往往追求高分数，对于教师的讲解和书本上的知识缺乏质疑和独立思考。由于学习方式较为被动，学生对于创新能力和批判性思维重要性的认识相对不足。即便是在进入大学阶段之后，许多学生可能仍然过分关注标准答案，相对忽略了培养创新思维和解决问题的其他方法。

第三，学生缺少自信心，过度依赖权威与教师。学校规章制度、考核方式及教学方法在某种程度上制约了学生批判性思维的发展。大学和高中在教学与评价上的差异对学生的思维开放性具有正面效应，然而，当前教育模式尚未能充分推动学生思维能力实现显著提升。传统教育模式较为注重课堂、教材与教师的主导地位，对学生的主体性关注相对不足，这在一定程度上抑制了学生的学习热情和主动性，导致学生处于被动学习状态。长此以往，学生在解决实际问题时难以灵活运用所学知识，而是过度依赖教材和教师，对自身思考缺乏自信，从而制约了自身批判性思维的发展。尽管学生内心存在疑问，但由于缺乏有效的探索方法和足够的勇气，往往未能深入探究。大学生在理性判断、问题解决引导、证据运用及推理分析等方面的能力仍有较大的提升空间。过度依赖教师和教材的教育环境，使得学生在批判性思维技能培养过程中，面临着思维自信与成熟度方面的挑战（卢忠耀，陈建文，2017）。

2. 批判性思维与创造性思维的能力维度

在批判性思维与创造性思维能力方面，当前大学生存在着"批创思维"能力相对较低的问题，澄清观念意义能力相对较弱，差异性与新颖性相对不足。

大学生具备一定的"批创思维"倾向，能够意识到批判性思维与创造性思维的重要性，但缺乏相应的能力，表现出"高热情低能力"的特点，尤其是在批判性思维方面出现了基础的阐释能力水平（分析论证结构和澄清观念意义）相对较低的现象。区分事实和观点是批判性思维的起点，基于事实的分析是批判性思维和理性思考的基础。但当前大学生相对缺乏辨析问题、目的、主题、观点并阐明、分析、概括文本含义的能力，基础阐释能力不足成为阻碍批判性思维得到实际运用的重要因素。在创造性思维方面，大学生出现了差异性过低、大量作品相似的情况。在指导语为"外星生物"的情况下，外星人形象频频出现，而其他类型的外星生物形象却较少出现，体现出大学生难以突破已有的思维定式以形成新颖的观念和想法。

当代大学生出现"批创思维"倾向与能力"断裂"的情况，揭示出当前高阶思维培养未能实现从掌握知识到形成思维习性的转变。一方面，这与我们在教育过程中缺少实践经验有关，教育只是为学生埋下了好奇心的种子，鼓励学生进行审辩与创新，但在日常的教学过程却较少给学生提供充分的施展空间；另一方面，这很可能反映出当前我国虽然重视批判性思维与创造性思维的发展，但在"批创思维"教育中出现了"虚假繁荣"的现象。忽视实效、重视课程的培养方式，忽视思维、强调知识的教育理念使得"批创思维"教育出现一定的短板，本研究发现的学生自评的"批创思维"倾向偏高，但是"批创思维"能力偏低的结果，实则反映了教育实践和思维培养不相适应的问题。

思维的发展不能仅仅局限于技能，更是一种主动操纵认知过程的价值追求。中国教育重视知识，擅长培养学生如何思考。中国学生也更关注如何做，却较少涉及为什么。这种观念不仅局限了教育的广度与深度，也难以使学生的潜力得到充分挖掘。因此，我们应当积极倡导一种更全面、积极的教育观念，鼓励学生探索与实践，从而真正掌握知识并内化为能力。我们应当鼓励学生保持好奇心与求知欲，勇于探索未知，不仅知其然也知其所以然，使他们积极面对挑战，从而在知识的海洋中不断成长与进步。

在现行的教育体系中，技能培养受到了极大的重视，因为技能可以通过课程学习来培养，并通过测试来评估。然而，将批判性思维仅仅视为一种技能，可能会限制学生在"如何思考"这一层面的发展。批判性思维不仅包括形式逻辑和非形式逻辑、统计推断等技能，它更是逻辑思维的综合运用，而这种综合运用是难以通过简单的技能培养来实现的。然而，即使是在鼓励创新教育的背景下，学生被鼓励成长为创新型人才，被希望具备质疑精神，但大多也只局限于知识层面，具备基础的逻辑，而相对忽视了已超越知识本身的思维层面。并且，随着年龄的增长，个体的这种思维层面技能的缺失仍在一定程度上难以获得充分的弥补与改善。

因此，大学教育尤其要注重对学生进行思维训练。教育不仅仅是知识的传授，更是能力的培养，尤其是在培养学生独立思考和解决问题的能力方面。在众多思维能力中，批判性思维显得尤为重要，它是一种能够帮助学生深入分析问题、不满足于表面现象、追求事物本质的能力。对于学生来说，这种思维能力就像是一盏明灯，照亮他们探索知识的路途，帮助他们区分真伪，形成自己的见解。在"不求甚解"的学习方法中，批判性思维尤为关键，它能够激发学生的好奇心和求知欲，引导他们主动探索，而不是被动接受。批判性思维除了需要个体从逻辑的角度出发进行思考外，更需要个体思考别人未曾考虑的事情，向人提问并刨根问底，探讨深层次、根本性的成因。在批判性思维的教育中，从能力层次上着手很自然，而且有必要。但是，知识不是一切。只有将批判性思维视作思维习性，才会拓展到"思考什么"和"为什么"的层面，思维的范围才会持续扩大，进而推动个体思考前人未曾考虑的问题，提出以前未曾想到的观点。在此意义上，批判性思维就是指导人们主动进入思维的"盲区"，走出思想上的"误区"。批判性思维应该成为一种常态化教育，而不应仅仅作为一门课程来实施。批判性思维教育既是提升学生思维能力的需要，还有助于塑造学生的价值观与人生态度。

（二）"批创思维"协同发展

本研究发现，"批创思维"在倾向上的相关显著，而在能力上的相关不显著。这一方面是因为大学生尚未全面掌握批判性思维工具，另一方面是因为大学生难以灵活使用批判性思维工具。影响创造性人才培养的突出问题之一就是人们普遍存在着短期功利主义倾向，具体表现为急功近利、追求短期效果和浮躁心态。通常情况下，创新动机可被划分为两类：功利心和好奇心。两者分别蕴含着两种不同的价值取向，持后一种创新动机者较前一种有着更高层次的追求。根据大学生的现实情况，拥有功利心动机者不在少数，但拥有好奇心动机者却相对较少。

功利心源于外界的评价，这和创新成果带来的回报是两码事。创新成果可能很快就能看到成效，也可能需要一段时间，但它们最终都能证明自己的价值。持有短期功利主义的个体为了追求利益选择"被动创新"，其创新行为具有明显的功利性特征。而对于非功利主义者来说，好奇心来自内在价值，在感情中寻求满足。创新是一个不断发现新事物、认识新现象、创造新文化的过程。它是一种自我超越的活动，也是一个自我实现的过程。创新的驱动力源自内在的动机，而非单纯追求个人利益或社会认可。其核心在于对真理的探索，目的在于实现对世界的改造。这种动力根植于人类对知识的本能追求，表现为对现状的不满以及源自内心的、不可遏制的激情。正是这种对"批创思维"的内在联系的思考，促进了创新的发展。

在教师的要求或毕业的客观要求下，大学生通常会基于获取相应回馈的期望，积极参与创造性活动。然而，由于学术环境在一定程度上缺乏对思维进程的全面关注，而更多地聚焦于创造性成果的评价，学生在创新思维的培育过程中往往呈现出一种被动创新的倾向。此外，大学在培养学生内在好奇心方面尚存不足，这可能会在一定程度上影响他们在专业领域内实现创新性进展的潜力。一旦培养出内在需求，体会到创造性过程时对于求真求知的渴望，学生就会在创新的过程中自发地使用批判性思维工具，将"批创思维"联系起来。

第四章

批判性思维灌输式课程的实践研究

第一节　批判性思维灌输式课程的研究设计

　　上一章的研究发现，当前大学生的"批创思维"能力不足，且不同专业学生的批判性思维倾向水平不同，这与其课程设置和培养方案密切相关，批判性思维倾向与创造性思维倾向呈显著相关，通过提升批判性思维倾向有利于提高创造性思维倾向。这为高校以共同培养"批创思维"为目标的批判性思维课程的设计与实施明确了方向。

　　面对当前大学生"批创思维"发展中出现的问题与困境，仅靠日常的积累不足以解决"批创思维"倾向和能力的"断层"以及"批创思维"孤立发展的问题。因此，提升批判性思维技能、学习相关技能并将其内化为自发的思维习惯显得尤为关键。开设具有针对性的课程，专注于批判性思维过程的培养，将成为破解当前难题的关键突破口。

　　本章研究的目的是通过批判性思维灌输式课程培训，探讨批判性思维训练是否有利于大学生"批创思维"的发展，考察大学生"批创思维"过程的认知机制，分别比较实验组与对照组在外星生物绘画任务和调查问卷中的得分差异，探讨批判性思维课程干预对大学生"批创思维"过程的影响。本研究为 2（组别：实验组/对照组）×2（时间：前测/后测）的准实验设计，其中，组别为被试间因素，时间为被试内因素。

一、研究工具和数据采集

测量批判性思维倾向、批判性思维技能、创造性思维倾向和创造性思维能力的问卷同第三章。

二、研究过程

（一）课程设置

1. 课程目标

批判性思维教学课程是为全校大学生开设的通识课程，主要包括对于批判性思维的学习，并在创造性过程中进行应用和练习。该课程强调以批判性为工具，以创造性为目的。创造性思维并不是少数人群专属的特征，既可以从感性过程中生发（如头脑风暴），也可以从理性过程中产生（如横向思维），两个过程均需要通过合理训练来掌握恰当的思维工具。而批判性思维便是冲破思维定式最有效的工具。批判性思维是对信念或者假定知识的依据和结果进行主动、持续和仔细的考察，是一种理性思维。批判性思维追求态度和技能的结合，但态度是更重要的方面，它不能单纯通过技巧训练得到，而是需要专门培育。基于对批判性思维与创造性思维特点和培养方式的考虑，该课程在传授关于推理、论证、决策等知识的基础上，侧重思维训练，以提高个体的批判性思维与创造性思维，特点是把批判性思维和创新性思维相统合、思维与实践相结合、课堂实践与课后实践相结合，在实践中更好地发挥两种思维技能的实效，推进问题的解决。

该课程包括以下课程目标。首先，批判性思维方面的目标包括如下方面：①掌握技能，能通过探究来搜集和审视海量的信息，谨慎、理性地认知和解决问题，能进行批判性阅读和写作；②培养倾向，如积极主动学习、谦逊与自律，追求严谨求实、全面性，注重并公正对待多元观点，对信息进行质疑、审慎推理，对自身及他人的假设保持警觉等。创造性思维方面的目标包括如下方面：①通过对批判性思维的学习促进学生养成开放、发问等思维习性，激发学生的好奇心，增强学生的创造热情，提升学生的创造性思维；②通过创新案例讲解和分析，丰富学生的视野，增强学生的自主创新意识和能动性；③通过批判性思维练习，提升学生打破思维定式的能力，有效提升创造性思维。

2. 课程内容

（1）课时安排

每课时 45 分钟，每周 4 课时，课程进行 8 周，共 32 课时。

（2）课程设计

该课程是关于学生"批创思维"培养与实践方面的课程，通过构建创造性思维过程与批判性思维过程的对应关系，以及过程导向的课程设计，实现"批创思维"的显性化，形成从技能培养到思维提升的过程。

批判性思维是认知、判断和解决问题的理性原则与方法。它由态度（习性）和技能构成。态度包括探究、求真、公正、反思、开放、谨慎等品德。技能包括阐释、分析、推理、评价、解释、自我约束等能力。

批判性思维路线的每一步代表着批判性思维的倾向与能力两部分。因此，在教学过程中，除了技能的练习外，该课程更注重精神和原则的运用与培养，具体包括如下方面：①谨慎和理性地反思各种信息与观点，对于特定信息与观点，不仅需要探究其背后的逻辑与依据，更应深入分析其来源的可靠性与可能的偏见，个人主张的形成应当建立在充分的证据支持之上，而非仅仅基于主观感受或片面之词；②有好奇心和问题意识；③有兴趣探究（调查）各方面的未知信息，以评估和拓展认知（积极寻求新知识）；④求真，寻求实践的、真实的理由和依据；⑤具体的思考，判断一个观念时要考虑其产生的具体背景、条件和证据；⑥多样化意识，要有意寻求替代现有答案的想法和解决方案；⑦辩证，耐心倾听和考虑对立面的观点；⑧开放和自我调整的习惯，如果理由充分，愿意改变自己的观点。批判性思维路线的倾向与能力见表 4-1。

表 4-1　批判性思维路线的倾向与能力

任务	倾向	能力
①理解主题问题	主动探究、好问、好学	提问，质疑，分析问题，发散思考

续表

任务	倾向	能力
②澄清观念意义	爱好清晰、具体的表达	消除语言谬误，定义，询问和阐明意义
③分析论证结构	相信理性、求理、讲理	辨别论证（隐含）要素，表述论证结构
④审查理由质量	认真求真、求实践证据	搜索信息，考察信息来源和信息质量
⑤评价推理关系	注重谨慎、仔细、合理	演绎和归纳，科学推理和其他日常的推理
⑥挖掘隐含假设	坚持深入、透彻的考察	辨别和评估隐含假设、前提、预设等
⑦考虑多样替代	追求多样、辩证、创造	寻找和构造对立、替代的观念、解释等
⑧综合组织判断	力求全面、开放和发展	正反论证和综合，全面考察，平衡判断

资料来源：董毓. 2019. 批判性思维十讲：从探究实证到开放创造. 上海：上海教育出版社

创造性思维实践就是一个不断发现和解决问题的过程，两者互动交融、相互渗透。如果没有发现问题，就不会有新想法的产生；如果没有经过严格验证的新想法，新观点也就失去了牢固的基础；如果没有对问题的持续发现，问题就无法得到解决。所以，要把发现问题这一批判性思维工具渗透在创造性思维的全过程中，由此创新才可能取得成功。创造性思维过程需要基于理性的逻辑，而基于理性的逻辑与批判性思维息息相关，它要求我们摆脱过时观念的桎梏，突破传统知识的局限，以此来发现并提出问题，进而通过搜集资料、观察实验，以及进行逻辑推导和证明，最终解决问题。不仅如此，在创造性思维的非逻辑环节，必须要有与之密切联系的批判性思维，个体才能发现新问题，突破旧观念和旧框架，提出新观念和新思想。批判性思维是内在于创造性思维过程中一种不可或缺的思维工具。

基于上述坚实的理论基础，本研究构建了一个课程体系，该体系以创造性思维的培养为核心目标，将批判性思维作为重要工具，实现了批判性思维与创造性思维的紧密结合，见表4-2。

表4-2　批判性思维课程内容设计

内容章节	内容标题	课时数
第一讲	批判性思维：必要性和本质	2
第二讲	批判性思维进程：探究和实证	2
第三讲	批判性阅读和论证分析	4
第四讲	澄清概念，具体思维	2

续表

内容章节	内容标题	课时数
第五讲	求真：探究信息、评估信息	2
第六讲	推理：相关、充分和谨慎	4
第七讲	科学和实践推理：最佳选择	4
第八讲	深入和严密思考：考察假设	4
第九讲	开放理性：辩证、创造和综合	4
第十讲	批判性写作：分析、探究和论证	4

资料来源：董毓. 2019. 批判性思维十讲：从探究实证到开放创造. 上海：上海教育出版社

（二）实验过程

根据拟定的批判性思维课程方案，对实验组进行为期 8 周的课程干预，而对照组未接受干预。在干预前后，从问卷与实验两个方面对课程效果进行评估。采用加利福尼亚批判性思维倾向测验、威廉斯创造力倾向量表、批判性思维技能自编试卷、外星生物绘画任务对实验组和对照组的前后测数据进行收集。

第二节　批判性思维灌输式课程的有效教学分析：问卷调查和绘画分析

批判性思维课程旨在培养学生的批创思维，该课程分别考察批判性思维、创造性思维。课程结束后，分别对学生的"批创思维"进行考察。其中，批判性思维以问卷与测试的形式进行考察，重点关注批判性思维课程是否能直接且有效地培养学生掌握批判性思维的能力。对于创造性思维，在完成批判性思维课程的学生中随机抽取学生进行问卷调查和外星生物绘画任务的测验，重点考察批判性思维课程是否达成了培养学生高阶思维能力的发展目标。

一、大学生批判性思维干预结果分析

（一）批判性思维倾向干预结果分析

1. 研究对象

选取在校大学生作为研究对象，其中，实验组为选修批判性思维课程的大学生，对照组则为未选修该课程的大学生。使用 G-Power 软件估算样本量（Faul，Erdfelder，Buchner，et al.，2009），设定检验方法为重复测量方差分析（组间），显著性水平 α 为 0.05，统计检验效力 $1-\beta$ 为 0.8，效应量为 0.25，由此计算得到的总样本量最小为 34。因此，本研究共招募 142 名被试，其中实验组 75 名，对照组 67 名。

2. 批判性思维倾向前测差异检验

为了比较实验组和对照组被试是否为同质团体，本研究在开始干预前的同一时间内，对两组被试的批判性思维倾向进行前测的差异分析。结果表明，在批判性思维课程开始前，实验组和对照组在批判性思维倾向总分、自信成就维度上的得分差异显著，且实验组得分低于对照组，见表 4-3。

表 4-3　课程前批判性思维倾向差异检验

维度	组别	M	SD	t	p
求真求知	实验组	4.22	0.81	1.129	0.261
	对照组	3.99	1.49		
自信成就	实验组	3.27	0.72	-6.809	0.000
	对照组	4.17	0.85		
系统分析	实验组	4.08	0.68	1.400	0.164
	对照组	3.84	1.30		
客观开放	实验组	3.99	0.97	-0.841	0.402
	对照组	4.13	1.13		
批判性思维倾向	实验组	3.87	0.40	-1.986	0.049
	对照组	4.07	0.79		

3. 批判性思维倾向后测差异检验

在批判性思维课程完成后，为验证在批判性思维课程的干预下，大学生的批判性思维倾向是否得到了有效改善，本研究对实验组和对照组的后测结果进行独立样本 t 检验。结果发现，实验组与对照组在求真求知、自信成就、系统分析维度上的得分存在显著差异，其中，实验组在求真求知、系统分析维度上的得分高于对照组，在自信成就维度上的得分低于对照组，见表4-4。

表4-4　课程后批判性思维倾向差异检验

维度	组别	M	SD	t	p
求真求知	实验组	4.52	0.92	2.718	0.007
	对照组	4.00	1.34		
自信成就	实验组	3.59	1.05	−2.358	0.020
	对照组	3.96	0.79		
系统分析	实验组	4.42	0.93	2.161	0.032
	对照组	4.04	1.12		
客观开放	实验组	4.00	1.20	0.441	0.660
	对照组	3.92	1.04		
批判性思维倾向	实验组	4.13	0.63	1.184	0.238
	对照组	3.98	0.84		

4. 实验组前后测差异检验

为评估批判性思维课程干预基础目标中的"培养批判性思维倾向"目标是否完成，本研究在批判性思维课程的课堂中随机抽取被试作为实验组。测试内容为加利福尼亚批判性思维倾向测验，以考察学生的批判性思维倾向在课程干预后是否得到了提升。

结果表明，在批判性思维倾向总分，以及求真求知、自信成就、系统分析维度上，实验组的后测得分均高于前测得分，且差异显著，见表4-5。

表4-5　课程前后批判性思维倾向差异检验（实验组）

维度	时间	M	SD	t	p
求真求知	前测	4.22	0.81	−2.725	0.008
	后测	4.52	0.92		

续表

维度	时间	M	SD	t	p
自信成就	前测	3.27	0.72	−2.349	0.022
	后测	3.59	1.05		
系统分析	前测	4.08	0.68	−2.962	0.004
	后测	4.42	0.93		
客观开放	前测	3.99	0.97	−0.103	0.918
	后测	4.00	1.20		
批判性思维倾向	前测	3.87	0.40	−3.673	0.000
	后测	4.13	0.63		

5. 对照组前后测差异检验

为了考察大学生的批判性思维倾向是否会在日常的生活学习中发生明显提升，本研究进一步对对照组前后测的批判性思维倾向进行差异分析。结果表明，对照组在批判性思维倾向总分，以及自信成就、系统分析维度上的前后测得分存在显著差异，其中在批判性思维倾向总分和自信成就维度上，对照组的后测得分低于前测得分，在系统分析维度上，对照组的后测得分高于前测得分，见表4-6。

表 4-6　课程前后批判性思维倾向差异检验（对照组）

维度	时间	M	SD	t	p
求真求知	前测	3.99	1.49	−0.067	0.946
	后测	4.00	1.34		
自信成就	前测	4.17	0.85	2.703	0.009
	后测	3.96	0.79		
系统分析	前测	3.84	1.30	−2.621	0.011
	后测	4.04	1.12		
客观开放	前测	4.13	1.13	1.832	0.071
	后测	3.92	1.04		
批判性思维倾向	前测	4.07	0.79	2.328	0.023
	后测	3.98	0.84		

（二）批判性思维技能干预结果分析

1. 研究对象

选取在校大学生作为研究对象，其中，实验组为选修批判性思维课程的大学生，对照组则为未选修该课程的大学生。使用 G-Power 软件估算样本量（Faul，Erdfelder，Buchner，et al.，2009），设定检验方法为重复测量方差分析（组间），显著性水平 α 为 0.05，统计检验效力 $1-\beta$ 为 0.8，效应量为 0.25，由此计算得到的总样本量最小为 34。因此，本研究共招募 175 名被试，其中实验组 99 名，对照组 76 名。

2. 批判性思维技能前测差异检验

为了比较实验组和对照组学生是否为同质团体，本研究在开始干预前的同一时间内，对两组被试的批判性思维技能进行前测差异分析。在批判性思维课程开始前，实验组和对照组在批判性思维技能总分上无显著差异（$p>0.05$），在澄清观念意义、分析论证结构维度上，对照组与实验组之间存在显著差异，其中，实验组在澄清观念意义维度上的得分低于对照组，在分析论证结构维度上的得分高于对照组，见表 4-7。

表 4-7　课程前批判性思维技能差异检验

维度	分组	M	SD	t	p
理解主题问题	实验组	7.07	2.67	1.241	0.216
	对照组	6.51	3.27		
澄清观念意义	实验组	4.24	4.97	−2.764	0.006
	对照组	6.32	4.86		
分析论证结构	实验组	8.18	3.88	4.921	0.000
	对照组	4.87	5.03		
审查理由质量	实验组	6.57	4.77	0.695	0.488
	对照组	6.05	4.92		
评价推理关系	实验组	6.06	4.91	0.186	0.853
	对照组	5.92	4.95		
挖掘隐含假设	实验组	8.18	2.72	0.763	0.446
	对照组	7.83	3.40		

续表

维度	分组	M	SD	t	p
考虑多样替代与综合组织判断	实验组	4.95	3.07	−0.511	0.610
	对照组	5.20	3.31		
批判性思维技能	实验组	65.45	12.23	1.447	0.150
	对照组	62.24	17.17		

3. 批判性思维技能后测差异检验

在批判性思维课程完成后，为验证在批判性思维课程的干预下，大学生的批判性思维技能是否得到了有效改善，本研究对实验组和对照组的后测结果进行独立样本 t 检验。结果发现，实验组与对照组在理解主题问题、审查理由质量、评价推理关系、挖掘隐含假设、考虑多样替代与综合组织判断、批判性思维技能总分上存在显著差异，且实验组得分均高于对照组，见表4-8。

表 4-8　课程后批判性思维技能差异检验

维度	分组	M	SD	t	p
理解主题问题	实验组	7.78	2.69	3.983	0.000
	对照组	6.12	2.78		
澄清观念意义	实验组	8.38	3.70	−0.066	0.947
	对照组	8.42	3.67		
分析论证结构	实验组	2.63	4.42	0.188	0.851
	对照组	2.50	4.36		
审查理由质量	实验组	8.89	3.16	3.251	0.001
	对照组	6.97	4.62		
评价推理关系	实验组	8.08	3.96	2.835	0.005
	对照组	6.18	4.89		
挖掘隐含假设	实验组	8.08	2.44	5.050	0.000
	对照组	5.72	3.72		
考虑多样替代与综合组织判断	实验组	8.08	2.74	4.348	0.000
	对照组	6.12	3.22		
批判性思维技能	实验组	75.86	10.97	7.718	0.000
	对照组	60.00	16.17		

4. 实验组前后测差异检验

为评估批判性思维课程干预基础目标中的"掌握批判性思维技能"目标是否完成，本研究在批判性思维课程的课堂中随机抽取被试作为实验组，对其批判性思维技能的掌握情况进行考察。测试内容为与课程内容相配套的、题目出自课程教材的批判性思维技能自编试卷，以测验学生的批判性思维技能在课程干预后是否得到了提升。

关于批判性思维技能自编试卷，为了避免练习效应，将 20 道题按照奇偶数分为同质性的两组，分别用于前后测。前后测的批判性思维技能自编试卷各有 10 道题目，总分采用百分制，总分为 100 分，60 分为及格，各个维度计分采用 10 分制。

在课前测验中，实验组的平均分为 64.21 分，及格人数为 114 人，及格率为 75.00%。在课后测验中，实验组的平均分为 72.83 分，及格人数为 142 人，及格率为 93.42%。其中，99 人成绩提高，上升率为 65.13%。总体来看，在课后测验中，学生测试成绩的平均分提高，及格率上升。实验组的前后测批判性思维技能总分差异显著（$t=-6.563$，$p=0.000$），后测得分（$M=75.86$）显著高于前测得分（$M=65.45$），且在澄清观念意义、审查理由质量、评价推理关系、考虑多样替代和综合组织判断方面显著提高，但在分析论证结构方面显著降低，见表 4-9。这说明该课程取得了较为明显的成效，通过批判性思维的相关学习和训练，学生的批判性思维技能有所提升。

表 4-9　课程前后批判性思维技能差异检验（实验组）

维度	时间	M	SD	t	p
理解主题问题	前测	7.07	2.67	−1.769	0.080
	后测	7.78	2.69		
澄清观念意义	前测	4.24	4.97	−6.616	0.000
	后测	8.38	3.70		
分析论证结构	前测	8.18	3.88	9.064	0.000
	后测	2.63	4.42		
审查理由质量	前测	6.57	4.77	−4.067	0.000
	后测	8.89	3.16		

续表

维度	时间	M	SD	t	p
评价推理关系	前测	6.06	4.91	-3.230	0.002
	后测	8.08	3.96		
挖掘隐含假设	前测	8.18	2.72	0.276	0.783
	后测	8.08	2.44		
考虑多样替代与综合组织判断	前测	4.95	3.07	-8.019	0.000
	后测	8.08	2.74		
批判性思维技能	前测	65.45	12.23	-6.563	0.000
	后测	75.86	10.97		

5. 对照组前后测差异检验

为了考察大学生的批判性思维技能是否会在日常的生活学习中发生明显提升，本研究进一步对对照组前后测的批判性思维技能水平进行差异分析。结果表明，除了澄清观念意义、分析论证结构、挖掘隐含假设之外，对照组在批判性思维技能各维度和总分上的前后测得分均不存在显著差异（$ps>0.05$），对照组在分析论证结构、挖掘隐含假设维度上的后测得分均显著低于前测得分，在澄清观念意义维度上的后测得分显著高于前测得分，见表4-10。

表4-10 课程前后批判性思维技能差异检验（对照组）

维度	时间	M	SD	t	p
理解主题问题	前测	6.51	3.27	0.865	0.390
	后测	6.12	2.78		
澄清观念意义	前测	6.32	4.86	-2.782	0.007
	后测	8.42	3.67		
分析论证结构	前测	4.87	5.03	3.174	0.002
	后测	2.50	4.36		
审查理由质量	前测	6.05	4.92	-1.306	0.196
	后测	6.97	4.62		
评价推理关系	前测	5.92	4.95	-0.352	0.726
	后测	6.18	4.89		

续表

维度	时间	M	SD	t	p
挖掘隐含假设	前测	7.83	3.40	3.785	0.000
	后测	5.72	3.72		
考虑多样替代与综合组织判断	前测	5.20	3.31	−1.804	0.075
	后测	6.12	3.22		
批判性思维技能	前测	62.24	17.17	0.934	0.353
	后测	60.00	16.17		

二、大学生创造性思维干预结果分析

为了进一步探讨批判性思维课程干预下倾向和能力的提升对创造性思维的影响，本研究随机抽取了样本中参加该课程学习的学生作为实验组，没有参加该课程学习学生作为对照组。

（一）创造性思维倾向干预结果分析

1. 研究对象

选取在校大学生作为研究对象，其中，实验组为选修批判性思维课程的大学生，对照组则为未选修该课程的大学生。使用 G-Power 软件估算样本量（Faul，Erdfelder，Buchner，et al.，2009），设定检验方法为重复测量方差分析（组间），显著性水平 α 为 0.05，统计检验效力 $1-\beta$ 为 0.8，效应量为 0.25，由此计算得到的总样本量最小为 34。因此，本研究共招募 63 名被试，其中实验组 33 名，对照组 30 名。

2. 创造性思维倾向前测差异检验

为了比较实验组和对照组学生是否为同质团体，本研究在开始干预前的同一时间内，对两组的创造性思维倾向水平进行前测差异分析。结果表明，在批判性思维课程开始前，实验组和对照组在创造性思维倾向总分上无显著差异（ $ps>0.05$ ），且在各维度上也是同质的。实验组仅在想象力维度上的得分（ $M=27.86$ ）高于对照组（ $M=27.74$ ），但未达到显著水平（ $t=0.12$ ， $p=0.903$ ），见

表 4-11。这表明两组被试为同质群体，他们之间的差异不会对后续的课程干预结果产生不利影响。

表 4-11　课程前创造性思维倾向差异检验情况

维度	实验组		对照组		t	p
	M	SD	M	SD		
冒险性	23.69	3.15	24.10	2.60	−0.54	0.589
好奇性	32.69	4.19	33.26	4.03	−0.53	0.595
想象力	27.86	3.68	27.74	3.93	0.12	0.903
挑战性	28.41	3.61	28.84	3.40	−0.47	0.641
创造性思维倾向	112.66	12.90	113.94	11.34	−0.41	0.685

3. 创造性思维倾向后测差异检验

在批判性思维课程完成后，为验证在批判性思维课程的干预下，大学生的创造性思维倾向是否得到了有效改善，本研究对实验组和对照组的后测结果进行独立样本 t 检验。结果发现，除想象力维度外，实验组的后测得分在创造性思维倾向各维度及总分上均高于对照组的后测得分，但均未达到显著水平（$ps>0.05$），见表 4-12。

表 4-12　课程后创造性思维倾向差异检验情况

维度	实验组		对照组		t	p
	M	SD	M	SD		
冒险性	24.03	2.83	23.52	3.26	0.66	0.515
好奇性	34.21	4.11	32.45	4.76	1.52	0.133
想象力	28.14	4.20	28.42	3.80	−0.27	0.786
挑战性	29.21	2.70	28.06	3.10	1.52	0.135
创造性思维倾向	115.59	11.49	112.45	12.87	0.99	0.325

4. 实验组前后测差异检验

在批判性思维课程结束后，本研究通过配对样本 t 检验来比较实验组创造性思维倾向在前后测的得分变化。结果见表 3-7，经过批判性思维课程的干预，在好奇性维度，实验组的前后测得分差异显著（$t=-2.19$，$p=0.037$），后测得分（$M=34.21$）显著高于前测得分（$M=32.69$）。这表明经过批判性思维课程干预后，实验组的好奇性水平得到了显著提升。在前后测差异比较中，实验组在冒险性、想象力、挑战性维度上的得分和创造性思维倾向总分上虽然有所提高，但是并未达到显著水平（$ps>0.05$），见表4-13。这说明批判性思维课程具有一定的干预效果，也进一步表明"批创思维"关系紧密，大学生的创造性思维倾向是可以通过批判性思维课程来进行干预的。

表4-13　课程前后创造性思维倾向差异检验（实验组）

维度	时间	M	SD	t	p
冒险性	前测	23.69	3.15	−0.66	0.512
	后测	24.03	2.83		
好奇性	前测	32.69	4.19	−2.19	0.037
	后测	34.21	4.11		
想象力	前测	27.86	3.68	−0.48	0.632
	后测	28.14	4.20		
挑战性	前测	28.41	3.61	−1.39	0.176
	后测	29.21	2.70		
创造性思维倾向	前测	112.66	12.90	−1.57	0.127
	后测	115.59	11.49		

5. 对照组前后测差异检验

为了考察大学生的创造性思维倾向是否会在日常的生活学习中发生明显的提升，本研究进一步对对照组前后测的创造性思维倾向进行配对样本 t 检验。结果表明，除想象力外，对照组在创造性思维倾向总分及各维度上的后测得分均低于前测得分，但差异均不显著（$ps>0.05$），见表4-14。

表4-14　课程前后创造性思维倾向差异检验（对照组）

维度	时间	M	SD	t	p
冒险性	前测	24.10	2.60	1.36	0.184
	后测	23.52	3.26		
好奇性	前测	33.26	4.03	1.53	0.135
	后测	32.45	4.76		
想象力	前测	27.74	3.93	−1.20	0.238
	后测	28.42	3.80		

续表

维度	时间	M	SD	t	p
挑战性	前测	28.84	3.40	1.64	0.112
	后测	28.06	3.10		
创造性思维倾向	前测	113.94	11.34	1.02	0.317
	后测	112.45	12.87		

（二）创造性思维能力干预结果分析

1. 研究对象

选取在校大学生作为研究对象，其中，实验组为选修批判性思维课程的大学生，对照组则为未选修该课程的大学生。使用 G-Power 软件估算样本量（Faul, Erdfelder, Buchner, et al., 2009），设定检验方法为重复测量方差分析（组间），显著性水平 α 为 0.05，统计检验效力 $1-\beta$ 为 0.8，效应量为 0.25，由此计算得到的总样本量最小为 34。因此，本研究共招募 63 名被试，其中实验组 33 名，对照组 30 名。

2. 创造性思维能力前测差异检验

为了比较实验组和对照组是否为同质团体，本研究在开始干预前的同一时间内，对两组被试的创造性思维能力水平进行前测差异分析。结果表明，在批判性思维课程开始前，实验组和对照组在创造性思维能力总分及各维度上并无显著差异（$ps>0.05$），见表 4-15。这表明实验组和对照组为同质群体，可以进行后续的干预实验研究。

表 4-15　课程前创造性思维能力差异检验情况

维度	实验组		对照组		t	p
	M	SD	M	SD		
差异性	2.12	1.14	1.63	1.03	1.77	0.081
新颖性	3.30	1.36	3.27	1.11	0.12	0.908
创造性思维能力	5.42	1.97	4.90	1.97	1.06	0.296

3. 创造性思维能力后测差异检验

在批判性思维课程完成后，为验证在批判性思维课程的干预下，大学生的创造性思维能力是否得到了有效改善，本研究对实验组和对照组的后测结果进行独立样本 t 检验。结果发现，实验组在创造性思维能力总分及各维度上的得分均高于对照组，且在创造性思维能力总分和新颖性维度上的得分差异相对较大，在差异性维度上的得分差异相对较小，但这些差异均未达到显著水平（$ps>0.05$），见表 4-16。

表 4-16　课程后创造性思维能力差异检验情况

维度	实验组		对照组		t	p
	M	SD	M	SD		
差异性	1.94	1.27	1.70	1.12	0.79	0.433
新颖性	3.58	1.56	3.20	1.03	1.14	0.261
创造性思维能力	5.52	2.41	4.90	1.94	1.12	0.267

4. 实验组的前后测差异检验

在批判性思维课程结束后，本研究通过配对样本 t 检验来比较实验组创造性思维能力水平在课程干预前后的得分变化。结果表明，经过批判性思维课程干预后，在外星生物绘画任务的新颖性维度得分和创造性思维能力总分上，实验组的后测得分高于前测得分，但未达到显著水平。在外星生物绘画任务的差异性维度上，实验组的后测得分低于前测得分，但未达到显著水平，见表 4-17。

表 4-17　课程前后创造性思维能力差异检验情况（实验组）

维度	时间	M	SD	t	p
差异性	前测	2.12	1.14	1.00	0.325
	后测	1.94	1.27		
新颖性	前测	3.30	1.36	−1.30	0.203
	后测	3.58	1.56		
创造性思维能力	前测	5.42	1.97	−0.36	0.720
	后测	5.52	2.41		

经过批判性思维课程干预后，实验组的创造性思维能力总分和新颖性维度得分均高于前测得分，但未达到显著水平。在前后测差异比较中，实验组在差异性维度上的后测得分低于前测得分，但未达到显著水平。这可能是因为学生通过审辩思考后，存在减少差异化表达的可能性，同时也表明要想提高学生的批判性思维，需要时刻对其进行正确引导。尽管批判性思维可以使学生时刻保持质疑精

神，不遵循常规，但教师也需要引导学生形成正确的观点，而非一意坚持自己特立独行的观点，哪怕自己的观点是错误的。实验组前后测试中的外星生物绘画任务典型示例见图 4-1。

(a) 前测   (b) 后测

图 4-1 实验组前后测中的外星生物绘画任务典型示例

5. 对照组的前后测差异检验

为了考察大学生的创造性思维能力是否会在日常的生活学习中发生明显提升，本研究进一步对对照组的前后测创造性思维能力进行差异分析。结果发现，对照组在差异性维度上的前测得分低于后测得分，在新颖性维度上的后测得分低于前测得分，在创造性思维能力总分上的前后测得分一致，但这些差异均不显著（$ps>0.05$），见表 4-18，对照组前后测中的外星生物绘画任务典型示例见图 4-2。

表 4-18 课程前后创造性思维能力差异检验情况（对照组）

维度	时间	M	SD	t	p
差异性	前测	1.63	1.03	−0.33	0.745
	后测	1.70	1.12		
新颖性	前测	3.27	1.11	0.34	0.738
	后测	3.20	1.03		
创造性思维能力	前测	4.90	1.97	0.00	1.000
	后测	4.90	1.94		

(a) 前测   (b) 后测

图 4-2 对照组前后测中的外星生物绘画任务典型示例

第三节　批判性思维课程提升大学生"批创思维"的效果分析

一、批判性思维课程前后测水平差异的分析与讨论

（一）批判性思维的干预效果

本研究通过设置对照组的方式，考察批判性思维课程干预的教学效果及其对大学生"批创思维"发展的影响。结果发现，批判性思维课程设置有利于培养大学生的批判性思维，尤其是显著提高了他们的批判性思维技能。批判性思维课程干预是有效的，个体得到相关指导后，其批判性思维认知在发生量上会显著提高（叶映华，尹艳梅，2019）。经过一学期的课程，大学生在批判性思维倾向和技能方面有所提升，尤其是批判性思维技能方面进步较大。一方面，这可能是因为相较于批判性思维倾向来说，批判性思维技能更易掌握，批判性思维倾向则需要长期的教学引导才能形成；另一方面，这也证明批判性思维教学不适合全程采用大班教学，其课堂氛围不利于为学生提供质疑与表达的环境，因此对学生内在的批判性思维倾向的影响不显著。

（二）创造性思维倾向的干预效果

在批判性思维课程干预后，实验组学生在创造性思维倾向的好奇性维度上的得分有显著提高，在创造性思维倾向总分和冒险性、想象力、挑战性各个维度上的得分也有提高（但未达到显著水平），但对照组则无显著提高。这可能是因为批判性思维有助于个体从感性思维中解放出来，始终追问"为什么"。批判性思维课程正是通过课程教学引导学生学会提出问题，有利于引起和保持学生的好奇心。这些都进一步证明了以提高"批创思维"为目标的批判性思维课程可以对学生进行有效的思维训练，这种训练通过将"批创思维"紧密地联合在一起，可以

达到共同提高学生"批创思维"倾向的效果。

经过为期一学期的日常授课,对照组在除想象力维度外的创造性思维倾向总分及冒险性、好奇性、挑战性维度上的得分均降低,但差异均不显著。本研究也发现,在后测中,实验组的想象力维度得分低于对照组。这可能与当前的批判性思维授课形式相关。批判性思维教育对想象力发展的负面影响始终缺少实证研究的支持。相反,造成想象力与思维能力不平衡发展的恰恰是片面的教育或外界环境的负面影响,而非批判性思维教学(余党绪,2016)。事实证明,大班教学方式并不适合批判性思维教育,也难以促进大学生的创造性思维倾向发展。大班教学方式下,仅有部分学生有机会参与到课堂讨论中,其余大部分学生仍通过教师讲授的方式学会一定的批判性思维技能,并将其运用在课后作业的完成中。即使授课内容为批判性思维,鼓励学生质疑,但由于学生缺少主动学习的过程,因此,创造性没有得到显著提升。尤其是初次接触和初学批判性思维技能的学生,面对新知识(如图尔敏模型、"正反正"结构),缺少主动练习,反而会因为实践中的按部就班而限制新观念的生成。

(三)创造性思维能力的干预效果

在批判性思维课程干预后,实验组的创造性思维能力的前后测得分无显著差异,但创造性思维能力总分和新颖性维度得分相比于前测得分有所提高。这可能是因为批判性思维"警惕"唯一正确答案,批判性思维过程中会涉及两种不同的思维方式:一种是从前提到结论;另一种是先有结论,再找前提。批判性思维主张从前提出发,一步一步走向结论,这样结论就没有提前被设定。而且,对前提的选择不同,个体往往会得出不同的结论。对前提的理解不同,包括证明程序上的不同等,个体往往也会得出新颖的结论。

此外,本研究还发现,实验组的差异性维度得分在干预后降低。这可能与批判性思维课程设计中的不足有关。受限于实际的教育环境,教师为了应对大班教学的需求,往往会将练习过程中的作业内容设计为针对某一特定观点,让学生使用课程所学技术进行论证。这样的作业尽管给学生提供了练习课程所学技术的机会,有利于逻辑思维的提升,但由于已有被提前设定的唯一结论,要求学生按部就班地进行思考,这样反而不利于学生提出有差异性的观点,也不利于学生创造性思维的差异性发展。

二、灌输式批判性思维课程存在的问题

（一）课程体系：批判性思维倾向的培养依旧需要长期引导

批判性思维倾向比批判性思维技能更应在教学中得到重视（Ennis，1991）。因为批判性思维课程具有高阶性，所以这类课程的教学已不再局限于单纯的知识传授，而是一个将知识转化为能力的过程，重点在于引导学生把知识、能力和素质进行有机结合，使学生具备运用"批创思维"解决复杂问题，在过程中进行分析、判断、解决和创造的能力。片面地重视技能容易使个体忽视批判性思维的双维结构，仅将高阶思维视作技术，而不是将其视作运用技术形成最终判断的思维过程。因此，仅靠技能是远远不够的，必须借助倾向的发展（Facione，2000）。

不仅如此，如果没有养成思维倾向，即使已经习得了技能，但由于时间的延长，个体也可能会受到遗忘的不稳定影响，而倾向则对应人格层面，有更稳定、更深层的作用机制。对于短期的批判性思维专项课程而言，批判性思维技能是可以通过训练来培养的，但人格层面的批判性思维倾向则不易因为短期的训练而改变，其实质性提高不可能在短期内实现。这是短期批判性思维专项课程难以克服的问题，需要长效机制进行引导。

（二）授课形式：传统教学模式与批判性思维教育不适配

"批创思维"实际上是高阶思维，需要个体进行分析、评价和创造，具有高阶性、创新性和挑战性等特征。"批创思维"注重师生交互和过程评价，强调利用分析、推理等来进行能力和思维的训练，同时还注重创造性。

当前的课程建设是否有利于大学生"批创思维"的发展是存疑的。当前，高等教育机构中的批判性思维课程在教学质量上仍有一定的提升空间。其授课形式与教学模式面临的挑战包括如下方面：①专业教师资源有待充实；②课程内容需紧跟时代发展进行更新；③教学方法上，虽然以直接讲授为主，但辅助的间接教学手段运用不足；④课堂互动环节薄弱，大班教学环境下，间接教学模式（如对话法、辩论法）下学生的参与度有限，部分学生未能有效融入课堂学习中；⑤作业布置量不足以充分锻炼学生技能。尽管已有部分课程尝试更新教学内容并增加实践环节，但在传统教学模式下，缺乏质疑氛围仍限制了教学成效。对于通识教

育中的思维课程而言，尤其需要避免陷入机械灌输的窠臼，即便包含讨论部分，也应确保其具备引导性和反馈性，成为名副其实的指导性实践，而非流于形式的表面文章。

（三）课程内容："批创思维"教学局限于逻辑思维训练

本研究发现，批判性思维课程有效地影响了学生的创造性思维倾向，具体体现为经过批判性思维课程干预后，学生的好奇性水平更高，但批判性思维课程并未对创造性思维能力产生显著影响。此现象反映出中国对批判性思维的理解存在误区，进而对高阶思维教育在中国的推广与深化产生一定的制约。思维能力的培养理应与实践操作紧密相连。然而，在形式主义的教学倾向下，批判性思维课程趋于抽象化、表面化及程式化，难以有效实现其课程设计中旨在激发思维活力与创新潜能的目标。特别是对于创造性思维能力的发展而言，其提升过程缺乏必要的引导手段与辅助工具，单纯依靠批判性思维技能的掌握，并不足以促成批判性思维技能向创造性思维能力的直接转化。

部分教师与学生容易错误地将逻辑思维等同于批判性思维。重视逻辑学、重视逻辑思维素质的培养对于创造性思维的发展是十分有利的。逻辑思维培养训练的严重不足是造成我国学生创造性思维能力不突出的一个重要原因（葛缨，何向东，吕进，2006）。但批判性思维与逻辑学既有相通之处，又相互区分。在逻辑思维下，一个思维单位要有立足点、根据和观点，其逻辑推理过程建立在理性和范式的基础上。但逻辑思维并不强调前提假设的真实性、证据的真实性、观点的可靠性。而批判性思维则强调客观、求证、怀疑与思辨的科学意识，旨在让人们明辨事物的是非、好坏、真伪。前者注重专业知识，后者注重思维训练。批判性思维是在逻辑思维的基础上，正确地论证自己的观点，批判性思维就是讲有效论证的思维。目前的一线教学实践对批判性思维存在一定的误读，将其局限于逻辑思维的范畴，认为批判性思维课程是比逻辑课程更有意义和趣味，也更具现实意义的一种替代物。这实际上限制了批判性思维在教育领域的发展，使其在推动求真求知、系统分析和客观开放等方面的优势难以全面展现出来，从而不利于学生批判性思维的培养和发展。

这种误解也会影响批判性思维初学者在日常生活中实际应用批判性思维。他们往往会陷入"急于论证"与"急于质疑"的误区。初学者急于"论证"而非提出问题，认为所学技能是为了论证唯一的答案。当不同的声音出现时，初学者则会急于"质疑"而非反思。而创造性思维与批判性思维的共通之处则是"破旧立新"。思维定式的特点是形式化结构稳固但惰性强。其优势在于，当给定某一种情况时，思维定式可以引导人们运用已习得的方法快速、熟练地解决问题。一旦已知条件发生改变，固定的思维模式便会阻碍创造性的发展，不利于创新过程中非逻辑思维的运用。

大学生在破除思维定式的过程中需要将批判性思维作为工具。批判性思维是沟通逻辑思维与创造性思维的桥梁，有助于人们进行审辩思考，更好地进行"破旧"，可帮助人们提出有价值的问题，这是打破思维定式的关键。但初学者也可能会陷入"破旧"的困局。掌握了批判性思维技能，但如果只用它来进行逻辑推理，而不去仔细思考和反思，不用它来发挥创造力，以提出新的观点、例子和其他可能的解决办法，那么这样的批判性思维技能并不能帮助我们用新的方式把旧的想法整合起来，反而会阻碍我们提高创造力。

第四节　批判性思维课程提升大学生 "批创思维"的结论

一、结论

通过考察大学生"批创思维"的发展特点，以及比较批判性思维课程干预后大学生"批创思维"水平的变化，本研究得出以下结论。

（一）大学生的批判性思维总体处于中等水平

大学生的批判性思维在性别变量上存在差异：在批判性思维倾向上，男性的分析性水平显著高于女性；在批判性思维技能上，女性长于对已有观念进行分析与评估，男性善于进行开放性思考。批判性思维在专业变量上存在差异，人文社科专业在批判性思维倾向上均略高于理工科专业，具体来说，人文社科专业大学生的自信成就维度优于理工科专业（边缘显著）。批判性思维在年级变量上无显著差异。

（二）大学生的创造性思维均处于中等偏下水平

大学生的创造性思维在专业变量上存在差异：人文社科专业大学生在创造性思维倾向上得分最高，且在冒险性、好奇性、想象力和创造性思维倾向总分上均显著高于理工科专业，但在创造性思维能力上则略落后于理工科专业。创造性思维在性别和年级变量上均无显著差异。

（三）在"批创思维"的关系中，"批创思维"关系紧密，倾向之间存在显著正相关

不同批判性思维水平的大学生表现出有差异的创造性思维水平，高批判性思维倾向组的创造性思维倾向得分高，且显著高于低批判性思维倾向组。这表明学生的"批创思维"关系紧密，批判性思维倾向越高，其创造性思维倾向就越高。此外，大学生的批判性思维倾向各维度均可以对创造性思维倾向起到预测作用，其中求真求知和系统分析的影响较大。

（四）批判性思维课程干预可以有效提升批判性思维技能，并对倾向培养有积极影响

在批判性思维课程干预后，实验组的批判性思维技能得到显著提升，并且这一课程干预对于批判性思维倾向的培养也有积极影响。当前大学生的批判性思维倾向处于中等水平，由于倾向属于内在的人格层面，具有稳定性，因而大学生的批判性思维倾向在短期的课程干预后难以得到显著提高。而批判性思维技能可以通过短期的训练得到快速提高。

（五）当前批判性思维课程对于创造性思维能力的训练不足

在批判性思维课程干预后，实验组的创造性思维能力未得到显著提高，这提示我们，今后在批判性思维课程设计上需要引导创造性思维由理论向实践的转

换。此外，经过批判性思维课程干预后，在创造性思维能力上，实验组的绘画得分在新颖性与总分上均得到提高，但绘画作品的差异性减小。

二、研究建议

根据本研究结果，我们可以清晰地看出，针对大学生实施的旨在共同培养"批创思维"的批判性思维课程干预具有显著效果。具体而言，该课程的介入能够系统性地提升大学生的批判性思维技能和倾向，进一步指导并促进大学生"批创思维"的养成。根据本研究结果，本书就大学生思维方式的培养提出以下建议。

（一）高阶思维培养教育理念

批判性思维与创造性思维密切相关，在教学过程中独立地看待"批创思维"会影响教学效果。将创造性思维视作批判性思维课程的发展目标，对于二者的协同发展与创新型人才的培养都是十分有利的。

在许多高校现有的创新方法的教育教学工作中，大多数专业课程独立看待创造性思维。这容易使学生在学习与实践的过程中仅记住案例，缺少思维工具这一抓手，专业课程体系中缺少与批判性思维相关教学思想的结合，具体体现为在推理、反思等方面的知识和技巧渗透不足，以及对于学生的独立思考能力缺乏重视等。批判性思维课程建设过程中亦存在类似问题，具体表现为，在批判性思维课程实施过程中，将其与逻辑思维培训等同视之，将既有的教学内容直接应用于批判性思维教育，过分强调专业知识的传授，而相对忽略了思维能力的培养。

面对这样的教育现状，教育者必须把创造性思维的培养融入批判性思维教学中，将二者有机地结合起来，即形成"批创思维"的联合培养。当前，大多数高校中已开设了逻辑思维课程。这门课程是高阶思维培养的起点，可以帮助学生更好地理解和分析语言。然而，在教学实践中，教育工作者不应仅限于培养学生逻辑思维能力的训练，而应将对"批创思维"的追求内化为教育理念的核心。在思维过程中，我们逐步培养并形成了一种以逻辑思维为基础的批判性思维技能。这种能力要求我们在逻辑的框架内，对各种证据和观点进行细致的质量评估和深入的意义判定。通过这种批判性的分析，我们能够辨别信息的真伪和价值，从而做出更为明智的判断。最终，我们的目标是将这种批判性思维与创造性思维相结合，将最新的理论知识和研究成果有效地融入课程内容中，确保教学内容始终保持其前沿性和时代性。在这一认知过程中，逻辑思维、批判性思维和创造性思维这三种思维方式紧密地融合在一起，相互促进，共同推动了我们对知识的深入理解和创新应用。

（二）学科融合式批判性思维教育

本研究发现，短期的批判性思维课程有利于批判性思维技能的掌握，但对于人格层面的批判性思维倾向的培养还不足。对于批判性思维的发展而言，掌握技能只是入门，更需要培养倾向，这是一个长期的过程，仅通过短期专项教学难以实现，且局限于技能应用的批判性思维教育对于养成"批创思维"的习性是不利的。

当前，各学科教育领域普遍侧重于传授应试知识与训练应试技能。在实际教学实施过程中，教师所秉持的教育理念与新课程改革的导向存在一定偏差，致使素质教育仍停留于理论层面而未得到充分实践。部分教育工作者虽已关注学生的智力、能力及情感维度的成长，但这种关注往往局限于应试教育完成后的"提升阶段"。在繁重的学业负担及有限的教学时长约束下，教师倾向于采用"灌输式"教学策略，将应试知识直接传授给学生，这一做法导致大部分学生被培养为缺乏个性的标准化"产品"，未能充分满足学生对于高阶思维能力培育的需求。在教学组织形式上，教师较少在课堂上创造机会，激励学生自发、主动地运用批判性思维来探索知识，长此以往，学生质疑与独立思考的能力逐渐减弱。至于教学内容，教师多依据测试大纲及要求，未能为学生提供足够的拓展性与深化性信息，同时缩减了探究性学习的环节，不利于学生综合素养的提升。在这样的教学理念的影响下，教学实践中缺少结合常规课程进行批判性思维训练。批判性思维课程的教育应该融入专业教育中，形成学科融合式的批判性思维教育。学科融合的学习氛围不仅仅有利于学生的批判性思维倾向培养，更可为学生营造安全的环境，鼓励他们勇于质疑、敢于创新。

（三）高阶思维通识教育

本研究发现的专业及年级上的差异结果也提示教育者必须增设、调整有关思维方法和研究方法的基础课程，在教学计划中有必要开设逻辑学、"批创思维"等课程，以形成通识课程系统，从低年级打好基础，到高年级进行实践拔高，从课程理念、课程设计和作业设计三方面形成系统的"批创思维"培养体系。

1. 课程理念：过程导向

既有的"批创思维"课程是一种结果导向的印证模式，该模式忽视了个体认知过程的差异性，同时也不便于在实践中应用，难以实现思维技能的教育显性化。有效的思维教育必须暴露思维过程，以培养创造性思维为发展目标的批判性思维课程更要将"批创思维"联系起来：一方面通过"准备—酝酿—明朗—验证"等步骤暴露创造性思维的形成过程；另一方面则通过在创造性思维过程中嵌入批判性思维这一工具来暴露其实践过程。

结果导向的课程不仅不利于学生的学习，也不利于学生将其内化为思维习性。而过程导向的学习形式则要求"批创思维"教育应教授学生技能，把技能作为抓手，但不能局限于此，而是希望通过技能的提高培养品德。要使批判性思维得以顺利运用，必须激发内在层面的倾向。这种思维技巧的运用，需要以求真求知等内在倾向作为动力，以克服学生天性中的懒惰。因为保守的倾向往往会阻碍批判与质疑的深入运用，使其停留在表面层次。部分大学生受到追名逐利、死板守旧等观念的影响，往往难以运用批判性思维来做出合理的判断。他们往往无法有效地搜集并分析不同的证据，也较难创建替代理论来客观地剖析自己和对立观点之间的差异与优劣。批判性思维技能能够帮助人们从复杂的现象中提取出更多有价值的信息，从而做出正确的决策。如果缺乏正义和诚实等理智美德的要求，那么巧妙运用批判性思维将会变得非常困难。

2. 课程设计：主动参与

目前，大部分批判性思维教学所采用的模式主要是教授式，在该模式下，教师往往将自身作为教学工作的核心，学生则是被动接受知识。由此，在课堂教学过程中，大部分教师与学生的交流相对较少，课堂气氛活跃度不足，不利于师生思想的迸发。这种教学方式可能有利于学生对技能的快速掌握，但对于批判性思维倾向的长期培养是不利的。

对于中国高校的"批创教育"而言，其目的是提高学生的创新能力，而参与式学习模型则是一种有益的尝试。参与式学习模型对于中国当代大学生以培养

"批创思维"为目标的批判性思维课程设计同样具有重要的借鉴意义。创造性参与式学习鼓励学生在班级、学校等环境中合作，从而形成一个共同关心的、充满情感的世界（Craft，Chappell，Twining，2008）。以具身意义为目标的创造性参与模型（Anderson，2018）是一个以意义创造为中心的理论模型，强调在学习过程中，学生具有自主学习、情感归属、能力增进等基本需求，这些需求均需要通过学生的身体、心灵与环境之间的交互来满足。这也对批判性思维课程的课堂教学与课程设计提出了更高的要求。

对于课堂教学而言，大学课堂应改变传统的教学形式，打破教育活动程式化的限制。这也对教师提出了新要求：包容性的教师才能以身作则地激发大学生的创造力。大学教育注重学习结果的探究性，每一位学生面对相同的问题时可能会产生不同的思考，得出差异化的观点。对问题思考的结果没有绝对的正确与错误之分，但需要学生主动参与并输出自己对问题的理解与论证。在设计课堂教学的问题和测试题目时，应当追求多元化、开放性的思维，以及分层次的难度设置。这样的做法不仅能够促进大学生在学习过程中的积极参与，而且有助于他们在学术探索中获得认同感。同时，通过这种方式，教师可以给予学生情感上的支持，帮助他们建立起一种归属感，从而在学术环境中感到更加舒适和自信。在课堂上，教师应给予学生表达自己观点的机会，要能听到学生的"声音"，听到学生的思考、学生的质疑、学生的观点、学生的阐述与讨论等。宽松、和谐的学习环境可以保证大学生在表达自己新颖的想法时感到轻松、安全，有助于鼓励大学生主动表达、主动发问，进而有助于培养大学生的反思与创新能力。

对于课程设计而言，团体创造力对于社会的发展日益重要，这也说明创造性思维不仅具有个体性，还具有集体性。因此，大班讲授或视频学习配合有助教带领的小班认真研讨学习是最有效的模式。在这样的模式下，批判性思维课程可分为讲授课程和实践课程。在讲授课程中，教师占主导，他们以讲授及播放视频的形式教授相关的批判性思维技能学习与典型案例分析等知识。在实践课程中，学生占主导，他们以小组为基本单位进行主题讨论、小组汇报等，并不断练习、深化技能，从而将被动的学习转化为主动的思维过程。参与式学习模式讲求实效，旨在把批判性思维课程打造成思维教育的一个核心环节，而不是一门上完课后就消失无痕的课程。

3. 作业设计：开放写作

对于大学生的作业设计而言，课上教师命题、课后学生自拟的形式更易鼓励学生主动在实践中运用"批创思维"。当前固定结论和答案的课堂提问与课下作业固然会便于授课、讲解与评价，但是这种形式的教学与批判性思维的主旨相悖。在教授式教学模式下，学生的思考往往受到教师权威的约束，学生回答出标准答案符合教师的要求，而学生提出与众不同的新想法则可能会面临风险，如可能遭到批评或得到表扬，这会自动诱发价值系统的失衡（Beghetto，2016）。学生缺乏评估与承担风险的能力，因此，他们可能会为了规避批评而赞同教师给予的既定结论。这可能会降低学生抒发自己观点的自信心，使其专注于逻辑能力的训练，更多地通过批判性思维技能来验证他人（即教师）给出的观点，而不去辨别观点的正确性。

在课上教师命题部分，为了培养学生的"批创思维"能力，教师必须给学生思考的机会，而激发思维最简单、最直接的方式就是课堂提问（如 PMI①教学模式、六顶帽子思维法等）。课堂提问不仅能潜移默化地培养学生发现问题、提出问题的能力，还有助于引导学生进行全面的思考，最终得出结论，高效地解决问题。在高效的师生互动、学生互动下，教师引导学生提出好问题、真问题，可以帮助学生在解决问题的过程中对自己的思维进行监控和反思，进而有助于提升学生的创造力。

在课后学生自拟部分，开放性的批判性写作的目的是使学生能够进行审辩性分析，能够从大量的信息中分析和推断出结论，进而清晰和有效地表达出自己的观点。批判性写作旨在让学生自主进行资料搜集工作，并主动开展调查研究，进而对所得到的信息和研究结果进行分析与论证。这有利于提高学生的推理论证能力，以及联系所学知识与科研成果来准确表达思想、论点的能力。开放性更是使学生的"主体参与"和"自我意识"得到充分体现。这也对教师的评价体系提出了更高的要求：①主旨上，学生能够清晰地阐述其核心观点，并确保这些观点被置于一个准确无误、精确恰当的语境之中；②论证上，学生能够提出令人信服的论据，以彰显自己对重要反驳观点的理解，并提供新颖的论点或想法；③组织上，论文的想法明确，容易理解；④写作上，论文思路清晰并引人入胜，且在语法方面几乎没有错误。四个维度的论文评价体系更加个性化，也起到了一定的拔高作用。在独立撰写论文的过程中，学生的自主学习能力、逻辑思维能力、数据整合分析能力等都会得到极大提高，科研意识也会逐渐增强。

---

① PMI 是指"大工程"（project）背景下多层次（multi-level）、创新性（innovativeness）的实践教学模式。

第五章

批判性思维独立课程的实践研究

第一节　批判性思维独立课程的研究设计

　　批判性思维灌输式课程采用大班漫灌方式，对学生批判性思维技能的提升有一定作用，但教师单纯地教授学生批判性思维技能是远远不够的。此类灌输式课程主要由教师传递批判性思维的相关知识，并由教师主导教学与课堂走向，相对忽略了学生在学习中的主动性，不利于为学生提供质疑与表达的环境，因此对于学生批判性思维倾向的培养效果有限。要想帮助学生全面掌握批判性思维技能，应该帮助他们学习如何在不同情境下运用这些技能，以便对批判性思维的理论和应用有更全面的了解。也就是说，教师应该通过某种方式检验批判性思维是否发生过，而不是仅仅希望学生在课堂上产生批判性思维。因此，传统教学模式与批判性思维教育不适配，需要改进批判性思维的教学模式，使之与批判性思维教育的目标更加匹配。

　　与灌输式课程不同，批判性思维独立课程的核心是体现批判性思维的特征和应用过程，重点是批判性思维方法、态度的训练，以及批判性思维习惯的养成。此类课程的旨趣在于发展学生的批判性思维技能，继而使之成为头脑清晰、言行有理的人，能够从多种角度出发考虑问题，重视批判性思维的价值。批判性思维独立课程重视学生的主体地位，教师扮演了苏格拉底、教练和认知活动主持人的

"三位一体"的角色，因此教师更像一个促进者——引导学生寻找答案，学生自己学会如何进行批判性思考。这就要求批判性思维教学必须由传统的以讲授为中心的模式转变成以学生为中心的模式。如何实现这种模式的转变，需要在课程开发与设计方面进行通盘思考、统筹整合。

许多教学实践者与研究者已经开展了值得借鉴的研究，发现能够有效培养学习者批判性思维的教学模式主要有翻转课堂教学模式、基于问题的学习（problem-based learning，PBL）模式、探究学习（inquiry-based learning，IBL）模式、协作探究学习（collaborative inquiry-based learning，CIBL）模式等（孙宏志，2023）。有研究表明，学习者的批判性思维能够通过翻转课堂教学模式得到提高，重要的影响因素包括教师采用的教学方法、学生对技术的期待、学习材料与学习活动等，这些因素之间的复杂关系对教学效果有较大影响（Limniou，Schermbrucher，Lyons，2018）。还有研究表明，翻转课堂教学模式能够提升学生的创造性思维能力和批判性思维技能（Rodríguez，Díez，Pérez，et al.，2019）。有研究将基于问题的学习模式纳入数学课程教学中，发现基于问题的学习模式能够提高学生的批判性思维技能（Arviana，Irwan，Dewi，2018）。还有研究者使用基于问题的学习模式进行语言学教学，发现该模式能够有效提升学生的批判性分析能力（Filimonova，2020）。一项关于探究式学习模式的研究发现，该模式能够促进学生获取复杂知识和技能，对于培养学生的创造力和科研能力有一定的帮助（Rodrígue，Pérez，Núñez，et al.，2019）。关于协作探究学习模式的研究结果表明，该模式能够有效培养包括批判性思维在内的高阶思维能力（Lu，Pang，Shadiev，2021）。

以上被证明能有效提高批判性思维的教学模式具有一些共同特点：学生在自主、自发的状态下，针对需要被探究的具体问题，在合作的学习氛围中建构出解决问题的方案，其中，真实具体的问题和合作探究的氛围起到关键作用。

一、批判性思维独立课程的理论基础

1. 基于问题的学习模式

基于问题的学习又称"以问题为基础的学习""问题式学习""问题本位的学

习"，是以问题为基础和驱动，开展一系列学习与教学行为的教学模式，其核心理念是以学生为中心，核心特点是以问题为导向。基于问题的学习最早发端于加拿大医学院的教学改革，旨在克服传统医学生两段式教学培养模式中基础学习与临床实践相脱节的缺点。在该模式中，刚入学的大一新生即面临与真实医疗情境相一致的实践问题，并在这种情境中进行学习（连莲，2013）。

最早对基于问题的学习进行系统研究的学者是加拿大麦克马斯特大学医学院的学者 Barrows 和 Tamblyn。他们认为，该教学模式建立在多元智能学习理论、建构主义学习理论及主题教育思想的基础上（转引自孙天山，2014），其教育目标包括两个：①获得与问题相关的完整的知识体系；②发展或应用解决问题的技能。因此，基于问题的学习的优势在于学生能够同时习得基础知识与临床技能，且获得的知识保持得更加牢固、持久，习得的技能更便于迁移，继而产生不断学习的动力，并且在今后从业过程中能不断提升自身的问题解决能力。他们还认为基于问题的学习模式具有一些缺点，例如，这种模式对学生学习的自主性和目标性要求很高，学生在刚开始采用这种模式时的学习效率较为低效，不利于他们通过旨在考察死记硬背的孤立事实和概念的纸笔考试。另外，教师设计问题情境和课程内容的难度很大，教师在采用该模式实施教学的过程中容易片面地将以讲授为中心的传统教学模式与以学生为中心的新教学模式相对立（Barrows，Tamblyn，1980）。

后来的研究者在 Barrows 和 Tamblyn 的基础上发展了基于问题的学习模式的概念。有学者认为，基于问题的学习是将学习"抛锚"于具体的问题中，具有情境化和以学生为中心的特点（Antonietti，2001）。还有学者把基于问题的学习描述为"以问题的界定、处理来驱动学生整个学习经历的学习"（Kahn，O'Rourke，2004）。也有学者认为，在基于问题的学习模式中，学习者从事相关研究，整合理论和实践，并运用知识和技能以提出一个针对特定问题的可行的解决方案（Savery，2006）。综上可知，虽然各位学者对基于问题的学习模式的定义不尽相同，但总体来说，基于问题学习的教学模式是把学生置于具体的问题情境中，鼓励学生通过自主学习与合作学习，对问题进行有组织的、深入的探究的教学模式（连莲，2013）。

2. 基于问题学习的教学模型

Barrows 和 Tamblyn 在 20 世纪 80 年代最先对基于问题学习的教学模型进行

了归纳与提炼，其具体活动流程如下：①呈现问题，在进行任何准备或研究之前先确定问题；②问题以其在现实生活中的真实形式呈现给学生；③学生运用已有知识分析问题，界定具体的学习议题，确定下一步的学习方向；④学生通过上述学习和探索，习得相应的知识和技能，并将其运用到最初的问题解决过程中，以评估学习的有效性，同时强化学习效果；⑤把在问题解决过程中所获得的知识和技能进行归纳与整合，使之成为学生自身知识和技能结构的一部分（Barrows，Tamblyn，1980）。此后不久，Barrows 和 Kelson 进一步提炼了该模式的操作流程：①形成一个新的小组；②启动一项新问题；③执行问题解决方案；④展示成果；⑤在解决问题之后进行反思（Barrows，Kelson，1993）。

Schwartz 等提出了一个基于问题的学习实施策略模型。他们把基于问题的学习的实施过程分为以下八个环节：①给学生提供一个以前从未接触过的全新的问题；②学生之间相互交流，检查既有知识中的哪些知识与该问题相关；③在现有知识水平的基础上形成并验证解决问题的假设，检验能否解决问题；④如果不能解决问题，确定为了解决问题而进一步学习的需要；⑤通过自主学习达成既定的学习需要；⑥回到小组交流新学到的知识，运用新知识解决问题；⑦如果问题还不能得到解决，重复 ③—⑥ 步；⑧对问题解决的过程和学习到的知识进行反思（转引自刘宝存，2004）。另外一个基于问题学习的教学模型是由 Boud 和 Feletti 提出来的，他们把基于问题的学习过程分为四个环节：①给学生呈现一个问题（如案例、研究论文、视频等），学生形成固定的小组，对与问题相关的已有知识和思想进行组织；②通过讨论，学生提出被称为学习要点（learning issues）的疑问，这些疑问即他们对问题的不解之处，学生把这些疑问记录下来，并围绕其进行讨论，教师应注意在整个讨论过程中都鼓励学生理清其"所知"与"所不知"；③学生按照重要程度对学习要点进行排序，决定哪些问题由全组负责研究，哪些问题由个人负责研究，然后对任务进行分配，学生和教师讨论为解决这些问题还需要哪些资料，以及如何找到这些资料；④把学生重新召集起来，共同探讨学习要素，把获得的新知识运用于问题情境中（转引自 Duch，Groh，Allen，2001）。

有学者把基于问题的学习归纳为由七个步骤组成的活动结构，其流程是：第一，向学生呈现问题情境；第二，学生根据从问题情境中鉴别出的相关事实陈述与分析问题；第三，学生如果能够较好地理解问题，就能提出解决问题的假设；

第四，学生在确定问题与提出假设时，就会发现自身在知识方面所存在的"差距"与"不足"，这些"差距"与"不足"就构成了所谓的学习议题，这也是学生在随后的自主学习阶段需要重点研究的内容；第五，在自主学习之后，学生运用他们所获得的新知识，对之前的假设进行验证与评估；第六，在每个学习议题完成后，学生对所获的知识进行概括；第七，对整个学习过程进行反思（连莲，2013）。

3. 基于问题的学习模式的特征

通过以上对基于问题的学习模式的梳理，我们可以总结出该模式的一些基本特征。

第一，问题导向性。新科技革命和高等教育的普及化使得社会要求大学必须脱离象牙塔式的教育，让学生在离开大学时具备能够适应社会的就业与生活能力，从真实的社会、真实的生活和真实的世界中学习，贴近职场、贴近生活、贴近社会。因此，传统以信息传递为核心的知识传授式教学模式必然被颠覆。基于此，许多教育专家与实践者提出教学应从问题出发，激发学生的疑问和好奇心，引发学生的探究行为，使其联系具体问题来搜索已有知识和经验，发现已有知识经验与解决现实问题之间的差距，进而收集缩短差距所需的新的知识与经验，习得新的问题解决能力，在信息收集和问题解决过程中获得知识和技能的发展。可见，基于问题的学习的首要特征是将问题贯穿于教学始终，学生经历了识别问题—分析问题—解决问题的不同阶段。

第二，探究发展性。Barrows 等将基于问题的学习描述为以学生为中心的围绕丰富问题的学习活动，它能够为学生提供自由探究的机会（转引自连莲，2013）。在这种模式下，当教学被问题启动之后，学生主动投入问题解决的过程中，联系自身已获得的知识和能力尝试解决问题，如果问题无法得到解决，学生便会识别出现有自身资源与问题解决之间的差距，继而产生继续学习的动力和行为，不断地将抽象的概念、真实的实践和现实的情境相整合，综合多元学科视角，从不同途径获取新的资源，不断探究、建构、再建构自身的知识和能力体系，并在调查研究、合作探究中使其得到补充与完善，最终达成解决问题的目标。在此过程中，问题的解决并不是一蹴而就的，探究过程会有所反复，在非线性的发展、反复过程中，学生的知识边界得到拓展，这是传统教学模式所不能达到的。

　　第三，自主合作性。在基于问题的学习的教学中，学生不再是课堂中等待被"哺喂知识"的个体，而是能够产生疑问和好奇、具备强大探究动力的主动构建者和合作学习者，他们在识别问题—分析问题—解决问题的过程中，通过分配任务、分工合作、分析讨论、存异整合、评估反思等一系列行为，使自身知识和能力得到发展。教师则"退居二线"，成为学生解决问题的辅助者、促进者，在适当的时候为学生提供"脚手架"，帮助学生渡过难关，或者提醒学生适时"急流勇退"。在基于问题的学习的框架中，学生通过提出和提炼问题、辩论观点、做出预测、制定计划和/或实验、收集和分析数据、得出结论、与他人交流想法、提出新问题和创造人工制品等来寻求解决重要问题的方法，单个学生是难以解决问题的，而在小组成员中"有能力的其他人"的支持下，学生可以在最近发展区内完成学习任务（Fernández，Wegerif，Mercer，et al.，2015）。学生在自主合作的氛围中学会为自己负责，从多角度考虑问题，在讨论中理清思路，在争论中建构知识。

　　本研究在对恩尼斯批判性思维概念理解的基础上，结合实际问题解决过程，对批判性思维进行描述性界定，即批判性思维是有目的的、合理的、反思性的思维，其目的在于决定我们的信念和行动，表现为对证据、背景、方法、标准及概念的合理考察，以便决定相信什么或者做什么。无论是运用批判性思维来解决问题，还是借助问题解决来促进批判性思维的发展，均体现了二者的内在一致性。

4. BOPPPS 教学模式

　　BOPPPS 教学模式源于加拿大教师技能训练工作坊。作为一种以学生为中心、以教学目标为导向的课程设计模型，该模式把教学过程分为六个阶段，即导入（bridge-in）、目标（objective/outcome）、前测（pre-assessment）、参与式学习（participatory learning）、后测（post-assessment）、总结（summary）（董桂伟，赵国群，管延锦，等，2020；金鑫，李良军，杜静，等，2022）。这六个阶段集中体现了 Kolb 提出的体验式学习的核心理念，即学习不是信息的获得与传递，而是通过经验的转换创造知识的过程。Kolb 认为学习是以具体体验为起点和终点的循环，通过具体体验、反思观察、抽象概括、行动实践回到具体体验，这样的循环过程使学生获得连贯的学习经历，能够在学习中自动地完成反馈与调整（转引自张建勋，朱琳，2016）。导入阶段也被形象地称为"钩子"（hook），此阶段的任务是激发学生的好奇心，使其产生学习兴趣，导入新的学习内容。目标阶段从认知、情感和技能三个方面出发，明确学生通过学习应该达到的要求和水平。前测阶段用来检验学生目前的知识与能力水平，作为后续教学安排的参考，同时提醒学生自己已经掌握了哪些知识与能力。参与式学习阶段突出学生的自主性，积极学习策略的使用可帮助学生深度参与课堂，以实现教学目标。后测阶段的任务是检验学生在经过学习后与教学目标相关联的学习效果如何。在总结阶段，教师和学生共同总结所学所得，反思所缺所短，同时教师为下次的课程内容做铺垫。

该模式具有突出的特点和优势。第一，突出学生的参与，在学习过程中促进学生的深度参与；第二，学习过程由问题驱动，具有明确的目标导向性（郑燕林，马芸，2021），教与学的过程都聚焦在同一主题，能够有效集中学生的注意力，提升学习效果（董桂伟，赵国群，管延锦，等，2020）；第三，设置测试环节，通过形式各样的途径，实时检验学生所学情况，为学生和教师提供学习反馈（金鑫，李良军，杜静，等，2022），有助于学习目标的达成；第四，具备一套有章可循的操作化程序，步骤清晰，既适合一整门课程的教学设计，也适合单个教学单元的教学设计（郑燕林，马芸，2021），教师可以根据教学目标和课程需要使用该模式。

根据布鲁姆的分类法，涉及批判性思维的能力被分为高阶技能（例如，分析和综合）和低阶技能（例如，记忆和应用）。高阶技能需要学生自主发现问题，并进行深入的主动探究，在不断提问、调查、检查证据、探索替代方案、论证、检验结论、重新思考假设、对整个过程的反思中得以发展。低阶技能需要环境不断提供反馈，帮助学生真实地评估自己的现有水平，以检验自己是否掌握与能否熟练应用这一技能。

在发展批判性思维和知识的过程中，伴随着实践经验的逐渐积累，学生会经历以下阶段。在干预和培养批判性思维的过程中，最初任务被分解成情境无关的特征，此时，学生作为一个没有特定情境经验的新手，可以识别这些没有特定情境特征的任务；接着，学生逐渐能够监控自己意识的需要，并具有了一定的经验，此时，他们可以注意到在某些上下文中反复出现的有意义的成分；渐渐地，越来越多的实践使学生接触到各种各样的整体信息，使学生能够作为一名"专业人士"，以更全面的方式来理解任务；此外，随着经验的不断积累，个人不太可能仅仅依赖抽象的原则，其决策将逐渐具有直觉性的、高度情境化和分析性的特征，学生可能会无意识地应用规则、原则或能力，一种高度的意识模式被内化，在这个阶段，批判性思维变成了思维习惯，甚至在某些情况下转变成批判性思维领域的知识。以上呈现了批判性思维发展的过程，从一个新手到一个专家，个体经历了绝对初学者（novice）、高级初学者（beginner）、胜任者（competent）、熟练者（proficient）和直觉专家（expert）五个阶段（Dreyfus S E，Dreyfus H L，1980），最终将批判性思维发展成一种思维习惯。结合 BOPPPS 模式的特点可知，将该教学模型应用于批判性思维培养过程中，能够帮助学生在问题探究、协作参与、反馈反思的过程中发展自身的批判性思维。

BOPPPS 教学模式在国内的应用及实践研究虽起步较晚，但发展迅速，被广泛应用于各学科的专业课程与实习实训中（金鑫，李良军，杜静，等，2022；冯咏薇，2019）。有的研究在参与式学习模块中融入翻转课堂、慕课、混合式教学等教学方法（董桂伟，赵国群，管延锦，等，2020；袁建琴，唐中伟，史宗勇，等，2023；刘进军，陈代春，2021），有的研究通过过程性分析评估教学效果的有效性（陈启佳，李雪梅，李丹丹，等，2023），并将 BOPPPS 教学模式应用于新入职教师的教学能力培训中（王宏坡，田江艳，2018），这些研究使教学内容与形式的设计得以整合发展，促进了专业课程的教学创新。

但与学科专业类课程相比，通识性课程应用该教学模式进行教学改革的进度明显滞后。批判性思维作为一种通识教育，适合进行独立的小班制教学，如何对课程进行再开发、深挖掘、重建构，探索总结出一套有步骤、可操作、高效能的通识性课程教学模式，是值得未来深入探究的方向。

5. 翻转课堂

翻转课堂始于美国中学科学课程的教学，我国于 2012 年开始引入该教学形式，其定义被首先使用该方法的两位教育实践者 Bergman 和 Sams 描述为那些一直以来在课堂上所做的事情，现在被放在家里做了；而那些一直以来在家里作为作业来做的事情，现在要被放到课堂上来完成（Bergman，Sams，2012a）。翻转课堂通常使用先学后教的方式，将学生通过自学能够理解的浅层知识翻转到课堂之外，而将不容易理解的深层知识和内化知识的过程翻转到课堂之上，其过程是生成性的，围绕学生在学习过程中所出现的问题而展开（毛齐明，王莉娟，代薇，2019），因此，Bergmann 和 Sams（2012a）强调，在这种课堂中，学生要对学习活动负责，他们必须自己承担这一责任。教师仅负责组织课堂和提供专业反馈，他们在课堂中的职责不再是传递信息，而是为学生提供帮助。由此可知，翻转课堂是以学生为中心的课堂。

翻转课堂是一种强调深度学习的教学理念，目的是促使学习者作为主体主动建构知识，并在建构知识的过程中获取相应的学习方法和能力，即通过积极和建设性的过程来发展自身对事实和知识的理解，并在此基础上获得自主思维，以及解决问题、不断学习的方法与能力。翻转课堂的通常操作方法（同时也是其显著特征）是先学后教，即先让学生自主学习，然后教师在课堂上重点围绕学生在学习过程中所暴露的问题组织学习活动，并提供有针对性的指导。翻转课堂促进学生深度学习的方式有三种：首先，与传统讲授式课堂的起点是知识本身的逻辑不同，翻转课堂以学习者在学习中暴露出的问题为中心，指向学习者内在的深层误解，课堂充满争议与辩论，是艰难而积极的思想交锋与思维探索的过程。其次，与传统传授式课堂的内容是知识的单向传递不同，翻转课堂的内容以活动为主体，学习者在完成任务的过程中体验、探索和建构知识，最终完成知识的内化。最后，与传统传授式课堂学习动机的被动性不同，翻转课堂通过让学生展示其课前自主学习成果的方式，促使学生生成内在学习动机，在展示过程中，学生既能感受到所学所得，又能显现出未学未知，在明了知所得和知所未得之后，进入下一个更加深入的学习轮次，继而产生持续学习的意识与能力（毛齐明，王莉娟，代薇，2019；金鑫，李良军，杜静，等，2022）。

从形式上看，翻转课堂有一个统一的模式，即"课前学习+课中学习"。但是，这个框架并没有体现出翻转课堂实施过程的实质内涵。有学者提出，自主性的基础学习、探索性的深度学习和反思性的提升学习是翻转课堂开展过程的三个基本要素，也被称为过程要素（毛齐明，王莉娟，代薇，2019）。课前学习主要是一种自主性的基础学习，目的是让学生自学其能够自主学会的基础知识。课中学习主要包括两个方面：一是学生对于自己难以学会的知识，在课堂上通过合作和教师引导进行学习，这种学习并不直接由教师讲授，而是由学生通过各种活动进行探索，在学习层次上具有一定的深度，因此被命名为探索性的深度学习；二是在学生自主探索之后，教师帮助学生通过反思进行知识的总结和提炼，形成较学习之前更高层次的知识结构，因而可以被称为反思性的提升学习。通常，三者依次出现，共同构成了翻转课堂的基本过程，即过程原型。

翻转课堂的这三个基本要素恰巧与批判性思维的发展阶段相契合。批判性思维的发展阶段模型从思维习惯的形成开始，首先是产生问题和提出问题的习惯，其次是探索答案和解释的习惯。在这个过程中，教师通过一定的教学设计来示范"提问—探索—解释"的过程。在示范过程中，教师不应该把重点放在回应学生判断的对或错上，而是应该把重点放在理解为什么一个学生以一种特定的方式回应问题，并鼓励学生深入探索自己的答案或观点，教师进行示范的目标不是得到正确或错误的答案，而是为了让学生理解为什么某件事是有意义的，以及可能存在哪些替代方案。"提问—探索—解释"的过程与自主性的基础学习、探索性的深度学习、反思性的提升学习相对应，这为将翻转课堂融入批判性思维培养中提供了逻辑基础。

此外，结合翻转课堂开展过程的三要素，BOPPPS 模式能够为翻转课堂提供有效的实施途径。首先，使用翻转课堂会使学生参与课堂的力度加大，在有限的课时限制下，课堂教学内容的容量会有不同程度的下降，BOPPPS 模式能够将教学重点更精准地聚焦到学生的未知未得上，帮助教师适时提供精准的教学脚手架，以促使学生进行深度学习。其次，翻转课堂突出了学生的主体性，而BOPPPS 模式的课堂教学组织主要采用参与式学习，这为学生在课堂展示其课前所学所得提供了充分自由的空间，为课堂的讨论式学习提供了便利。最后，将翻转课堂思想和 BOPPPS 模式相结合，有利于将初级的浅层知识的学习适度前移至课外，为课堂深层学习留有更多的资源和实践，为学生学习的深入和内化提供帮助。

本研究试图突破单一教学模式的局限，通过综合运用基于问题的学习的问题驱动特性、BOPPPS 教学模式的系统化设计优势以及翻转课堂的深度学习机制，构建适应批判性思维培养的"问题锚定—参与建构—反思综合"的复合型教学模式，以评估该教学模式的效果，分析该教学模式的作用机制。

二、研究对象

选取在校大学生作为研究对象，其中，实验组为选修批判性思维课程的大学生，对照组为未选修该课程的大学生。样本量计算方法同第四章的研究，由此计算得到的总样本量最小为 34。因此，本研究共招募 160 名被试，其中实验组 80名，对照组 80 名。

另外，为验证批判性思维课程的有效性，针对批判性思维技能考试和批判性思维倾向量表招募被试 80 名。批判性思维技能考试回收有效问卷 78 份,问卷回收有效率为 97.5%;批判性思维倾向量表回收有效问卷 70 份,问卷回收有效率为 87.5%。

三、研究工具和数据采集

测量批判性思维倾向、批判性思维技能、创造性思维倾向和创造性思维能力的问卷同第三章。

四、研究过程

(一)课程设置

1. 课程目标与内容

"大学生批判性思维"课程是在全校范围内开设的小班通识课程,重点面向各专业实验班开设,如本硕博实验班、卓越工程师教育培养计划实验班、"强基计划"实验班、创新实验班、医学专业八年制班、医学专业六年制中德实验班、启明实验班等,同时开设全校混班。其教学目标是,促使大学生理解批判性思维的精神是自我反思和开放理性,学习以探究实证为主体的思维方法和智力技能,并在批判性阅读、分析性和论证性写作、研究性学习的实践中培养大学生的认知、明辨和解决问题的能力。

批判性思维独立课程在灌输式课程的基础上,在教学设计、组织和实施方面进行改进,因此其课程目标与灌输式课程的目标一致,即提高学生的"批创思维"能力,使学生在学习中逐渐获得批判性思维的习惯与倾向,在日常生活和真实工作学习场景中适时主动地使用批判性思维方法与技能,以应对日常生活、学习、工作中遇到的问题。

2. 教学设计

(1)教学设计理念

教师要具备批判性思维精神,做理性、公正、自我反思和开放的模范;对学生采取友好、体谅的态度，亦师亦友；注重激发学生的自主思考和多样化思考；创造环境，引导学生合作进行探究实证的学习；认真周密地准备教学；具备批判性思维技巧，了解批判性思维的基本原则和方法；掌握批判性思维教学法，特别是问题教学法。有批判性思维素养的教师应该是能够循循善诱地激发和引导学生进行深入、全面和严密思考的"苏格拉底"，是能够将"思-学-练-用"相结合的"教练"，能够营造鼓励合作学习的环境，以引导学生通过探究来认知和解决问题。

渗透批判性思维的学科教学的三个原则是反思、理由、选择（可替代的）。在教学过程中，教师要有意识地督促学生停下来进行反思与思考，而不是草率地做出判断，或者接受自己脑海中出现的第一个想法，或者自动接受媒体上呈现的任何东西。为了使学生逐渐养成反思的习惯，教师要多询问学生，如"你怎么知道的""原因是什么""这是一个好的信息来源吗"等，从而促使他们为自己的观点找到充分的理由，并为别人的观点寻找理由，使学生能够对不同的假设、结论、解释、证据来源、观点、计划等保持警觉性。

（2）教学设计框架

教师应使用批判性思维方法来教授批判性思维课程，应将多种教学方法加以综合运用，常用的教学方法如下：①互动教学，这种教学方法以学生为中心和动力，并以问题为主导；②综合性和深入的案例分析与问题设计；③苏格拉底式问答，以引导学生的思考更加深入和多样化；④按需即时教学法（just-in-time teaching），即仅就学生在预习时遇到的问题进行答疑和讨论；⑤同伴互助式教学（peer instruction/peer-to-peer learning），让学生通过相互交流来探究问题和改进解决方案；⑥小组内外的讨论、对话、评论、辩论和审议方法；⑦思、学、练交织的"三部曲"式的教学方法；⑧"正反正"写作；⑨学生即时反思和自我批评。

批判性思维教学的原点是问题，批判性思维课程中涉及知识性内容的部分，也需要教师通过将知识内容转换成问题的方式来达到使学生获得批判性思维的目的，从而促使学生更有效地学习产生知识的方法，提升学生对知识的应用能力。具体操作时，教师需要首先理解一堂课的教学目标，并将其转化为一系列问题，以掌握一个知识点为例，教师应该把知识点分解为一系列问题，多方面、多层次地展示知识点，用问题系列来统管教和学的活动，并贯穿"课前自学—课堂学习—课后练习"的全过程。

　　翻转课堂设计主要使用即时按需教学法。该教学法的一大前提是，学生根据问题，阅读指定的学习内容并做相应的练习。具体操作为：在设计课前自学任务时，教师将教学重难点内容转化为先导讲授视频和课前练习问题，以真实的案例供学生进行思考，分析、归纳其中的方法和模式，学生在预习时必须做笔记，笔记内容主要包括学习要点、感想/评论、学习中遇到的问题、对学习内容的质疑等，学生将这些内容即时提交给教师或助教，教师根据这些问题进行备课；在课堂上，教师仅就学生未掌握的内容进行讲解，并在学生对所学知识和技能进行概括和总结的基础上，引导学生就有分歧的观点进行讨论，其间给予必要的补充和讲解；课后，教师提供新的案例以让学生运用课堂上学到的方法和模式来分析，目的在于鼓励学生学会批判性思考，发展学生的自学能力和自主解决问题的能力。即时按需教学法可以与 BOPPPS 教学模式结合起来，教师可以即时获得学习反馈，并为进一步的教学做准备。此过程中渗透的教学原则具有鲜明的"以学生为中心"的特点，即针对学生不会的内容进行教学，学生学会的内容一带而过。

　　BOPPPS 模式设计主要采用同伴互助式教学。在教学设计与实施过程中，同伴互助法可以与课程测试和写作任务相结合，在课前预习的前提下，在课堂教学中，教师将班级学生分为几个合作小组，结合课堂投票环节，让学生对多选题进行回答，以测试学生对所教内容的理解程度。具体操作为，教师将多选题展示给学生，学生就答案进行投票（前测），在投票环节结束后，如果超过一定比例的学生答错，教师即要求学生在邻座之间跟和自己有不同答案的人讨论"为什么大家的答案会不一样？"（参与式学习），讨论几分钟后，教师再出一道同类题（题目不同但原理相同），要求学生再次选择答案（后测），这时大多数学生通常选择了同一答案（正确答案），最后，教师总结题目背后的原理（总结）。此过程中的重要环节是，先懂题目的学生能比教师更容易地教会不懂题目的学生。其具体原理是，正确理解该知识点的学生将自己的理解表述给未掌握该知识点的学生，后者将未理解的部分以问题的形式提出来，并予以解答。学习难点对于具有相同水平的不同学生而言通常是相似的，但教师对于该知识点的学习经验可能已经非常久远，他们或许早已遗忘了自己相关的学习经历，容易跳过那些重要却容易出错的地方，而先理解知识点的学生更有可能清楚地知道不理解的学生出错的地方在哪里，并基于此再结合自己的亲身经验帮助同伴突破难点，进而促使他们成功理解知识点。此种方法可以帮助教师了解学生的理解程度，并据此及时调整自己的教学进度。在同伴互助的过程中，学生自己解释答案具有独特的效果，教师也借由这种方式打开了向学生学习的渠道，由此实现"教学相长"。因此，该方法有三大效果：抓住学生注意力，提升学习效率，激发学生思考。

（3）教学安排

首先，课前教学主要包括课前预习、预习效果测试，与 BOPPPS 模式的前三个环节，即导入、目标、前测相对应，通过超星学习通的微课视频、教材阅读，以及线上 QQ 群与线下面对面讨论实施。其中，每次课的课前预习视频、教材阅读任务、课前练习任务在课前一周通过超星学习通、线上 QQ 群发布并推送至学生端，微课视频和教材阅读的指导学习时间为 1 小时，学生可根据自己的时间自由安排学习，课前练习任务的建议提交截止时间为上课前一天晚上 8 点，教师在收到学生提交的课前作业后，及时批阅打分，即可将批改结果反馈给学生，以帮助学生了解自己的预习情况和效果，同时，教师根据学生的预习情况持续备课，调整课堂教学重点内容，为课堂互动与同伴互助设计有针对性的问题。

微课视频和教材阅读任务的主要作用是：引入该章节的知识背景、底层逻辑和原理来源；确立该章节学生应达成的学习目标，包括知识、能力和倾向三个方面的目标，明确章节重点与难点；核心是该章节课程中批判性思维模型的关键技能、主导倾向。教师通过真实的实践案例激发学生的探究动力，使其明确本章节学习目标的同时，梳理逻辑体系。例如，在讲授探究和实证内容时，在第一节课通过给学生观看"博士求职过程中被质疑学历的真实性"的视频，提出视频中值得探究的问题有哪些，要求学生通过后两节（第二、三节课）的学习，使用二元问题分析法、批判性理解和评估的方法回答先导案例提出的问题，在第四节课的学习中总结回顾本章的先导知识。在课前预习教学内容的基础上，学生可采取独自练习、线上 QQ 群讨论、线下面对面讨论的方式，完成教师在超星学习通上发布在作业板块的课前练习任务，同时可以在讨论板块提交学习笔记，特别是在学习中遇到的问题和对学习内容的质疑，目的是通过前测检验学生的课前预习效果，诊断学生预习的短板，引导学生树立问题意识，构建学习内容之间的系统性。此阶段，教师的主要任务是发布预习任务和根据反馈情况进行备课，以使课堂教学更加聚焦。

其次，课堂教学主要包括参与式教学与随堂测试两个部分，与 BOPPPS 的前测、参与式学习、后测、总结环节相对应，通过智慧教室、同伴互助式教学、微助教等实施。此阶段的课堂教学与传统课堂最大的不同点在于，教学内容的灵活性和课堂互动的全面性。在每次课前，教师根据学生提交的课前作业和学习笔记，对本次课程的课堂教学内容进行相应的调整和修改，将教学重点聚焦于大多数学生预习效果不佳和理解有偏差的内容，并设计相应的练习题目和训练内容，同时依托于同伴互助式教学，使学生之间全面互动，充分发挥这一教学方式高效、深入的优势，并在总结阶段进行有侧重的提炼和点评。

此阶段前测的主要功能是结合教学重点与难点，引出预习效果不佳、理解有偏差的问题，使用微助教的答题功能，让学生在规定时间内做出投票选择，接着教师向全班展示选择结果，然后学生根据答题结果，围绕"为什么大家的答案不一样"这个问题，与同组内答案不同的同学进行讨论。讨论结束后，教师再通过微助教发布同类题目，学生进行作答。课堂后测的作用在于检验学生对批判性思维原理和方法的掌握情况，以及同伴互助式教学的效果。作答后，教师根据学生做题和讨论过程中出现问题比较集中的地方，有针对性地对本环节内容进行总结和答疑。此阶段，教师的主要任务是对未掌握的要点进行讲解，对批判性思维模式与方法进行概括。

最后，课后教学阶段旨在对前两个阶段的教学内容进行进一步提炼，对学生的学习情况进行综合性测评，与 BOPPPS 模型的三个环节后测、目标、总结环节相对应，通过超星学习通、线上线下讨论、真实案例集等实施。此阶段侧重于对批判性思维知识、能力、倾向的课后测试，该课后测试的内容既包括预习环节和课堂后测环节薄弱的内容，也包括教学的重难点内容，测试中既包括选择题，也包括案例综合分析题，以使学生建立起知识的系统性、技能的关联性和倾向的整合性。

此阶段的课后后测是，教师借助超星学习通发布课后章节作业、真实实践案例分析任务、阅读材料和专题作业，主要功能是进一步深化学生对批判性思维原理的理解，借助案例练习和批判性阅读促进学生对批判性思维模式与方法的运用。教师借助超星学习通发布本章思维导图，再次重申本章教学重难点和批判性思维学习目标，对知识点进行明确的系统性总结，并在学生完成后测后，及时批改和反馈后测结果，在超星学习通发布拓展思考问题，培养学生的持续学习习惯。

（二）实验过程

根据拟定的批判性思维课程方案，对实验组进行为期 8 周的课程干预，对照组未接受干预。在干预前后，通过问卷与实验两方面对课程效果进行评估，采用加利福尼亚批判性思维倾向测验、批判性思维技能自编试卷对实验组、对照组进行前后测数据收集。

第二节　批判性思维独立课程的有效教学分析：问卷调查

一、大学生批判性思维干预结果分析

（一）批判性思维倾向干预结果分析

1. 批判性思维倾向前测差异检验

由于学生退课、退出研究等原因，前后测均参与批判性思维倾向测试的实验组被试为 70 人，对照组被试为 71 人。为了比较实验组和对照组被试是否为同质团体，本研究在开始干预前的同一时间内，对两组被试的批判性思维倾向进行前测的差异分析。结果表明，在批判性思维课程开始前，实验组和对照组在批判性思维倾向总分上无显著差异（$p>0.05$），见表 5-1。

表 5-1　实验组、对照组批判性思维倾向前测的差异检验情况

维度	实验组		对照组		t	p
	M	SD	M	SD		
求真求知	4.23	1.28	4.86	1.08	−3.16	0.002
自信成就	3.71	0.88	3.07	1.21	3.55	0.001
系统分析	3.99	1.20	4.68	1.07	−3.61	0.000
客观开放	4.05	1.19	3.64	1.38	1.88	0.062
批判性思维倾向	4.28	0.69	4.10	0.75	1.47	0.144

2. 批判性思维倾向后测差异检验

在批判性思维课程完成后，为验证在批判性思维课程的干预下，大学生的批判性思维倾向是否得到了有效改善，本研究对实验组和对照组的后测结果进行独立样本 t 检验。结果发现，实验组与对照组在批判性思维倾向的求真求知、系统分析维度与总分上均存在显著差异，且实验组得分均高于对照组，见表 5-2。

表 5-2　实验组、对照组批判性思维倾向后测的差异检验情况

维度	实验组		对照组		t	p
	M	SD	M	SD		
求真求知	5.41	0.68	4.90	1.20	3.13	0.002
自信成就	3.33	1.54	2.88	1.25	1.92	0.058
系统分析	5.21	0.90	4.74	1.21	2.65	0.009
客观开放	3.65	1.69	3.16	1.55	1.77	0.079
批判性思维倾向	4.44	0.67	3.96	0.71	4.12	0.000

3. 实验组前后测差异检验

为评估批判性思维课程干预基础目标中的"培养批判性思维倾向"是否完成，本研究在批判性思维课程的课堂中随机抽取被试作为实验组，共回收有效试卷 70 份。考试内容为加利福尼亚批判性思维倾向测验，以考察学生的批判性思维倾向在课程干预后是否得到提升。

结果表明，实验组在批判性思维倾向总分上的前后测得分差异不显著（ $t=-1.81$ ， $p=0.074$ ），但在求真求知（ $t=-6.51$ ， $p=0.000$ ）、系统分析（ $t=-6.89$ ， $p=0.000$ ）维度上的前后测得分差异显著，且前测得分均低于后测得分，说明在批判性思维课程干预后，学生在求真求知、系统分析两个方面有显著提升。同时，实验组在自信成就维度上的前后测得分差异显著（ $t=2.20$ ， $p=0.031$ ），前测得分高于后测得分，说明在批判性思维课程干预后，学生的自信成就水平有所降低。此外，实验组在客观开放维度上的后测得分低于前测得分，但两者差异并不显著（ $t=1.89$ ， $p=0.063$ ），见表 5-3。

表 5-3　实验组批判性思维倾向的前后测差异检验情况

维度	时间	M	SD	t	p
求真求知	前测	4.23	1.28	-6.51	0.000
	后测	5.41	0.68		

续表

维度	时间	*M*	*SD*	*t*	*p*
自信成就	前测	3.71	0.88	2.20	0.031
	后测	3.33	1.54		
系统分析	前测	3.99	1.20	−6.89	0.000
	后测	5.21	0.90		
客观开放	前测	4.05	1.19	1.89	0.063
	后测	3.65	1.69		
批判性思维倾向	前测	4.28	0.69	−1.81	0.074
	后测	4.44	0.67		

4. 对照组前后测差异检验

为了考察大学生的批判性思维倾向是否会在日常的生活学习中发生明显提升，本研究进一步对对照组前后测的批判性思维倾向进行差异分析。结果表明，对照组在批判性思维倾向总分、客观开放维度上的前后测得分存在显著差异，且后测得分低于前测得分，见表5-4。

表5-4 对照组批判性思维倾向的前后测差异检验情况

维度	时间	*M*	*SD*	*t*	*p*
求真求知	前测	4.86	1.08	−0.47	0.641
	后测	4.90	1.20		
自信成就	前测	3.07	1.21	1.56	0.125
	后测	2.88	1.25		
系统分析	前测	4.68	1.07	−0.58	0.568
	后测	4.74	1.21		
客观开放	前测	3.64	1.38	2.60	0.011
	后测	3.16	1.55		
批判性思维倾向	前测	4.10	0.75	2.30	0.025
	后测	3.96	0.71		

（二）批判性思维技能干预结果分析

1. 批判性思维技能前测差异检验

由于学生退课、退出研究等原因，前后测均参与批判性思维技能测试的实验组被试为 78 人，对照组被试为 70 人。为了比较实验组和对照组学生是否为同质团体，本研究在开始干预前的同一时间内，对两组的批判性思维技能水平进行前测的差异分析。结果表明，在批判性思维课程开始前，实验组和对照组在批判性思维技能总分上无显著差异（$p > 0.05$），见表 5-5。

表 5-5　实验组、对照组批判性思维技能前测差异检验情况

维度	实验组		对照组		t	p
	M	SD	M	SD		
理解主题问题	13.33	5.26	13.19	6.53	0.20	0.844
分析论证结构	3.21	4.70	4.64	5.02	−1.89	0.061
澄清观念意义	8.08	3.97	6.52	4.80	2.28	0.024
审查理由质量	8.97	3.05	6.09	4.92	4.46	0.000
评价推理关系	6.67	4.75	6.52	4.80	0.30	0.763
挖掘隐含假设	16.92	4.92	16.09	6.47	0.83	0.406
考虑多样替代与综合组织判断	13.59	6.64	10.87	6.58	2.52	0.013
批判性思维技能	67.18	17.43	63.71	16.52	1.24	0.218

2. 批判性思维技能后测差异检验

在批判性思维课程完成后，为验证在批判性思维课程的干预下大学生的批判性思维技能是否得到了有效改善，本研究对实验组和对照组的后测结果进行独立样本 t 检验。结果发现，实验组与对照组在理解主题问题、审查理由质量、挖掘隐含假设、考虑多样替代与综合组织判断、批判性思维技能总分上存在显著差异，且实验组得分高于对照组，见表 5-6。

表 5-6　实验组、对照组批判性思维技能后测差异检验情况

维度	实验组		对照组		t	p
	M	SD	M	SD		
理解主题问题	15.26	6.59	12.14	5.62	3.10	0.002
分析论证结构	2.69	4.46	2.57	4.40	0.17	0.869
澄清观念意义	9.36	2.47	8.57	3.53	1.56	0.122

续表

维度	实验组		对照组		t	p
	M	SD	M	SD		
审查理由质量	9.10	2.88	7.00	4.62	3.28	0.001
评价推理关系	7.31	4.46	6.14	4.90	1.51	0.135
挖掘隐含假设	14.23	6.14	11.43	7.28	2.54	0.012
考虑多样替代与综合组织判断	16.15	5.84	12.42	6.47	3.81	0.000
批判性思维技能	74.23	16.48	60.29	15.03	5.36	0.000

3. 实验组前后测差异检验

为评估批判性思维课程干预基础目标中的"掌握批判性思维技能"是否完成，本研究在批判性思维课程的课堂中随机抽取被试作为实验组，对其批判性思维技能进行考察，共回收有效试卷 78 份。考试内容为与课程内容相配套的、题目出自课程教材的批判性思维技能自编试卷，以测验学生的批判性思维技能在课程干预下是否得到了提升。

批判性思维技能自编试卷的总分采用百分制。在课前测试中，实验组的平均分为 67.18 分，及格人数为 58 人，及格率为 74.4%。在课后测试中，实验组的平均分为 74.23 分，及格人数为 68 人，及格率为 87.2%，其中，43 人成绩提高，上升率为 55.1%。实验组的前后测批判性思维技能总分存在显著差异（t=-2.86，p=0.006），后测得分（M=74.23）高于前测得分（M=67.18），且在理解主题问题、澄清观念意义、考虑多样替代与综合组织判断维度上的后测得分显著高于前测得分，但在挖掘隐含假设上的后测得分显著低于前测得分，见表 5-7。这说明该课程取得了较为明显的成效，通过在课堂上和在作业中进行批判性思维技能的学习和训练，学生已经初步具备相关的批判性思维技能。

表 5-7　实验组批判性思维技能的前后测差异检验情况

维度	时间	M	SD	t	p
理解主题问题	前测	13.33	5.26	-2.24	0.028
	后测	15.26	6.59		
分析论证结构	前测	3.21	4.70	0.66	0.508
	后测	2.69	4.46		

续表

维度	时间	M	SD	t	p
澄清观念意义	前测	8.08	3.97	−3.04	0.003
	后测	9.36	2.47		
审查理由质量	前测	8.97	3.05	−0.33	0.741
	后测	9.10	2.88		
评价推理关系	前测	6.67	4.75	−0.87	0.388
	后测	7.31	4.46		
挖掘隐含假设	前测	16.92	4.92	3.41	0.001
	后测	14.23	6.14		
考虑多样替代与综合组织判断	前测	13.59	6.64	−2.81	0.006
	后测	16.15	5.84		
批判性思维技能	前测	67.18	17.43	−2.86	0.006
	后测	74.23	16.48		

4. 对照组前后测差异检验

为了考察大学生的批判性思维技能是否会在日常的生活学习中发生明显提升，本研究进一步对对照组前后测的批判性思维技能水平进行差异分析。结果表明，对照组在分析论证结构、挖掘隐含假设维度上的后测得分显著低于前测得分，在澄清观念意义维度上的后测得分显著高于前测得分，除此之外，对照组在批判性思维技能总分及各维度上的前后测得分均不存在显著差异（$ps>0.05$），见表 5-8。

表 5-8　对照组批判性思维技能的前后测差异检验情况

维度	时间	M	SD	t	p
理解主题问题	前测	13.19	6.53	1.04	0.300
	后测	12.14	5.62		
分析论证结构	前测	4.64	5.02	2.83	0.006
	后测	2.57	4.40		
澄清观念意义	前测	6.52	4.80	−2.83	0.006
	后测	8.57	3.53		
审查理由质量	前测	6.09	4.92	−1.31	0.196
	后测	7.00	4.62		

续表

维度	时间	*M*	*SD*	*t*	*p*
评价推理关系	前测	6.52	4.80	0.38	0.708
	后测	6.14	4.90		
挖掘隐含假设	前测	16.09	6.47	4.32	0.000
	后测	11.43	7.28		
考虑多样替代与综合组织判断	前测	10.87	6.58	−1.47	0.146
	后测	12.42	6.47		
批判性思维技能	前测	63.91	16.56	1.44	0.156
	后测	60.29	15.03		

二、独立课程对批判性思维的干预效果

（一）独立课程对批判性思维技能的干预效果

本研究通过设置对照组的方式，考察批判性思维独立课程的干预效果及其对大学生"批创思维"发展的影响。批判性思维独立课程可被视为本科生的一门通识教育，通常涵盖与批判性思维相关的理论、应用和技术，旨在增进他们对批判性思维技能的认识。该独立课程中通过使用渗透了以学生为中心的教育理念的BOPPPS模式、翻转课堂、基于问题的学习等教学模式，使得实验组学生的批判性思维技能后测总分显著提高，具体表现为学生在理解主题问题、澄清观念意义、考虑多样替代与综合组织判断方面的能力显著提高，同时，学生在挖掘隐含假设维度上后测得分显著低于前测得分，这说明学生的挖掘隐含假设能力有所降低。

理解主题问题指的是学生主动探究、好学好问的行为倾向，主要包括提问、质疑、分析问题、发散思考等行为表现。该方面能力的提升与翻转课堂的自学在先、基于问题的学习以问题为导向的特点相符，说明自学和问题导向能够促进学生在理解主题问题方面的能力得到有效提升，这与主张使用绩效任务和真实问题来促进学生参与批判性思维课程学习的实证研究结果一致（Zhang，Tang，Xu，2022）。

澄清观念意义指的是学生爱好清晰、具体的表达的行为倾向，主要包括消除语言谬误、定义、询问和阐明意义的行为表现。这一能力的达成与翻转课堂的讲授在后，以及 BOPPPS 教学模式中的导入、目标、前后测、总结环节相对应。在学习中，教师通过导入环节使学生明确课程学习目标，通过讲授帮助学生理解相关概念，同时，学生在自学过程中产生问题和困难时，可观察经验丰富的教师如何运用批判性思维技能来解决相关问题，此时教师可为学生提供建设性的反馈（Zhang，Tang，Xu，2022）。

考虑多样替代指的是学生追求多样、辩证、创造的行为倾向，主要包括寻找和构造对立、替代的观念、解释等行为表现。综合组织判断指的是学生力求全面、开放和发展的行为倾向，主要包括正反论证和综合、全面考察、平衡判断等行为表现。这两个方面能力的提升与 BOPPPS 教学模式中的前测、参与式学习、后测、总结环节相对应。教师在设计互动课程元素，让学生运用批判性思维技能来解决问题时，核心原则是创造有效练习的机会，让所有学生都能参与其中，并获得批判性思维技能应用的反馈，使用小组协作学习的形式可以促进教师和学生之间的互动及和谐关系的建立，因为协作学习允许学生练习使用批判性思维技能并获得建设性的反馈，这与以往的研究结果一致，即一个小而紧密的社区可以让学生公开表达自己的想法（Zhang，Tang，Xu，2022）。

挖掘隐含假设指的是学生能够坚持深入、透彻的考察的行为倾向，主要包括辨别和评估隐含假设、前提、预设等行为表现。这方面能力的降低可能说明，学生在批判性思维独立课程学习的过程中，缺少针对挖掘隐含假设能力的练习和实践，在今后的教学中，这一方面能力的提升可以通过课前自学、前测，课中协作学习，以及课后后测、总结等途径实现。

（二）独立课程对批判性思维倾向的干预效果

通过批判性思维课程干预，实验组学生的批判性思维倾向变化不显著，但在求真求知、系统分析方面有显著提升，同时在自信成就方面有显著降低，在客观开放方面有一定降低，但未达到显著水平。

求真求知表现为学生拥有好奇心与学习的愿望，努力探寻知识（卢忠耀，陈建文，2017），该维度得分的升高说明，学生对深入认知的需求显著增加，这说明学生在批判性思维的学习过程中逐渐习得了批判性思维辩证开放的习惯，渐渐将其内化成为固定模式，学生不再像学习批判性思维课程之前那样容易安于现状，而是努力突破习惯化的懒惰陷阱，具备强大的内驱力，能够对抗认知惰性，进而能够做到不断追求真相、探寻知识。这对于成长过程中习惯于被动接受的大学生来说具有重要意义。这提示我们，在今后的批判性思维课程与教学设计中，应该深入考虑如何使用多样化的方式不断强化学生的求索精神。

系统分析表现为学生能聚焦于问题，有利用证据推理和分析问题的习惯（卢忠耀，陈建文，2017）。该维度得分的升高说明，学生认为自己的系统分析能力有所提高，这与翻转课堂、基于问题的学习将学生的角色转变为课堂的主导者和问题解决者密切相关。在翻转课堂中，学生围绕问题主动与同伴、教师互动，不断发现问题、寻找证据、梳理关系、综合分析，在提出问题、探究问题、解决问题的过程中逐渐培养使用证据进行清晰、具体、细致的思维习惯，对各方面信息、概念、推理、假设进行评估，形成对方法、标准及概念的"元思考"，最终形成主动、具体、辩证的思考。这提示我们，在今后的批判性思维课程与教学设计中，应该通过"以学生为中心"的课程任务充分调动他们的主体性和主动性，使学生思维的逻辑性在各种互动、协作中得到提升。

自信成就表现为学生能利用推断解决问题和做出决定，相信自身的推理能力（卢忠耀，陈建文，2017）。该维度得分的降低说明，学习批判性思维独立课程后，学生对自己能够做出理性判断的信心有所下降，对自己在引导他人合理解决问题方面的能力评估降低，对自己利用证据和推理来分析与解决问题的能力判断有所削弱。这表明，大学生在进行批判性思维课程学习后，对自己的思维水平评估更加谨慎保守，不再像课前那样"盲目自信"。他们认识到，批判性思维包括探究问题历史、考察思想背景、寻求和评估信息、通过多论证模式判别论证、构造替代观念等诸多方面，需要保持开放和理性来"大胆而小心"地进行论证与考察。这提示我们，在今后的批判性思维课程与教学设计中，应提供更多的实时反馈，帮助学生更清晰地意识到自己是否捕捉到分析和推理问题的关键点，比如，当小组讨论中出现矛盾观点时，教师需适时引导学生有依据地做出相应的判断，并给予积极肯定的反馈，帮助学生确认自己的能力。

客观开放表现为学生对他人观点持客观态度，对自己的偏见保持警觉（卢忠耀，陈建文，2017），具有元认知加工策略的特点。批判性思维的核心和重要基础是自我调节与监控，它们能够直接影响批判性思维的形成与发展（罗清旭，

2000）。该维度得分略微降低说明，学生通过批判性思维独立课程的学习，对自己思维的监控、调节、批判和反思能力的评价稍许削弱，但变化不大。这为批判性思维课程中小组协作学习的教学设计提供了一定启发。首先，在小组协作学习模式中，应加深互动程度，小组环境能够为学生提供对同伴的观点、态度、推理和分析过程进行观察与理解的机会，这将有助于学生更好地从不同角度分析问题。其次，小组讨论应该营造接纳友善的氛围，给予每一个学生通过语言表述自己的观点与见解的机会，在表达过程中，学生需要不断监测、反思、调节自己的观点，这将使学生获得更强的自我监控意识。最后，应鼓励每一个学生积极参与到小组互动与协作中，这能使学生在语言和思维的碰撞中反思与完善自己对知识和问题的理解，进而有助于学生的全面发展。

综上所述，相对于批判性思维倾向，批判性思维技能更易被改变，因为一个人的思维倾向相对比较稳定，很难轻易改变。这也提示我们，教育者需要不断提供外界环境中可以激活学生批判性思维技能应用的诱发事件，以提升他们的批判性思维技能，更重要的是，学生本身需要具备使用批判性思维的意识，而不是在课程结束后就将此项技能束之高阁，需要多加练习和运用，以使自己逐渐养成批判性思维倾向。

第三节　批判性阅读的有效教学分析
——以《要有黑暗》阅读为例

一、批判性阅读的研究背景和问题提出

批判性思维教学对于提升大学生批判性思维的重要性、可行性和有效性已经得到了学术研究结果的普遍支持。批判性思维教学的一大目标和原则是刺激学生主动、自主思考和探索的欲望，而互动教学被广泛认为是实现这一目标的重要手段。典型的互动教学以有结构、循序渐进的问题来引导教师和学生的对话，以此

推进学生的学习和认知发展。《论语》中的"夫子循循然善诱人，博我以文，约我以礼，欲罢不能"，也是指这样有步骤地引导他人进行学习。一些研究者将这种有步骤地引导他人进行学习的策略定义为"支架式策略"，以区别于传统教学中的"解释式策略"。具体而言，支架式策略涉及教师对学生的引导性提问和适时帮助，而解释式策略更多涉及教师直接给定的概念定义及概念澄清（李媛媛，潘亚峰，2022）。

华中科技大学的"大学生批判性思维"课程从 2023 年春季起进行了改革。为了消除传统的大班教学模式中以"传道授业"为目标的大水漫灌问题，该课程转而采取以小班教学为主的模式。这一改革的一个重要方面就是强调互动教学。如何实施这样的互动教学呢？该课程设计了整合教师讲授、小组讨论、师生互动的教学方式，并通过综合性实例分析、阅读理解、项目研究、问题解决等任务模块，以有效推进实现培养学生批判性思维技能和美德的教学目标。初步的教学实践显示，这种多方式、多任务整合推进的方案是可行的，并产生了明显效果。

二、批判性阅读的教学设计

小班教学改革后，"大学生批判性思维"课程的目标被定为：促使大学生理解批判性思维的精神是自我反思和开放理性，学习以探究实证为主体的思维方法和智力技能，并在批判性阅读、分析性和论证性写作，以及研究性学习的实践中，培养大学生认知、明辨和解决问题的能力。

课程的构成和进程的设计基于翻转课堂等模式，由课前自学和小班教学研讨两大部分构成。课前自学部分，学生在教师的指导下观看超星学习通上的批判性思维课程视频，之后阅读相关教材、参与小组讨论并完成相关练习等。小班教学研讨部分，每班由 20—40 名学生组成，5 人左右为一组，作业、讨论、考核等大多以小组方式在课内外完成，侧重小组合作学习，小班教师将指导学生构造和组织小组活动，并鼓励学生积极投入，教师则担任苏格拉底、教练和认知活动主持人的"三位一体"的角色。这就使批判性思维教学的课堂理念将传统的"教会学生知识"转变为"教会学生自主探究学习"，将教师角色从知识的讲授者转变为学习的引导者。教师更多的是充当学生合作性学习的组织者和监督者，最大限度地激活学生学习的主动性，使之成为课堂教学中的主体。师生之间以问答为载体、生生之间以讨论为载体的课堂语言交流成为课堂教学活动的基本形态。

课程的教学内容和方法的直接依据是董毓（2010）根据批判性思维的现代理论，尤其是恩尼斯和希契科克的思维图而提出的"批判性思维路线图"。这个路线图概括了运用批判性思维进行探究实证的主要工作，包括理解主题问题、分析论证结构、澄清观念意义、审查理由质量、评价推理关系、挖掘隐含假设、考虑多样替代与综合组织判断八大步骤。

课程学习的一个重要目标和手段是批判性阅读和写作。在"批判性思维路线图"的指导下，学生通过学习掌握从论题、概念、证据、推理、假设、辩证六大方面进行分析和评估的批判性阅读方法。在教学过程中，教师可根据上述六大方面进行提问：①文章研究的问题构成、来源、重要性和作用如何？（理解主题问题）；②文章中的关键概念有哪些？定义是否清晰、一致？（澄清观念意义）；③这些证据可信吗？相关和充足吗？（审查理由质量）；④这些证据真能推断出这个结论吗？（评价推理关系）；⑤论证需要什么未说明的假设？这些假设可检验、可信吗？（挖掘隐含假设）；⑥有反例、例外吗？有其他因素或替代解释吗？（考察多样替代与综合组织判断）。

在课堂讨论中，教师根据学生的实际情况，适时提出以上问题，为学生提供支架，启发学生进行思考，提供能促进学生有效学习的认知协助，从而实现在互动教学中帮助学生发展自主学习能力的目的。

为了有针对性地、有效地启发和引导教学，课程采用了如下安排：同一题材的多次阅读和写作的前后对比。阅读材料是一篇名为《要有黑暗》的西方报刊文章（Bogard，2008），课程要求学生在课前预习时写一篇对它的阅读分析文章；然后，在自学了课程的第三讲"批判性阅读和论证分析"后，再次对它进行分析与讨论，并写一篇对它的阅读分析文章；随后，在课堂上，学生汇报分析的结果，并在教师互动教学策略的引导下，利用已经学到的批判性思维原理和方法进一步讨论该文章，第三次写一篇对它的阅读分析文章。课程通过这样循序渐进的引导，旨在更有效地推动学生的进步。

学生第一次写的关于《要有黑暗》的阅读分析文章是没有学习批判性思维课程时的"原生态"状态。下面以一位学生的作业为例：

　　该文讲述了作者对黑暗的价值的认识，并以此呼吁人们做出行动来减少光污染。作者通过介绍光污染对人的健康的负面影响、对生态环境的破坏以及黑暗对人精神的正面激励，多角度论证了光污染的危害和黑暗的价值，再辅以黑暗快速消失的事实，论证了整治光污染的紧迫性，最后列举了几个解决光污染的例子，说明了解决光污染的具体行动措施及其可行性。总体来说，这是一篇呼吁人们认识光污染危害并对其加以整治的文章。值得肯定的是，文章并没有一味抨击光的危害，并没有仅仅因为光的负面影响而否定光带给人们的好处。在治理层面，文章也更多倾向于通过合理的设计和使用先进的光技术来减少光污染。

　　虽然学生注意到了文章的主要论点和论证手段，文章没有否定黑暗带给人们的好处，但总体而言，该名学生的认识还是停留在简单、粗略、表面和直觉的层面，缺乏细致、清晰、系统和有深度的分析与评估。这体现了开课之前学生的阅读能力，成为课程教学的起点和对照物。

三、批判性阅读教学中互动策略的实施

　　按照课程设计，在学习了第三讲后，学生再次以小组讨论的方式对《要有黑暗》文章进行批判性阅读分析，并在随后的课堂上报告小组讨论的结果。学生的小组讨论报告显示，课程进行到第三周，学生学习了第三讲内容后，他们的阅读能力有了可见的进步：不同于原来粗浅、自觉、感觉性的阅读和评述，学生对这篇文本做出了新的理解，而且比以前更准确、细致、全面，特别是学会以文本中的内容作为依据。

　　比如，上面例子中的学生，经过三周的学习之后，对《要有黑暗》文本做出了新的评价：

　　　　从概念的清晰和一致的角度：这篇文章中使用了一些专业或抽象的概念，它们得到了简要而清晰的说明，有助于读者理解作者所要表达的意思，也有助于作者进行论证。从证据推理的相关与合理角度：这篇文章中使用的论据都与论点有紧密的联系，没有出现无关或偏离的情况。这些相关的论据有助于展示作者对话题的全面和深入理解，也有助于让读者接受作者的观

点。作者对这些论据都进行了有效的推理或证明，没有出现漏洞或错误的情况。这些合理的推理或证明有助于增强文章的逻辑性和说服力，也有助于避免模糊或武断。从证据的具体和可信的角度：这篇文章中使用了多种类型的论据，包括个人经历、科学事实、权威观点、文化作品等。作者对这些论据都提供了具体的细节或数据，并且提供了可靠的来源或出处，没有出现虚构或歪曲的情况。从辩证的全面与平衡的角度：这篇文章考虑到了话题的不同方面和层面，没有出现片面或狭隘的情况。这些不同的方面和层面有助于展示作者对话题的全面和深入理解，也有助于让读者认识到话题的复杂性和多样性。同时，作者给予了不同观点和立场的合理评价和处理，没有出现偏激或武断的情况。

由此可见，学生已经开始运用基于"批判性思维路线图"的六大方面评估方法，以仔细、系统地阅读理解这篇文章，开始摆脱之前粗浅、直觉和零散的阅读方式。不过，学生仍处在使用该方法的初期阶段，还未能对其加以熟练运用以看出文章中的各种问题。

在课堂汇报后，教师结合学生的作业内容对学生存在的问题进行详细讲解，以提供分析的典范，供学生参考与模仿。而且，教师通过适时提问"这个事实准确吗""这个理由有没有真实的例子""这个情况有例外吗""这个理由真能推断出这个结论吗""这里隐含着什么前提或者意义""有反例或者不同观点吗"等对学生进行启发性引导，以便促进学生真正从"理解性地读"走向"批判性地读"。

比如，在前两组汇报时，教师通过提问"有反例或者不同观点吗"，引导学生总结指出原文没有考虑反例的部分，同时指出两组在推理类型的分析方面观点不同：一组认为只有演绎推理；另一组认为兼有统计归纳推理法、简单枚举法等多种推理方法。此时，教师并没有评价谁对谁错，而是采用澄清的方法，让学生更清晰地看到不同学生之间观点的差异，促进学生进一步自主评价、思考不同观点的充分性与合理性，达成以批判性阅读推动批判性思考的效果。

在第三组汇报时，教师通过提问"这个事实准确吗""这个理由有没有真实的例子""这个情况有例外吗""这个理由真能推断出这个结论吗"等，引导学生从更加具体细致的层面提出了与前两组不同的观点。学生从推理的相关性、充分性和审慎性出发，指出作者在概念、证据、推理中的疏漏，并在检查前提的可靠性时查阅相关文献，根据具体数据指出部分前提的不可靠性导致作者得出的论断过于绝对，这集中地体现了"批判性地读"。在第四组汇报时，教师通过提问"这里隐含着什么前提或者意义"等启发学生思考，该组学生认为作者是带有偏向性的，并分析出作者观点中的隐含前提。教师肯定了第四组的独到发现，并进一步指出这个隐含假设也是很难辨别的。其他学生在第四组进行汇报时也感受到了第四组学生对于隐含前提的独特思考，教师的总结使学生的感性感受转化成理性认识。

在小组汇报过程中，最先发言的小组由于刚开始使用批判性阅读的六大方面评估方法分析文章，还缺乏独立反思的能力，很难发现自己在分析过程中的不足。同伴提供不同的分析视角后，教师及时提供总结反馈，以促进他们发现自己分析论证中的问题，并再次进行更加全面和深入的分析，同时基于反馈对自己在论证分析中存在的疏漏进行进一步的反思。这样，学生经历了"反馈—反思—再反馈—再反思"的过程，最终使论证分析更加全面与充分。

通过上述过程，课堂上师生之间和学生之间产生了主动和持续的应答讨论，有力地促进了教学目标的实现。

四、批判性阅读的成效启示

在上述基于问题引导的互动教学和课堂讨论过后，学生再次对《要有黑暗》文章进行阅读分析。这一次的作业内容显示，学生已经开始遵循质疑、求真精神来对文章进行审慎和全面的分析、辨别、评估，这体现了"批判性地读"的特征，同时也是批判性阅读中第二阶段的任务，即在第一阶段"理解性地读"的基础上，对论证过程进行质疑、评价和发展。这时，学生从原来漫无目的地阅读与分析转变为全面审慎地阅读与分析文章。如前所述，在这种转变中，教师的互动教学策略起到关键作用。

为评估教学效果，我们通过分析课堂师生语言行为与课后访谈材料得到以下结论。

（一）教师有意识地探索实现"以学生为主体"的课堂

我们借助改进型弗兰德斯编码系统①这一编码工具，分析批判性思维课堂中师生的行为频次，行为频次反映了课堂上师生行为的占有时间。通过分析课堂上的师生语言可知，学生语言比例（67.52%）、学生言语中与同伴讨论所占的比例（42.09%）达到中等水平，教师开放性问题的提问占教师提问的比例（99.72%）、学生主动应答占学生主动说话的比例（99.72%）、学生主动应答占学生应答的比例（97.53%）均达到极高的水平。进一步分析发现，在这堂课上，学生语言是教师语言的2.3倍，这与传统课堂中教师语言占主导的现象呈相反的趋势，这说明促进学生学习能力的提升成为课堂的首要目标，教师更多地转向对课堂的组织，以及对学生学习的引导与训练，在批判性思维课堂上扮演的是生成知识的促进者、学生学习的引导者和课堂的组织者等角色。教师提问在课堂中的占比适中，教师在批判性思维课堂上表现为直接的知识讲授现象减少，基于案例分析与问题解决的梳理与总结现象增加。此外，教师语言中，积极强化与消极强化之比极高，即对学生的积极强化语言是消极强化语言的9倍，其中在积极强化中，采纳学生意见占主导。大学生与未成年学生的区别在于，大学生具有较强的独立思考能力，因此，没有依据的夸奖和夸大其词的鼓励不仅难以起到促进作用，反而会阻碍师生间信任关系的形成。这也提示我们，高等教育阶段的批判性思维课堂教学中应为学生提供高质量的反馈与强化。

（二）从互动过程中寻找多种可能性，为问题的解决提供不同的替代方案

对于每一位参与批判性思维课程的学生来说，来自教师和同伴的观点、思路甚至是行为模式，成为一面面不同的镜子，为他们更加多元地分析问题提供了可能性。比如，在本次课程的课后访谈中，有学生提到："这次课程前，我们基本上就没有考虑到反例这个部分，也没有考虑到概念的清晰性，而只会从论证的角度对前提、推理过程和结果进行评估，也就是直接对论证本身进行分析和梳

---

① 改进型弗兰德斯编码系统是用于评估师生在课堂上的言语互动过程的一种观察分析工具，由三部分组成：以教师的言语行为、学生的言语行为及沉寂三大类别所划分的编码系统；观察课堂教学并对其进行编码的步骤规范；解码并对数据进行分析、呈现的方法。

理。"由此可知，学生在课前任务讨论中围绕相关问题展开了思考并得出了自己的想法。到了课堂上，教师通过深入提问和启发引导，让学生有机会将自己的思考过程和答案与在教师引导下拓展出的思路及标准答案进行比较。在此过程中，学生能够清晰地察觉到自身思考所存在的局限性，进而收获多样化的推理视角。师生间、生生间的互动和启发，润物无声地浇灌了学生的开放性。

（三）开放性、反思性的教学模式和教学风格，促使学生进一步探索

课程设计中的"课前视频导学—课前任务小组讨论—课堂陈述与分析讨论—教师三位一体角色整合"模式，让学生有机会体验完整的探究与反馈过程，从而提升学生的反思性水平。比如，有学生提到，"我们在评估《要有黑暗》这篇文章的时候，好像并没有很具体地分析论文的结构，也就是说，我们对文章本身结构的把握可能不充分，只是想到一点儿写一点儿，不是很全面，也比较容易遗漏一些重要的东西。还有就是，我们对其中的一些概念本身也没有进行很充分的考虑。这次我们课前分析的重点跟上课时老师提出的要点也匹配不上，所以，很多东西我们是缺少的。"这说明学生通过课前的自主思考，以及课中教师的启发与反馈，能够主动地认识到自己思维的局限性，并且乐于进行进一步的探索。

（四）使反思性得以实现的前提条件是自律性，也就是元认知、自我检查和自我修正

有学生提到，"在论述自己的观点的时候，我从辩证的角度思考是否存在反例，以让自己的表达更加严谨，我觉得这是批判性思维的一种体现。从批判性思维全面性的角度而言，既然我要全面地思考别人的观点是否严谨，那么我自己举的例子也要具有全面性这一特点，这正是我所面临的困难之处。为此，就需要有另外一种方法，比如自我反思，在通过举出反例来反驳他人的时候，我先想一下自己举的例子是否具有反例的反例，这样就可以在一定程度上保证自己的例子具有全面性。"通过这个例子可以看出，学生在检验他人观点的全面性时，为了保证自己论证的全面性，通过分析、审视对方和自己观点的反例，逐步递进，层层深入，不断监测、检查、修正自己的论断、依据、逻辑，由此自然而然地形成严谨的批判性思维习惯。

（五）学生在课程中的自我检查和自我修正，体现了求真中所蕴含的求索精神

以下课程感悟反映了学生的求索倾向："在讨论一个问题时，老师和同学很难在课堂上的时间内达成一致意见，之后，学生的观点可能还是没有太大的改变。如果后续学生自己不从课堂上讨论的其他角度进行切入性思考的话，那么就相当于课堂上的讨论没有产生多大的效果。其实课堂讨论可能就只是开了个头，需要学生自己后续再进行深入和系统的反思，但是能这样做的学生其实是很少的，而且即便他进行了深入思考，但他没有一个标准，不知道自己到底进行到哪一种深度了。比如，对一个问题的理解可分为三层，刚开始的自我理解是第一层；老师讲了相关内容之后，你对这一问题有了新的思考，这就到了第二层；这时你可能以为就够了，但其实还有一层你没有领会到，只有当你和老师或同学进行后续的互动之后，你对这一问题的理解才能到第三层。"从这个例子可以看出，学生有意识地在课外时间对课堂讨论的内容和各种观点进行回顾，继而主动反思和评估对问题的理解，初步具备试图进一步探索的意愿，求真探索的习性有所显现。

五、批判性阅读中教学策略的反思

本次课程的互动性教学策略也存在一些问题，反思这些问题，有助于未来教师不断改进教学方式，提高教学质量。

第一，优化提问策略。尽管教师能够在案例分析中提出开放性问题，但教师提问后的进一步启发力度略显不足，对学生沉默的应对略显欠缺，学生有充分的思考时间和过程，但教师没有让学生充分展现他们的思考结果。这种单独的提问策略不适合促进学生将推论的能力应用到问题解决上，容易使学生产生茫然感，不利于学习者批判性思维技能的培养。因此，教师在提问时，应针对问题的类型、深度与难度等，同时贴合学生的思考节奏，给予学生更具聚焦性的启发和引导，帮助学生批判性地思考问题。

第二，提供有效反馈。在本次课堂中，教师对学生的积极言语比例很高，能够对学生的主动应答与提问行为做出积极回应，但教师在反馈过程中的深度和精

度不足。教师可以通过学生的主动提问行为和有益于教学的沉寂课堂现象，更精准地把握学生对教学内容的掌握情况。但教师在此后必须提供及时的反馈，通过启发引导或者直接讲授的方式，帮助学生理解问题。否则，学生的疑问得不到解决，他们学习的积极性也会有所下降。尤其是在学生讨论的过程中，教师的反馈和引导能够保证小组协作的正常进行。因此，教师要鼓励学生主动提出问题，并给予及时的反馈，必要时主动参与到小组讨论之中。

第三，强化实践训练。在最后一次《要有黑暗》的作业中，学生虽然能够从概念、证据、推理、隐含假设、辩证等方面做出比较充分、综合的评价，但总体来看，认同和肯定文章观点的居多，深入探究、辩证思考的内容相对不足，比如，在概念方面缺乏进一步的细化澄清，对证据的充分性分析不够深入，对推理的分析和隐含假设的可信性分析不足，对文中的价值片面性也有所忽略。这与学生学习批判性思维时间不长、批判性阅读与批判性写作的实践练习机会有限紧密相关。这提示我们今后需要拓展更多的课内外资源、渠道与机会，让学生进行充分练习、不断实践，以巩固批判性思维的内化过程。

第六章

批判性思维融合课程的实践研究

第一节　批判性思维融合课程的研究设计

批判性思维是一种评价性思维，"批判"不意味着批评，不是一味地反对某一事物，而是客观、有理有据地去评判、判断。它既是一种思维倾向，又是一种思维能力。尽管教育学专家呼吁进行批判性思维教育，以提升我国学生的批判性思维技能，但我国学生的批判性思维技能仍然存在一定的问题。以教师为中心的教学模式、对权威的尊重以及重视和谐的课堂文化可能会抑制辩论和批评，这些因素共同作用，限制了学生批判性思维的培养。批判性思维不是武断的思维，而是一种相对的思维方式，符合当代大学生灵活思考的要求（Wechsler，Saiz，Rivas，et al.，2018）。

研究生的主要任务是进行研究，当下研究生正处于大数据时代，网络可以让学生接受各种各样的信息，研究生必须掌握批判性思维技能，以甄别真实与虚假信息，并在准确甄别的基础上挖掘隐含的假设，审查评估各方面证据的可信度，综合各种替代性方案，最终做出合理的判断，进而产生合理、有效的创新。也就是说，批判性思维是研究生应该必备的思维技能。但是，目前我国许多高校的课堂教学依旧是以教师为中心，教师是课堂教学的主角，教师的主要教学任务是把知识传授给学生，学生则被动地接受知识，师生之间缺乏平等对话，课堂上教师与学生权利的不平衡可能会限制学生在课堂上表达和质疑的空间，学生不太会去质疑教师和书本上的观点，不善于向权威挑战（曹砚辉，2016）。所以，本书以研究生为研究对象，采用访谈的方式调查研究生对于"正反正"辩论这一教学方法的看法，以此探究批判性思维教学方式是否有效。

在国内外关于批判性思维的研究中，学者已经提出了多种培养批判性思维的方式，如角色扮演、辩论等。通过多方研究，学者认为辩论是一种提高大学生批判性思维的更优的教学方式（Latif，Mumtaz S，Mumtaz R，et al.，2018）。辩论能拓展学生的思维途径，让学生的思想更加开阔（谷羽，刘芝庆，谷木荣，2021）。在很多情况下，人们之所以不愿意去辩论，一个重要的原因是辩论通常意味着人际的对抗活动，缺乏引导的辩论活动极有可能会发展成相互挑衅的攻讦或撕扯谩骂，这种强烈的人际对抗显然会干扰学生的注意力，进而阻碍批判性思维的发生（赵国瑞，2019）。因此，很多教育者不愿意尝试这种方法进行教学改革。然而，事实上并非如此。只有通过审议、辩证、开放的思考，才能够走向创新。为了探究辩论式教学方法是否能够有效提升学生的批判性思维水平，本书开展了相关研究，以探讨学生对于此种教学方法的接受程度及评价。该教学模式在国际教育领域广受推崇并实践多年，然而，其在国内的推广进程相对缓慢。本研究若能证明该教学方法的有效性与优越性，将有助于批判性思维教育创新和质量提升。

一、论证分析的理论基础

（一）图尔敏模型

本研究中，在辩论的过程中，教师只作为引导者的角色，让学生基于图尔敏模式展开辩论。图尔敏模型框架如图 6-1 所示。一个好的论证由六个部分组成：①数据/事实（data），即事实、证据；②断言/结论（claim/conclusion），即被证明的结论、主张、观点；③保证（warrant），即用来连接数据和结论之间的普遍性原则、规律；④支撑（backing），为上述保证（即大前提）提供进一步的理由，以表明原则或规律是真的；⑤反驳（rebuttal），指对已知反例的考虑；⑥限定（qualifier），指考虑到可能出现的反例，对结论的范围和强度进行限定（董毓，

2010）。辩题可为学生提供辩证论证的情境，学生准备辩论与进行辩论的过程是以自己原有的经验信息为背景，通过亲身感受获得个人体验并主动地建构知识的过程。

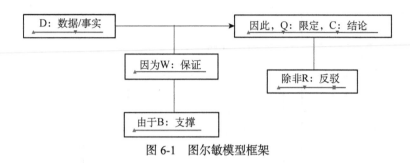

图 6-1　图尔敏模型框架

（二）"十戒"原则

本研究中，在辩论的过程中，辩手要遵守"十戒"原则：①各方都不能阻止对方论辩；②谁提出的观点，谁有责任举证；③你所批判的观点必须是对方观点；④论辩必须与辩题相关；⑤论者应该为他的隐含前提负责；⑥论辩要成立，其前提需被对方接受；⑦论辩要成立，其论证/推理形式需合适；⑧论辩要成立，其隐含前提需被对方接受；⑨辩论输了，自己就应放弃立场，辩论赢了，对方就应撤销怀疑；⑩问题和论证语言表达应清楚、准确、不晦涩（Walton，2005）。

二、论证分析的过程

本研究采用"正反正"辩论模式（董毓，2010）开展教学实践。该模式是一种有效的教学策略，要求学生围绕与生活紧密相关的辩题进行深入探讨和辩论。在课堂辩论之前，教师选择与学生生活密切相关的辩题，如"文理分科是否合理""学习环境与个人努力哪个因素更为关键""智慧是否随年龄增长而增加"等，以激发学生的兴趣和参与度。同时，学生被分为三个小组：正方、反方和综合组（裁判）。正方和反方将分别提出支持和反对辩题的论点，而综合组则负责评估双方的表现并提供反馈。在辩论开始前的准备过程中，学生需要进行广泛的资料搜集工作，以收集支持各自立场的论点和论据，这一过程有助于培养学生的信息检索和分析能力。"正反正"辩论的具体流程可参考清华大学经济管理学院和中国社会科学院大学谷振诣（2021）修订的"正反正"辩论流程，如图 6-2 所示。这一流程确保了辩论的有序进行，并为学生提供了一个结构化的辩论框架。

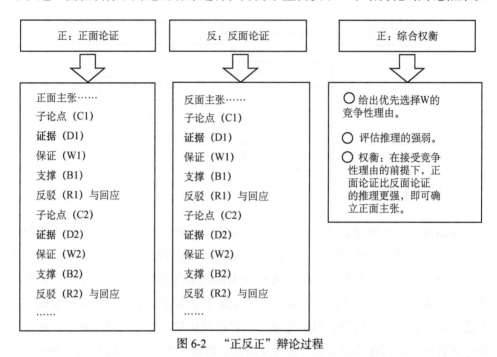

图 6-2 　"正反正"辩论过程

首先，正方进行正面论证，先提出正面主张，包括子论点 1，子论点 2，子论点 3，……，每个论点下面有相应的证据、保证和支撑论点的内容。其次，反方提进行反面论证，先提出反面主张，包括子论点 1，子论点 2，子论点 3，……，每个论点下面有相应的证据、保证和支撑论点的内容。最后，由第三方进行综合权衡，以评估比较正反两方的论证，看哪方的论证更强。

在遵循标准化辩论框架的基础上，学生能够对重大且具有争议性的问题进行深入的批判性推理（Wilkinson, Reznitskaya, Bourdage, et al., 2017）。特别是当自己的观点受到其他参与者的挑战时，学生需要运用推理技能，如得出有效的推论、提供支持与反驳的论点、提出批评等，以避免出现逻辑谬误（Ennis, 1989）。这一过程不仅能增进学生对他人观点的理解，还能让他们认识到他人观点与自己想法之间的差异（Schuitema, Van Boxtel, Veugelers, et al., 2011）。此外，通过与他人的交流，学生能够接触到更广泛的论点和视角（Resnick,

Schantz，2015），这对于批判性推理的发展至关重要。进一步而言，当学生需要向他人阐释和证实自己的想法，并回应质疑时，他们必须更深刻地理解自己的论据和论点（Kuhn，Crowell，2011）。在此基础上，他们需要以清晰、相关且准确的方式传达自己的观点。同时，长期以来，批判性思维研究者认为，批判性思维涉及对自己和他人推理技能的元认知层面的反思与评估（Davies，Barnett，2015；Meneses，2020）。对话能够激发个体的这种自我反思（Wilkinson，Reznitskaya，Bourdage，et al.，2017），从而促进批判性思维的深化和发展。

本研究依据图尔敏模型与"十戒"原则的理论框架，结合"正反正"辩论式教学实践，旨在揭示论证分析过程与批判性思维发展之间的动态关联。本研究通过图尔敏模型与"十戒"原则的操作化应用，解析"正反正"辩论中的"提出主张—证据支撑—反驳校准"各环节对批判性思维子能力（如解释、分析、评估、推论）的具体作用机制，使用量化与质性双路径验证教学效能，最后基于实证研究结果，提炼适用于中国研究生教育的辩论式教学关键操作点。

第二节　批判性思维融合课程的有效教学分析：问卷调查

一、研究对象

本研究选取 30 名在校硕士研究生作为研究对象，他们均选修了批判性思维融合课程"心理发展与教育"。被试年龄在 20—31 岁（$M=25.23$，$SD=2.66$），其中女生 13 名，男生 17 名。该课程每周开展一次主题辩论赛。经过一个学期的"正反正"辩论训练后，对所有被试进行问卷调查和近红外脑功能测试，问卷调查与脑功能测试的有效率均为 100%。

二、研究工具和数据采集

测量批判性思维倾向、批判性思维技能、创造性思维倾向和创造性思维能力的问卷同第三章。

三、批判性思维倾向的总体情况与课程干预结果分析

结果表明，在参与批判性思维融合课程之前，大学生批判性思维倾向总分的平均值为 4.35 分，说明总体上大学生表现为正性批判性思维倾向。具体来看，4 名（13.3%）大学生具有强正性批判性思维倾向，16 名（53.3%）大学生具有正性批判性思维倾向，10 名（33.3%）大学生具有中性批判性思维倾向。由此可见，大学生总体具有中等偏上的批判性思维倾向水平，有 1/3 左右的大学生需要提升批判性思维倾向水平。从批判性思维倾向各维度来看，求真求知维度的得分为 5.20 分，得分最高，处于正强性批判性思维倾向；系统分析维度的得分为 4.99 分，处于正性批判性思维倾向；客观开放维度的得分为 3.91 分，处于中性批判性思维倾向但接近正性批判性思维倾向；自信成就维度的得分为 3.23 分，得分最低，处于中性批判性思维倾向，见表 6-1。由此说明，大学生的批判性思维倾向处于中等以上水平，还有一定的提升空间，尤其是其自信成就水平有待提升。

表 6-1　课前批判性思维倾向总分及各维度的描述性统计

维度	M	SD	各批判性思维倾向的人数及占比			
			强正性	正性	中性	负性
求真求知	5.20	0.64	17（56.7）	11（36.7）	2（6.7）	0
自信成就	3.23	1.38	2（6.7）	5（16.7）	12（40.0）	11（36.7）
系统分析	4.99	0.82	15（50.0）	8（26.7）	7（23.3）	0
客观开放	3.91	1.44	4（13.3）	10（33.3）	11（36.7）	5（16.7）
批判性思维倾向	4.35	0.57	4（13.3）	16（53.3）	10（33.3）	0

注：括号外数据是人数，单位为人；括号内数据是占比，单位为%

在参与批判性思维融合课程之后，大学生批判性思维倾向总分的平均值为 4.49 分。具体来看，5 名（16.7%）大学生具有强正性批判性思维倾向，17 名

（56.7%）大学生具有正性批判性思维倾向，8 名（26.7%）大学生具有中性批判
性思维倾向。从批判性思维倾向各维度来看，求真求知维度的得分为 5.23 分，得
分最高，表现为强正性批判性思维倾向；系统分析维度的得分为 5.05 分，相对较
高，表现为强正性批判性思维倾向；客观开放维度的得分为 4.10 分，表现为正性
批判性思维倾向；自信成就维度的得分为 3.54 分，得分最低，表现为中性批判性
思维倾向，见表 6-2。总体来看，在批判性思维融合课程干预之后，大学生的批
判性思维倾向水平有较大提升。

表 6-2　课后批判性思维倾向总分及各维度的描述性统计

维度	M	SD	各批判性思维倾向的人数及占比			
			强正性	正性	中性	负性
求真求知	5.23	0.68	19（63.3）	9（30.0）	2（6.7）	0
自信成就	3.54	1.23	2（6.7）	10（33.3）	7（23.3）	11（36.7）
系统分析	5.05	0.73	14（46.7）	13（43.3）	3（10.0）	0
客观开放	4.10	1.40	7（23.3）	9（30.0）	9（30.0）	5（16.7）
批判性思维倾向	4.49	0.66	5（16.7）	17（56.7）	8（26.7）	0

注：括号外数据是人数，单位为人；括号内数据是占比，单位为%

为评估批判性思维课程干预基础目标中的"培养批判性思维倾向"目标是否
完成，本研究进一步对大学生课程前后的批判性思维倾向得分进行分析，结果表
明，大学生的前后测得分之间无显著差异（$ps>0.05$）。

四、批判性思维技能的总体情况与课程干预结果分析

结果表明，在参与批判性思维融合课程之前，大学生的批判性思维技能总分
为 52.67 分，低于及格水平，其中在审查理由质量（$M=0.30$，得分率为 32.26%）、
评价推理关系（$M=0.33$，得分率为 32.26%）、分析论证结构（$M=0.50$，得分率为
51.61%）、澄清观念意义（$M=0.50$，得分率为 51.61%）、考虑多样替代与综合组
织判断（$M=0.97$，得分率为 48.39%）维度上的得分较低，见表 6-3。

表 6-3 课前批判性思维技能及各维度的描述性统计

维度	M	SD	得分率（%）
理解主题问题	1.20	0.71	59.68
分析论证结构	0.50	0.51	51.61
澄清观念意义	0.50	0.51	51.61
审查理由质量	0.30	0.47	32.26
评价推理关系	0.33	0.48	32.26
挖掘隐含假设	1.47	0.73	72.58
考虑多样替代与综合组织判断	0.97	0.56	48.39
批判性思维技能	52.67	17.99	52.90

注：得分率指各个批判性思维技能维度得分为满分的人数占总人数的比例，例如，理解主题问题维度的得分率=理解主题问题维度得分为 4 分的人数/总人数×100%，下同

结果表明，在参与批判性思维融合课程之后，大学生的批判性思维技能总分为 63.67 分，处于及格水平，其中在分析论证结构（$M=0.16$，得分率为 16.67%）维度上的得分较低，且低于前测得分；在理解主题问题、澄清观念意义、审查理由质量、评价推理关系、考虑多样替代与综合组织判断维度上，相比于前测得分率，后测得分率有较大提升，见表 6-4。

表 6-4 课后批判性思维技能及各维度的描述性统计

维度	M	SD	得分率（%）
理解主题问题	1.26	0.70	63.33
分析论证结构	0.16	0.38	16.67
澄清观念意义	0.90	0.31	90.00
审查理由质量	0.63	0.49	63.33
评价推理关系	0.70	0.47	70.00
挖掘隐含假设	1.26	0.73	63.33
考虑多样替代与综合组织判断	1.43	0.72	71.67
批判性思维技能	63.67	19.56	63.67

为评估课程干预基础目标中的"掌握批判性思维技能"目标是否完成，本研究进一步对大学生课程前后的批判性思维技能得分进行分析。结果表明，在课前测试中，大学生的平均分为 5.27 分，及格人数为 10 人，及格率为 33.33%。在课后测试中，大学生的平均分为 6.37 分，及格人数为 21 人，及格率为 70%。批判性思维技能后测总分显著高于前测总分（$t=-2.235$，$p=0.033$）。在具体维度上，

大学生在澄清观念意义（$t=-3.890$，$p=0.001$）、审查理由质量（$t=-2.763$，$p=0.010$）、评价推理关系（$t=-3.003$，$p=0.005$）、考虑多样替代与综合组织判断（$t=-2.728$，$p=0.011$）维度上的后测得分显著高于前测得分，但在分析论证结构维度上的前测得分显著高于后测得分（$t=2.763$，$p=0.010$），见表6-5。

表 6-5   批判性思维技能的前后测差异检验情况

维度		M	SD	t	p
理解主题问题	前测	1.20	0.71	-0.348	0.730
	后测	1.26	0.70		
分析论证结构	前测	0.50	0.51	2.763	0.010
	后测	0.16	0.38		
澄清观念意义	前测	0.50	0.51	-3.890	0.001
	后测	0.90	0.31		
审查理由质量	前测	0.30	0.47	-2.763	0.010
	后测	0.63	0.49		
评价推理关系	前测	0.33	0.48	-3.003	0.005
	后测	0.70	0.47		
挖掘隐含假设	前测	1.47	0.73	0.972	0.339
	后测	1.26	0.73		
考虑多样替代与综合组织判断	前测	0.97	0.56	-2.728	0.011
	后测	1.43	0.72		
批判性思维技能	前测	52.67	17.99	-2.235	0.033
	后测	63.67	19.56		

第三节   批判性思维融合课程的有效教学分析：以"正反正"辩论为例

一、批判性思维教学中辩论式教学的背景

"正反正"辩论是指教师为学生布置辩题，并让学生在辩论开始前查找大量

资料，动用可以使用的一切资源收集论点论据，随后根据审议的原则，让学生分为正反两方及一个综合组。在辩论的过程中，教师只作为引导者的角色，将课堂交还给学生，让学生畅所欲言，这一过程能够锻炼学生收集信息、解决问题、言语表达等批判性思考者所具备的能力。教师给学生布置辩题旨在为学生提供辩证与开放思考的情境，而不是提供现成的知识。学生进行"正反正"辩论时以自己原有的经验信息为背景，通过亲身感受获得个人体验并积极主动地建构知识。辩论能够使学生的创造性得到充分发挥，使他们的信息处理能力及思维能力得到提升。

在研究生的教学中，思维能力的培养是重中之重，只有开放的心态和灵活的思维，才能造就科学成果。如果教师只是一味地向学生灌输自己的思想，而学生只是一味地接受教师传达的知识，那就没有思想的碰撞，也不会有新颖的观点产生，更不会产出创造性的理论和成果。辩论给我们提供了教学的新思路，能锻炼教师的批判性思维，同时也能让学生在更加生动、轻松的情境中进行学习。比如，在辩论开始前，学生自己收集相关资料，所有他们感兴趣的、与辩题相关的资料都可以收集，并且他们可以动用自己身边的所有资源去收集和了解有关辩题的内容，这在无形中锻炼了学生收集信息和总结材料的能力。在辩论开始时，学生要用生动且犀利的语言将自己收集的书面材料表达出来，这有助于提高学生的表达能力。在辩论过程中，辩论双方展开激烈的讨论，辩手需要在最短的时间内组织好最精确的语言，并有理有据、条理清晰地表达出来，这有助于培养学生解释和综合的能力。在辩论结束后，教师可以自评和他评的方式让学生完成自我评价和自我校准。

本研究基于"正反正"辩论式教学对批判性思维培养的实践逻辑与潜在价值，试图深入分析"正反正"辩论在研究生批判性思维培养中的具体作用路径，系统论证辩论式教学作为研究生批判性思维培养工具的有效性，为高等教育质量提升提供可操作的路径参考。

二、批判性思维教学中辩论式教学的研究方法与设计

（一）研究对象

选取某高校的 15 名研究生作为研究对象，其中女生 13 名，男生 2 名。他们

均选修了批判性思维融合课程"心理发展与教育",且每周都会开展一次主题辩论赛。经过一个学期的"正反正"辩论训练后,对他们进行深度访谈。

(二)访谈内容

通过访谈了解到,该班级的辩题基本上都是与他们的生活相关的内容。受访者谈及最多的辩题就是"你是否同意孩子上补习班",学生们自愿分为三组(正方、反方和综合组)进行"正反正"辩论,正方支持孩子上补习班,反方则不支持,综合组保持中立,并对正方和反方给予客观评价。

批判性思维技能包括6个维度(一级编码),分别是解释、评估、说明、分析、推论、自我校准。以这6个维度为中心对15名研究生进行访谈,如解释维度的问题为:"在辩论中,你是如何解析问题的",评估维度的问题为"在辩论中,你是如何对论点、论据和论证进行评价的"等。除此之外,还有关于课程满意度的问题,以此来探究学生对于"正反正"辩论教学模式的接受程度。整个访谈共包括12个问题,其中6个问题涉及批判性思维的6个维度,以及受访者对自己的批判性思维技能的评价;4个问题涉及受访者的自身思维情况及其在学校的学习情况;另外2个访谈问题调查了受访者对于以"正反正"辩论为教学手段的批判性思维课程的评价。

(三)研究工具

本研究采用质性研究方法,借鉴扎根理论的基本方法,将访谈内容作为质性研究的材料来源,通过对访谈内容的编码、分析、比较、转化,以形成不同层级的概念、范畴和类属,进而找出核心影响因素及各因素的结构关系(王玲娜,王媛,2013)。扎根理论是由哥伦比亚大学的两位学者Glaser和Strauss提出的一种定性研究方法,是指在研究文本材料之前,要基于材料本身,落到实处,从原始材料中找到有效信息,再对其进行编码和价值评判,这样才能得到最真实的研究结果。本研究运用Nvivo 11.0质性研究软件对访谈内容进行分析。

(四)数据的编码分析

首先,本研究对访谈文本进行开放式编码,将所有访谈文本导入Nvivo 11.0

软件中，逐字逐句阅读，按照问题对文本进行逐个编码。开放式编码来源于访谈的原始资料，原始节点都是原始资料中的内容，涉及受访者对于批判性思维最基本的看法和评论。其次，根据原始节点进行分析与总结，一步步精简节点和主题。先得到一级编码，随后，通过对一级编码进行扩展分析，得到二级编码。

三、批判性思维教学中辩论式教学的研究结果与分析

（一）批判性思维技能结果分析

本研究提取批判性能力所包含的 3 个一级编码，通过对一级编码进行扩展分析，得到 11 个二级编码。经过对访谈内容的分析扩展，阐明问题的能力分为分点、概念定义、开门见山 3 个二级编码；分析问题的能力分为找出不同角度、概念定义、寻找切入点、找出实例、思维导图 5 个二级编码；自我调控的能力分为情绪、条理、因时制宜 3 个二级编码。

通过 Nvivo 11.0 软件的查询分析，我们可以了解受访者对于批判性思维的理解，以及他们在"正反正"辩论的教学过程中所认为的批判性思维中最重要的部分，如表 6-6 所示。

表 6-6　批判性思维技能的编码

一级编码	二级编码	提及人数①（人）	占比（%）	提及次数②（次）	占比（%）
阐明问题的能力	分点	11	73.33	13	65.00
	概念定义	2	13.33	5	25.00
	开门见山	2	13.33	2	10.00
分析问题的能力	不同角度	8	53.30	8	44.44
	概念定义	4	26.67	4	22.22
	寻找切入点	3	20.00	3	16.67
	找出实例	2	13.33	2	11.11
	思维导图	1	6.67	1	5.56

① 提及人数是指提到某一编码中的概念的人数，一名受访者可能会提及某一编码中的多个概念。
② 提及次数是指提到某一编码中的概念的次数。

一级编码	二级编码	提及人数（人）	占比（%）	提及次数（次）	占比（%）
自我调控的能力	情绪	10	66.67	10	52.63
	条理	2	13.33	3	15.79
	因时制宜	6	40.00	6	31.58

由此可知，在阐明问题的能力上，有 73.33%的受访者提到了分点的重要性，其提及次数占总次数的 65.00%，这表明受访者认为分点叙述对于他们在辩论中阐述问题是十分重要的。分点叙述能够使学生在脑海中更加清楚自己接下来要说什么，使他们的表述条理更加清晰。因此，教师可以在今后的辩论教学中着重锻炼学生分点叙述观点的能力，可以引导学生分点讲解自己的观点，这既能让发言者理清思路，也能让听者更容易地抓住重点，进而更加愿意倾听发言者的观点。

在分析问题的能力上，超过一半的受访者提到了从不同角度来分析问题的重要性。从多个角度考虑问题是全面考虑问题并能够找到解决问题的有效方法的关键，同时也是批判性思维技能的重要体现，尤其是在辩论的过程中，学生要在短时间内迅速找出多种角度去反驳对方观点，这极大地锻炼了学生的发散性思维和总结能力，也在一定程度上提高了学生的批判性思维。

自我调控的能力是批判性思维中比较重要的一点，学生在学习新知识和接触新事物时，难免会遇到困难或难以预料的情况，这时做好自我调控至关重要。在自我调控的能力上，受访者谈及最多的就是关于情绪的调控，接近 67%的人认为在辩论中应该做好情绪调控，而且情绪也是反映一个人批判性思维强弱的一个重要指标。辩论是一种比赛的形式，可以激发人们最基本的好胜心，人们会急切地想要说服对方，这个时候他们的情绪往往不易受控制，因此，这时最能看出个体自控能力的强弱。除情绪外，因时制宜也被提及较多。受访者所说的因时制宜即具体问题具体分析，也就是在对方抛出一个观点或事例时，不要一味地反驳，首先，个体要调整心态，求证对方的观点或事例是否属实；其次，要听取他人的意见和建议，在对方讲话甚至是对方进行反驳时，要善于吸纳对方的优势，从而弥补自身的不足，批判地看待任何事物才是教学的初衷。

访谈之后，本研究让受访者对自己的批判性思维技能的 6 个维度进行自我评价，采用 4 点计分，结果如表 6-7 所示。由此可以看出，受访者对于自己的说明能力和解释能力普遍是比较满意的，而对分析能力、推论能力和自我校准能力的满意度是相对较低的。由此可见，总体上，学生有关思考和总结的能力相对不够，教师应以此为目标进行有针对性的教学，"正反正"辩论的教育模式就是一种很好的方法。

表 6-7　受访者的自我评价

维度	很好（4分）	不错（3分）	一般（2分）	很差（1分）
说明	2（13.33）	7（46.67）	6（40.00）	0
分析	2（13.33）	4（26.67）	9（60.00）	0
推论	2（13.33）	5（33.33）	7（46.67）	1（6.67）
评估	2（13.33）	6（40.00）	6（40.00）	1（6.67）
解释	5（33.33）	6（40.00）	4（26.67）	0
自我校准	3（20.00）	5（33.33）	6（40.00）	1（6.67）

注：括号外数据是人数，单位为人；括号内数据是占比，单位为%

（二）批判性思维倾向结果分析

在调查了受访者的批判性思维技能之后，本研究继续探讨他们的批判性思维倾向。批判性思维倾向包括 7 个维度（一级编码），分别为开放思想、求知欲、寻求真相、分析性、思维自信心、认知成熟度和系统能力。本研究主要围绕受访者对他们认为自己具有哪些方面的批判性思维倾向以及是如何体现出来的进行访谈，并让他们对其批判性思维倾向进行自我评价，结果如表 6-8 所示。其中，开放思想是被提及最多的，也是大多数人都具备的一种批判性思维倾向，具体体现在个体能够多角度、多维度地考虑问题，并能够接受他人的观点，如受访者提到："我尊重每个人的想法，觉得每个人的想法都有其意义所在，并且我会通过吸收其他人的闪光点来丰富自己的理论。"此外，在对批判性思维倾向的自我评价上，受访者认为自己在思维自信心和系统能力两个维度上的表现较差，有 4 名受访者认为自己在这两个方面上的批判性思维倾向水平较低，需要继续提升，为此，教师可以在今后的教学过程中有意识地增强学生的思维自信心，让学生敢想敢说，并给予及时的鼓励和支持。

表 6-8　批判性思维倾向的编码及受访者自评

维度	提及人数（人）	占比（%）	人数（人）			
			很好（4分）	不错（3分）	一般（2分）	很差（1分）
开放思想	11	73.33	1	6	4	0
求知欲	8	53.33	4	3	1	0
寻求真相	8	53.33	0	6	2	0
分析性	8	53.33	1	4	2	1
思维自信心	10	66.67	1	5	0	4
认知成熟度	6	40.00	1	1	3	1
系统能力	8	53.33	1	2	1	4

（三）受访者对于"正反正"辩论教学模式的评价结果分析

为调查受访者对于"正反正"辩论教学模式的评价，本研究从认识问题和解决问题两个维度进行考察，结果见表6-9。调查发现，15名受访者都对"正反正"辩论教学模式持肯定态度，认为这种教学方式有助于提升他们的批判性思维水平。在认识问题方面，将近67%的受访者认为此种教学模式提升了他们的深入思考能力，超过一半的受访者认为此种教学模式提高了他们的创造性，还有不同比例的受访者提出他们在敢于质疑、为自己的观点找依据、探求问题本质、归类总结等方面得到了提升。

表 6-9　受访者对于"正反正"辩论教学模式的评价

一级编码	二级编码	提及人数（人）	占比（%）
认识问题	深入思考	10	66.67
	创造性	8	53.33
	敢于质疑	6	40.00
	为自己的观点找依据	6	40.00
	探求问题本质	3	20.00
	归类总结	2	13.33
解决问题	全面分析问题	9	60.00
	广泛收集信息	8	53.33
	探索解决问题途径	6	40.00
	了解问题本质	4	26.67
	打破思维定式	3	20.00

在解决问题方面，超过半数的受访者认为通过课程学习，他们学会了如何全面分析问题以及广泛地收集自己想要的、有效的信息。除此之外，还有受访者提出，"正反正"辩论教学模式可以帮助他们了解问题本质、打破思维定式。在学习新知识或者在生活中，我们很容易被事物的表象所迷惑，往往人云亦云，自己不去探究表象背后的本质，这样我们就很难得到事实的真相。再如，在生活中，我们经常会产生思维定式和功能固着，只以自己的经验和自己所相信的事物作为评判标准，这样就很容易变成"井底之蛙"。作为国家的高端人才，研究生应具备一定的批判性思维技能和思维习惯，不能盲从他人观点，面对各类信息和观点，应有意识地进行探究、反思、论证与评估，最终形成独立而合理的判断。

本研究发现，研究生对于"正反正"辩论教学模式的认可度是很高的，而且他们普遍认为采用这种教学模式的课堂氛围很好，活跃度相对较高，能产生良性的思维碰撞，并且认为教师可以将这种教学模式借用到其他课程的教学上。

四、批判性思维教学中辩论式教学的应用与启示

（一）"正反正"辩论教学模式的应用

批判性思维对于信息素养、知识学习、创新能力培养至关重要。批判性思维的过程和本质是探究与实证。批判性思维不仅是创新的必要条件，而且能有效地增加个体的灵感，提升创新的概率和成功率（周浩波，李凌霄，2019）。要培养研究生的批判性思维，就需要在课程设置上进行变革。改革课程设置，训练学生的分析和思考能力，已贯穿在西方教育的全过程，批判性思维课程已成为西方很多大学本科生的一门公共课。在我国，中国人民大学、中山大学等几所高校开设了以训练批判性思维为主要目标的非形式逻辑课程（董毓，2017b）。本研究考察了"正反正"教学模式在培养学生批判性思维方面的有效性，得到的答案是肯定的，这极大地增强了教育者的信心。很多教育者可能认为，批判性思维是一个看不见、摸不着的东西，很难进行相关课程的教学。如今，我们既有国外的研究结果作为参考，也有国内的研究结果作为支撑，这些足以证明"正反正"教学模式在批判性思维教学中是可行的。

因此，在今后的课堂教学中，教师应该把教室变成思考的场所，鼓励学生换

位思考、大胆创造和勇于发表不同观点，课堂的内容和形式设计应该体现学生的兴趣、能力、背景和社会需求（左洪亮，2004）。"正反正"辩论式教学是一种能有效激发学生批判性思维的教学方式。一方面，这种自主开放、探究互动的课堂氛围受到学生的欢迎，有助于增强参与感和提升思辨能力；另一方面，教师借助这一模式不仅能够更深入地了解学生的兴趣、需求与观点，还能通过学生的辩论发言掌握其知识掌握情况和思维特点，从而开展更具针对性的教学。此外，该教学模式也有助于促进师生之间的理解与互动，促进和谐教学关系的形成。

（二）"正反正"辩论教学模式的启示

本研究发现，相较于批判性思维技能的其他维度，受访者认为自己在分析、推论和自我校准方面的能力相对偏弱。针对这一情况，教师应采取相应的措施，以促使学生批判性思维技能的全面发展。本研究结果可以为今后高等教育中的批判性思维教学提供一定的参考，有助于教师更全面地了解学生的批判性思维水平及其需求，以便更好地开展教学。

一种能力的提升必定要经历一个长时间反复积累的过程。为提升批判性思维技能，学生除了要在课前认真准备外，还必须在课后对辩论内容进行剖析，吸收他人对辩题的理解及其内在的推论关系（刘航，金利民，2012）。这就要求教师在教学中、学生在学习中切莫急躁，逐步攻克各个难关，最终实现批判性思维技能的提升。

当然，本研究还存在一些不足，如样本量太小，但由于本研究中的受访者身份较为特殊，具有一定的典型性，可以代表大部分高等院校的研究生群体。今后的研究中，在时间和资金充足的情况下，可以扩大样本量，以收集到更为全面的数据，从而多方位了解我国研究生批判性思维水平的现状。

第七章

批判性思维课程教学的总结与展望

第一节　批判性思维课程教学的总结

一、批判性思维教学方法总结

2012 年，欧洲高等教育界曾强调过学生批判性思维的重要性，认为批判性思维是真正以学生为中心的学习的一部分，应该在多数大学课程中被重视。批判性思维是一种可决定行动的反思活动，为了发展批判性思维，学生必须思考自己的想法（Anta，Barrón，2018）。大学应该鼓励如何思考，而不是思考什么。批判性地思考是一个过程，掌握这项技能需要一定时间。大学教师可能会在长期的教学实践中产生思维定式，所以，他们必须有意识地调整教学方法，不断反思教学实践，并引入不同的方法来不断更新教学，以更好地适应学生的学习需求。

关于教学方法和批判性思维培养的实证研究结果呈现多元特点，现有研究多采用单变量分析路径，即聚焦特定教学方法对学生思维发展的影响。以护理教育领域为例，有学者针对包括书面和口头在内的论证教学法的专项研究表明，当满足一定的教学前提条件时，该方法能显著提升批判性思维学习者的决策能力与问题解决能力，而这个必要的教学前提条件是学生在批判性思维习得过程中能感受到心理安全（Makhene，2017）。由此可知，教师与学生、学生之间的关系是批判性思维技能习得的关键。

一些研究者认为，为了培养学生的批判性思维，教学计划中应该包括能够促进学生获得批判性思维的积极教学行为，并明确这些教学行为发生所需的活动数量（Duron，Limbach，Waugh，2006）。也就是说，批判性思维是通过实践活动来培养的，这些实践活动应该与对学生当前批判性思维水平的评估相一致。一项针对欧洲某大学的研究表明，文本综合阅读项目显著提升了学生的批判性思维水平，多元的阅读资源和反思可以帮助大学生弥补经验缺乏的弱势（Pando，2016）。有学者采用案例研究法系统考察了高等教育教学过程中课堂教学要素对大学生批判性思维发展质量的影响，结果发现，课堂讨论、积极的教学活动、研究、在小组项目中工作、论文写作考试、重写等方式是提高批判性思维水平的最佳课堂技巧（Tsui，2002）。有研究者发现，虽然培养批判性思维的策略有很多，但影响最大的策略是因材施教，即当教师向学生提问时，学生的思维水平应该与所问问题的水平成正比，也就是说，教师设计的问题要与学生的能力相一致，教师在设计基于问题的学习的课程时，应该考虑选择最有助于实现批判性思维培养的问题的目的、水平和类型（Duron，Limbach，Waugh，2006）。另外，所有学生都需要具有解决复杂问题的经验，因此，教师在设计课程时应当为学生提供相关实践机会。要做到这一点，教师应该接受相关的培训，能够提出适合不同学生特点的复杂问题。

已有研究（Bezanilla-Albisua，Fernández-Nogueira，Poblete-Ruiz，et al.，2019）采用归纳分析的方法，通过分析与教师批判性思维教学方法相关的文献，对教学方法进行了分类，共 12 类：①口头和书面反思与论证；②对材料的阅读、分析和综合，如书面、图形、视听等；③案例研究；④协作或合作学习；⑤与现实世界相关；⑥基于问题和项目的学习；⑦评估、跟进和反馈；⑧质疑；⑨评价、解释和论证；⑩研究；⑪讲座；⑫其他方法，如工作坊、研讨会、翻转课堂、戏剧化、角色扮演等。该研究发现，教师教授批判性思维最常用的方法是前六种方法，不同的教师采用的培养批判性思维的方法存在一定差异。该研究还发现，一般来说，最常用的方法也被认为是最有效的方法，但也有例外，如协作或合作学习、与现实世界相关等方法被认为不是很有效。在对使用程度较低的方法的分析中，基于问题和项目的学习被认为比其他方法更有效。总之，被认为最有效的两种方法是口头和书面反思与论证，以及对材料的阅读、分析和综合。

尽管研究表明，口头和书面反思与论证，阅读、分析和综合资源被认为是批判性思维最有效的教学方法，但决定教师认为何种教学方法最有效的因素是教师对批判性思维概念的理解。比如，那些认为批判性思维是分析、组织、推理、论证的教师倾向于考虑最有效的方法包括口头和书面反思与论证，对材料的阅读、分析和综合，以及案例研究；那些认为批判性思维是质疑、反问的教师，倾向于将质疑作为一种有效的教学方法；那些认为批判性思维是形成观点和决策的教师，倾向于认为基于问题和项目的学习是最有效的方法之一；而那些将批判性思维理解为行动、整合的教师则认为，与现实世界相关是一种有效的教学方法。

批判性思维的概念包括不同的内容，因此，批判性思维课程体系建设也可以分为不同的阶段，即分析与组织、推理与论证、质疑与反问、评估、形成观点与决策、行动与整合（Bezanilla-Albisua，Poblete-Ruiz，Fernández-Nogueira，et al.，2018）等阶段。批判性思维课程体系设计可以从大学入学开始一直延续到毕业，包含一系列的课程，相应的教学方法可以从传统的方法（如对材料的阅读、分析和综合）慢慢转向更积极的方法（如基于问题和项目的学习、与现实世界相关等）。

二、显性课程与隐性课程

本书第五章与第六章的结果表明，以独立课程为代表的显性教学和以融合课程为代表的隐性教学都能够提升学生的批判性思维技能。那么，为什么显性课程和隐性课程都能提高批判性思维呢？这可能是因为学生通过基于协作与实践学习的批判性思维课程实现了批判性思维的提升。

如前文所述，信息技术并不直接产生知识，创新的关键环节是人。21世纪必备的职场素养包括技术、信息管理、沟通、协作、创造力、批判性思维和解决问题的能力。这些能力都要求个体具备知识创造的基本条件。至于一个组织如何通过运用个体资源创造竞争优势，已有理论给出了可供参考的视角。组织的知识基础观认为，知识是在当今时代创造竞争优势的关键来源，组织的核心功能是获取和利用这些知识（Garcia-Perez，Ghio，Occhipinti，et al.，2020）。动态知识创造理论认为，所有知识都根植于隐性知识（Nonaka，1994；Polanyi，1966），隐性知识的获取是创新的关键过程，隐性知识的获取、发现、分布和应用对于组织知识的整合和利用至关重要。从本质上讲，知识整合是获取、收集和处理对创新至关重要的独特的组织储备知识的能力（Acharaya，Ojha，Gokhale，et al.，2022）。

与显性知识具有可编码性和可解释性不同，隐性知识是难以表达、难以分享的，因此它具有主观性、非结构化的性质。显性知识可以通过诸如教育水平和培训时间等指标来评估，因此通常更加结构化和形式化，而隐性知识的明确指标却很难确定。一些研究者提出，隐性知识更多的是基于个人的经验和反思，而不是公共的经验（Hau，Evangelista，2007）。与此同时，还有一些研究认为，尽管隐性知识可能不像显性知识那样通过结构化机制或正式培训获得，但从可与他人共享这一方面来说，个体也能够通过互动获得隐性知识（Insch，McIntyre，Dawley，2008）。

隐性知识是很难识别、定义和表达的，因为它可能是在无意识中获得的（Crane，Bontis，2014）。这种特点使得获取和提取隐性知识非常具有挑战性（Ranucci，Souder，2015）。因为隐性知识难以理解，难以向他人解释，具有很强的语境性，所以是否获取隐性知识本身就具有模糊性，这使得隐性知识难以被识别（Borges，2012）。然而，个体可以从经验中直观掌握隐性知识，并通过反思过程使隐性知识意识化（Polanyi，1966）。同时，隐性知识通常被认为具有渐进的发展层次（Olaisen，Revang，2018），并且具有持续性与关联性，如隐性知识先经历内部化（被意识到）和外部化（与他人共享），再经历实践和社会化（被获取），最终融入个体的行动中。如果个体的隐性知识提升到更有意识的水平，这也会提升个体所在群体的能力（Bennet A，Bennet D，2008）。因此，在这种背景下，隐性知识的意识化就发生在隐性知识从无意识层面转向意识层面的时刻，有学者称这是一个"叭"时刻（El-Den，Sriratanaviriyakul，2019），当新的想法、技能和来自经验的直觉知识变得足够意识化时，个体就可以通过某种方式（例如，演示、讲述）与他人分享。若将这个过程放在基于问题的学习和小组协作学习的批判性思维课堂上，我们就可以看到批判性思维如何从难以识别、定义、表达的个人化的直接经验转化为可以与他人分享，并能够被他人捕捉、识别、理解和模仿的共享性经验。

此外，显性知识与隐性知识并不是非此即彼的二元对立关系，更多的研究者将其看成是一个连续体。有学者认为，知识获取经历了一个从结构化的、客观的数据到信息，再到知识，最终到非结构化的、主观的智慧的过程（Ackoff，1989）。在此基础上，有学者加入了个体所处的环境条件，将这一连续体修改为数据与信息、显性知识、隐性知识、洞察力与智力（Rothberg，Erickson，2017）。这种知识获取连续体的观点与之前学者的观点一致，他们认为隐性知识是实用智力的一个方面，即"在使用"或"在行动"的知识（Wagner，Sternberg，1985）。隐性知识是一种非结构化的非实体知识，更容易在人与人之间共享，因此它也更难被定义和管理。

隐性知识是指特定个体通过个人经历积累的技能和经验（Reed，DeFillippi，1990）。个体通过批判性理解和实践内化隐性知识，进而形成指导行动的理念（Oliva，2014）。由此，我们可以将关于批判性思维的定义、内容、分类、如何使用的知识看作显性知识，而将个体主动恰当地运用批判性思维解决问题的知识看作隐性知识。相应的，在批判性思维课堂中，通过讲授传递的信息属于显性知识，通过基于问题的学习和小组协作学习而获得的能力则属于隐性知识。

个体批判性思维的习得可被看作一个隐性知识意识化的过程。在以小组互动为中心的批判性思维课堂中，通过师生互动、生生互动产生的组织层面的隐性知识获取能力，能够促进批判性思维的意识化和显性化，使学生在实践中应用批判性思维。基于问题的学习使教师与学生之间、学生与学生之间形成指向问题解决的学习共同体，这种共同体的运作目标和组织形式与职场中的企业具有相似性，即学习共同体与企业组织一样，具有一定的吸收能力（Ávila，2022；Bhadauria，Singh，2022；Naqshbandi，Jasimuddin，2022），这种能力被认为是组织吸收新知识并进一步进行创新的能力（Božič，Dimovski，2019；Li，Liu，Ren，et al.，2022），其在个人的知识获取和组织创新能力之间起到中介作用（Liao，Fei，Chen，2007；Liao，Wu，Hu，et al.，2009），并由个体现有知识库及个体整合知识的能力决定（Camisón，Forés，2010）。因此，在基于问题的小组学习中，建立知识优势的关键是个体获取新的抽象知识并将其转化为可供组织使用的、形式明确的知识激发过程（Edwards，2022；Vásquez-Bravo，Sánchez-Segura，Medina-Domínguez，et al.，2014），也就是批判性思维的主动应用与问题解决的过程。

那么，"从实践中学习"与"从互动中学习"是如何将隐性知识意识化，进而被学习者所吸收的呢？

"从实践中学习"是指个体通过第一手经验进行无意识学习，"从互动中学习"是指人与人之间通过分享进行无意识学习（Eraut，2000；Muñoz，Mosey，Binks，2015）。在这两个过程中，隐性知识的获取通常是附加的意识产物（Tsoukas，2003）。这种无意识学习主要受到三个因素的影响：①个人能力，如智力水平或教育背景；②促进知识获取的外部条件，如组织文化；③情境语境，情境语境可触发隐性知识显性化。因此，为了促进学生隐性知识的获取，教学中应该考虑所有可能的影响因素，同时为隐性知识的获取创造情境机会。研究者确定了能够促进隐性知识显性化的技术，如头脑风暴、大声思考、发表意见、讲故事、概念复述、基于场景的分析、反思性访谈和案例研究等，这些技术可被归类为"社会互动"的技术。

隐性知识获取的主要组织机制是个体的学习经验和共享的学习经验（Nelson，Winter，1982）或实践活动（Ranft，1997）。假设团队共享这些学习经验和实践活动，那么使个体意识到隐性知识和使个体的隐性知识得到共享都可能变得更加容易，当然前提条件是团队必须理解"发生了什么"。如果这些经验是个体的，学习者必须意识到自己的所学，并有意识地分享它（"叭"时刻）。有学者在文献综述的基础上强调，由于正式和非正式的知识交流与实践相结合，隐性知识可以在工作中被激发出来，同时，他们强调人际交往促进了这种知识分享或互相启发（Asher，Popper，2021）。有学者指出，在组织中，80%的个体学习是非正式的，完全是计划外的、偶然的、经验化的，因此，大多数组织学习都是高度个人化的（Bryans，2017）。此外，隐性知识的获取也可以来自个体亲身经历的直接经验，如模拟、观察和实验，可以归类为"从实践中学习"的获取方法。先前的研究表明，"从实践中学习"会使个体产生对新知识的自我认知（Lewin，McNicol，2015；Zou，Lee，2016）。此外，一系列研究表明，除了"从互动中学习"之外，"从实践中学习"是隐性知识获取的主要来源（Hau，Evangelista，2007；Olaisen，Revang，2018；McLeod，Steinert，Meagher，et al.，2006）。

"从实践中学习"与"从互动中学习"之间存在着直接而积极的联系。相比于显性知识，隐性知识更具有实践性，而非理论性，源于活动而非理论（Sternberg，Wagner，Williams，et al.，1995）。在某种程度上，隐性知识建立在经验的基础上。关于隐性知识如何增长，不同学者提出了不同的观点（Chen，

Nunes，Ragsdell，et al.，2018）。有学者认为，隐性知识在经验的基础上得到促使自身增长所需的两个要素：①认知要素，提供必需的经验输入；②技术要素，提供必需的学习技能。这两个要素的作用分别是应用准备（认知成分）和执行（技术成分）（Nonaka，Takeuchi，1995）。基于这一观点，个人意识到他们知道一些有价值的东西，从而产生社会化行为和分享行为（Jisr，Maamari，2017）。此外，社会互动可能会激发实践，具体来看，共享的共同愿景（Senge，1992；Xiao，Jin，2010）、组织灵活性、行动自由、实践等行为都是通过实践学习为个体获得隐性知识提供了绝佳机会（Ambituuni，Azizsafaei，Keegan，2021）。同时，这些研究也证明互动学习可以使个体从以前的经验中产生知识的再识别（Brachos，Kostopolos，Soderquist，et al.，2007；Leonard，Insch，2005；Oswald，Mascarenhas，2019；Vick，Nagano，Popadiuk，2015）。

对于隐性知识的组成，有学者提出了一个三层模型，包括可表征的认知、非表征的认知和不可表征的认知（Olaisen，Revang，2018）。其中，可表征的认知是可以解释的，并且是知识的明确终点，尽管它需要一定程度的隐性解释才能得到实际应用；非表征认知是隐性知识，虽不明确，但通过一定的转化过程最终能够被明确；隐性知识是知识可以被识别和共享的知识，即当个人意识到自己学到了一些东西时，他们会进行反思并将其简化为一种可以交流和共享的形式。然而，该模型的问题是，是什么允许个体的隐性知识通过所有隐性知识阶段达到意识水平？

结合已有文献，回答这个问题的关键点在于，隐性知识的意识化是如何发生的，以及个体如何反思自己正在做的事情和他们所知道的事情。随着意识化而来的是自我效能感和专家权威感（Wipawayangkool，Teng，2016a，2016b），由此个体可以建立对知识价值的信心，以及发展能够判断何时应用知识的能力。这种反思和由此产生的理解深度可以被描述为批判性思维（Liao，Wu，Hu，et al.，2009）。

在这个过程中，学习者通过基于问题的小组协作学习，不断练习，先形成情境化（适用于特定情境）的解决方案，再形成标准化的（重复）解决方案，最终形成直观的见解（Hau，Evangelista，2007）。在这个过程中，个体对批判性思维的学习效果更有信心。当个体意识到自己正在进行隐性学习时，他们获得了自我效能感和专家权威感（Vásquez-Bravo，Sánchez-Segura，Medina-Domínguez，

et al.，2014；Eraut，2000）。这种对学习效果的信心和效能感，再配合外界环境
具有分享性的氛围特点，使个体更愿意应用自己所掌握的知识，同时更乐意与他
人分享。在这种分享中，个人意愿是至关重要的，因为分享是一种非正式的、自
愿的行为（Kucharska，2021b）。当个体对他们所知道的知识有信心时，他们会分
享知识而不是囤积知识，这些知识将有助于小组工作的顺利进行。由此可知，个
体的自信心及其所处的接纳性氛围，对于个体甚至团体充分利用隐性知识起到了
重要作用。

隐性知识被视为来自实践经验的知识。它是一种不容易被意识到但能被应用
的知识，而实践经验既可以是自己的经验，也可以是他人分享的经验，因此，隐
性知识可以通过一段时间的亲身经历获得，也可以更快地从人与人的交流以及知
识的展示中获得。知识来源可能影响隐性知识的可识别性和可解释性，也可能影
响个体分享知识的意愿和信心。在批判性思维的学习过程中，个体对知识理解程
度的信心和隐性知识对他人有好处的信念会引发其产生更多的分享行为，隐性知
识的显性化和自我效能感使分享更有可能。

如前所述，隐性知识和显性知识处于一个连续体的两端，属于隐性知识的批
判性思维同样也位于这个无形连续体的智慧-洞察力端，个体通过批判性思维可
以发展出源源不断的创造性想法，与显性知识、数据、信息相比，作为隐性知识
的批判性思维更有可能使个体产生更多的创新想法（Islam，Chadee，2021；
Kucharska，2021a，2021b；Halpern，2014）。已有研究表明，个人通过直接实践
经验和通过与他人互动而获取的隐性知识与隐性知识的实际运用之间具有间接关
系，这种关系以个体的隐性知识意识化和分享为中介，因此，要促进学生对批判
性思维的实际应用，就要使个体意识到自己的所学，并且将意识到的所学与他人
分享，分享的过程主要基于个体对隐性知识潜意识层次的理解。同时，在基于问
题的小组协作式批判性思维课程中，来自互动和分享的关于批判性思维的隐性知
识也可以进一步有助于生成问题解决的创新方案。总而言之，从关于批判性思维
的隐性知识获取到使之意识化，再到在小组中分享，这一完整路径可以帮助个体
和小组获得创新能力。

因此，不管是隐性课程还是显性课程，批判性思维的教学应着力于促进实
践和互动，以促进学生批判性思维的发展，同时促进学生创新能力的培养。互
动学习是影响关于批判性思维的隐性知识意识化的重要预测因素，研究表明

（Kucharska，2021a，2021b），它能够直接和间接促使隐性知识的意识化。因此，在教学中的互动越多，促使关于批判性思维的隐性知识意识化的可能性就越大。此外，实践学习也能够影响关于批判性思维的隐性知识的意识化。实践学习在互动学习与隐性知识意识化之间起着重要的中介作用，因此实践学习应该包含在小组互动学习中，由此才能达到最佳的训练效果。隐性知识意识化对隐性知识共享有重要影响。因此，在小组互动教学设计中，教师应该想办法设置问题导向的学习情境，使实践学习成为可能，并促使学生之间互动的顺利进行，以促进关于批判性思维的隐性知识意识化，从而实现隐性知识的共享。研究表明，隐性知识意识化发生的"叭"时刻需要特定的组织环境条件，以使个体能够顺利进行合作并自由分享意见（Facione，2011；Tyagi，Cai，Yang，et al.，2015）。然而，在实践中，还有另外一种情况，即个体对隐性知识的获取过程是无意识的，通常在组织内部非正式的交流中发生，在这种情况下，个体虽然没有明确达到"叭"意识时刻，但隐性知识仍在个体之间共享并直接应用于行动，这种情况对批判性思维培养的效果如何，还需要进一步的研究。

研究表明，在实践学习观念尤其强烈的组织中，个体更加容易意识到自己拥有有用的隐性知识，这从一个侧面表明，隐性知识是一种更具隐藏性和不可表征性的东西（Bennet A，Bennet D，2008；Rothberg，Erickson，2017）。倾向于实践学习的知识持有者通过反思自己的学习过程，可以发展自身的批判性思维，能够意识到自己所理解的知识和知识的有用性。在发展了批判性思维之后，个体对关于批判性思维的隐性知识及其有用性的反思使学习内化（Oswald，Mascarenhas，2019），并有助于增强个体的自信心和专家权威感，从而使个体愿意与他人分享（Vásquez-Bravo，Sánchez-Segura，Medina-Domínguez，et al.，2014；Eraut，2000）。通过对知识的反思，知识持有者对自己的批判性思维技能及所掌握的知识和技能的价值就产生了自信，进而继续自信地与他人分享。在这一过程中，个人必须愿意以个人的身份行事——尽管分享是群体导向的，但愿意脱颖而出并为他人提供建议显示了个人的自信。

综上所述，个体对从互动或实践中获得的隐性知识进行自我反思，可以促使个体对隐性知识的意识化。个体对通过实际经验学习获得的隐性知识加以反思，能够对知识产生新的认识，而且无论这些知识来自人际分享还是直接经验，都有可能产生新的意义（Van Braak，De Groot，Veen，et al.，2018；Venkatesh，Ma，

2021）。学习组织内部的社会条件可以通过人际互动促进个体隐性知识的发展（Bhadauria，Singh，2022；Xiao，Jin，2010），处于学习组织内部的个体通过他人分享而获得的隐性知识一旦可用，就可以促进隐性知识的意识化，此时，个体能够意识到自己在使用批判性思维，并且觉察到自己正在如何使用它。因此，批判性思维不仅可以通过实践学习得到发展，而且可以通过互动学习得到发展。批判性思维也会促进个体产生自我效能感和自信心，当自信心增强时，个体基于主动反思，从而更倾向于分享自己新发现的知识，进而产生更多的分享行为。因此，批判性思维教学设计应注重创设鼓励接纳和分享的氛围，以使批判性思维发生在集体中，比如，通过讨论最佳解决方案的形式，在实现实践学习的同时，也实现了互动学习。

三、显性课程提升批判性思维的机制

本书中，我们同时研究了批判性思维显性教学中以传统面对面讲授为代表的灌输式课程与以翻转课堂为代表的独立课程的教学效果，第四章与第五章的结果表明，这两种批判性思维显性课程均能提升学生的批判性思维技能。那么，为什么显性课程能提高批判性思维呢？

这与显性课程的目标聚焦程度较高有关。已有关于批判性思维教学效果的研究主要可分为两大类，分别是单独研究不同批判性思维教学方式效果和比较不同批判性思维教学方式效果的差异。以往研究表明，显性教学和隐性教学都能提高批判性思维水平，但显性教学的效果更好。批判性思维显性课程的特点是将教学聚焦于批判性思维本身。在批判性思维显性教学中，批判性思维教学不需要任何学科背景知识内容，因此可以在单独的课程中明确地进行教授，教师和学生在课前都不需要具备任何学科领域知识（Ennis，1997）。还有学者认为，批判性思维可以通过精心策划的教学活动来促进，而要做到这一点，唯一途径是在单独的课程中明确地教授批判性思维（Van Gelder，2005）。这门单独课程的唯一目的是促进个体批判性思维的提升，个体不需要努力学习其他任何主题领域的知识，而只需要花费时间和精力，把关注点放在自己的批判性思维技能上（Gann，2013）。此外，批判性思维显性课程的独特优势是，如果批判性思维技能是独立于学科领域的，那么将其迁移到不同领域或现实生活中会容易得多（Haskell，2001）。

四、翻转课堂和传统课堂对批判性思维提升的机制差异

但是，另外一些问题出现了，比如，批判性思维应该只在课堂上教授吗？包括数字技术支持的在线学习环境在内的其他学习环境可以有效地促进批判性思维的发展吗？已有研究表明，通过数字技术增强的在线学习环境具有促进提升批判性思维技能和倾向的巨大潜力（Alsulami，2016；Chang，Panjaburee，Lin，et al.，2022；Tathahira，2020）。

随着信息技术的快速发展，高等教育对在线学习的要求逐渐提高（Phirangee，Demmans，Hewitt，2016）。不断增长的在线学习需求，使高等教育的教学方式发生了巨大的变化（Goodsett，2020）。由于数字技术的发展，高等教育教学系统已经从实体环境转向在线环境（Saadé，Morin，Thomas，2012）。有学者认为，在线学习环境有可能在促进批判性思维方面比课堂环境更有优势（Tathahira，2020），因为在线学习的优势是具有灵活性，学生可以自主决定学习进度与学习时间，可以随时随地自由观看和复习在线课程材料，同时，批判性思维在线教学为学生提供了更多的时间以反思自己的学习内容、互动情况、练习和作业等。由于灵活性和自主性，在线学习环境中，学生不必像在传统的课堂环境那样在短时间内进行思考和做出反应，他们可以在给出答案之前进行深入的思考、审视、调查和探究。此外，课堂面对面教学互动可能会产生同伴压力和自尊受挫等问题，而在线学习环境具有异步性和个性化等特点，这使得上述问题在在线学习环境中得以避免（Horton，2000）。因此可以说，在线学习环境是一个兼容的、有效的、可用的、有利于促进批判性思维的学习环境。

已有研究表明，基于在线项目的学习（Cortazar，Nussbaum，Harcha，et al.，2021）、基于问题的在线学习（Schell，Kaufman，2009）、在线讨论（Al-Husban，2020）显著促进了批判性思维的提升。有学者研究了在线学习模式对提升大学生批判性思维的有效性，结果表明，在线学习模式成功地促进了大学生批判性思维的提升（Leng，Dolmans，Jöbsis，et al.，2009）。同样，有学者对电子

学习环境中批判性思维的研究进行了系统综述，结果表明，大多数研究发现在电子学习环境中进行批判性思维教学，可以使批判性思维得到显著提升，同时，电子学习活动比面对面活动更有效地促进了批判性思维的发展（Chou，Wu，Tsai，2019）。还有学者对大学生进行了实验研究，他们使用 Moodle 平台进行批判性思维英语在线教学，结果发现，这一在线教学方式促进了大学生批判性思维的发展（Yang，Chuang，Li，et al.，2013）。还有一项实验研究考察了模块化的批判性思维在线显性课程教学对批判性思维技能的影响，发现批判性思维在线教学显著提高了批判性思维技能（Jolley，Davis，Lavender，et al.，2022）。此外，还有研究表明，批判性思维在线显性教学比面对面的显性教学更能促进批判性思维的发展（Stedman，Adams，2014）。

学者普遍认为，在高等教育课程体系中将批判性思维培养作为明确的教学目标，并对大学生进行单独、明确的批判性思维课程教授，对于保证高质量的高等教育发展具有重要意义，但对如何借助在线学习工具以有效促进批判性思维的发展仍然不清楚（Cáceres，Nussbaum，Ortiz，2020）。已有关于批判性思维在线学习课程的研究表明，同步或异步的在线讨论是促进批判性思维发展的有效方式（Foo，Quek，2019）。还有研究认为，一些其他工具或平台，如论坛、思维导图和在线小组协作平台等，已经成为提升批判性思维在线教学效果的重要途径（Kumta，Tsang，Hung，et al.，2003；Mandernach，2006）。也有研究表明，一些由模块组成的在线批判性思维课程很受欢迎，这类课程通过在线方式呈现以单元为单位的批判性思维课程内容（Goodsett，2020）。以上这些在线课程的教学形式主要包括视频教学、在线课程、模拟训练和互动练习等，这些都被证明是促进批判性思维的有效途径。

然而，在线学习环境是否能保证与面对面课堂教学环境产生同等教学效果是不明确的（Goodsett，2020）。学生在学习过程中应该进行人际互动和反思，同时，在现实生活中，学生还需要进行实践练习和活动的机会，并需要得到来自教师的激励。此外，课程内容的实践性活动机会、人际交互性和教学设计之间的合理性是在线学习环境能够有效促进批判性思维发展的必要条件（Saadé，Morin，Thomas，2012）。

随着数字技术的进步，翻转课堂在高等教育领域已经变得越来越重要和普及（Davies，Dean，Ball，2013；O'Flaherty，Phillips，2015）。翻转课堂是一种被广泛认可的方法，可以有效地帮助学生利用课堂时间，在教师的指导下进行协作学习和解决问题（Srisuwan，Panjaburee，2020）。教师也可以通过互联网和信息技术将部分教学内容转移到课前，从而在课堂上有更多的时间与学生互动（Shyr，Chen，2018）。近年来，它也成为一种流行的批判性思维教学方法。已有研究表明，积极的和以学生为中心的教学策略，如结对或小组活动、讨论、角色扮演、案例研究和思维导图等，对于促进批判性思维的发展是有效的（Brown，Afflerbach，Croninger，2014）。然而，在传统的教学模式中，教师的大部分课堂时间都必须用于讲课，因此难以在课堂上大量使用这些策略。翻转课堂具有促进批判性思维发展的重要潜力（Alsulami，2016），这种方法使教师能够腾出课堂时间，采用以学生为中心的教学策略（Bergmann，Sams，2012a）。由于课堂内容得到了前置，传统课堂上的讲授内容被"翻转"出去，教师不必花时间讲授基本知识，而是可以在课堂上更多地观察、指导和帮助学生（Missildine，Fountain，Summers，et al.，2013；Prokhorova，Lebedeva，Egorov，et al.，2021）。学生对知识的被动学习任务被转移到课堂之外，课堂时间被用于以学生为中心的学习活动，旨在通过广泛的互动、参与、协作学习和反馈来帮助学生构建知识（Bergmann，Sams，2012b；Lai，Lin，Yueh，2020）。

已有关于翻转课堂的实证研究证明了其对批判性思维培养的有效性。一项探讨翻转课堂对批判性思维有效性的实验研究结果表明，翻转课堂对于促进学生批判性思维的发展是有效的（Chang，Panjaburee，Lin，et al.，2022）。还有研究表明，翻转课堂显著提高了语言学习学生的批判性思维（Etemadfar，Soozandehfar，Namaziandost，2020）。一项考察批判性思维翻转课程对大学生批判性思维技能影响的研究表明，这类课程的课前部分应包括明确教授批判性思维的视频，同时设置在线测试等，以使学生获得即时反馈，课堂活动应侧重于批判性思维技能的应用练习，这样的批判性思维翻转课堂能显著提高学生的批判性思维技能（Smith，Rama，Helms，et al.，2018）。一项旨在探讨翻转课堂和传统课堂教学对大学生批判性思维技能影响的研究结果表明，批判性思维翻转课堂教学比传统课堂教学更能促进大学生批判性思维技能的发展（Asmara，Kusumaningrum，Wulansari，2019）。同样，一项旨在比较课堂授课和翻转课堂对大学生批判性思维倾向影响的研究表明，翻转课堂比课堂授课更能促进大学生批判性思维倾向水平的提高（Dehghanzadeh，Jafaraghaee，2018）。还有其他研究也得出了翻转课堂对批判性思维的发展有积极影响的结论（Al-Zoubi，Suleiman，2021；DeRuisseau，2016）。

与已有研究结果一致，本书第五章的研究结果也表明翻转课堂能够促进批判性思维的发展。由于对在线学习的需求不断增加（Tathahira，2020；Phirangee，Demmans，Hewitt，2016），如今的高等教育系统发生了巨大的变化（Astleitner，2002；Goodsett，2020）。随着数字技术的快速发展，不同阶段的教育，特别是高等教育，已经从传统的课堂教学环境转向了数字化教学环境（Saadé，Morin，Thomas，2012）。在线和混合学习环境在不同学科的高等教育中被广泛使用，这些学习环境也可以用来促进批判性思维的发展。翻转课堂具有促进批判性思维发展的作用（Alsulami，2016；Boucher，Robertson，Wainner，et al.，2013），因为在翻转的学习环境中，基础知识的教学主要在课前进行（Bergmann，Sams，2012a），而在课堂上，教师则通过采取积极的、以学生为中心的教学策略（Shyr，Chen，2018），以促进学生批判性思维的发展（Brown，Afflerbach，Croninger，2014），学生也可以在课堂上，在教师的指导下有效地利用批判性思维进行协作学习以及广泛的互动、反馈和讨论（Lai，Lin，Yueh，2020；Talbert，Bergmann，2017）。翻转课堂相较于单纯的在线学习和传统的课堂讲授具有更大的优势，因为翻转学习环境是在线教学和课堂教学相结合的学习环境，同时具备在线学习环境和课堂学习环境的长处。翻转环境的这种混合性质使其比在线学习更有利于促进批判性思维的发展，因为教师的指导和互动对于促进学生批判性思维的发展非常重要（Mathews，Lowe，2011），学生可以在教师的指导下进行结对学习或完成小组作业，通过合作和讨论以共同解决问题，从而实现师生之间和生生之间的有意义互动。

本研究结果表明，批判性思维翻转课堂教学有效地促进了学生批判性思维的发展，这一优势使得翻转课堂教学比传统课堂教学更有希望被用于发展学生的批判性思维。本书通过实证研究证明了使用翻转课堂的显性批判性思维教学可以提高大学生的批判性思维技能和倾向，丰富了高等教育中批判性思维有效教学模式的研究，强调了在批判性思维教学中使用在线技术的重要性。本研究为利用数字化教育培养学生的批判性思维提供了重要的实证证据。

第二节 批判性思维课程教学的展望

一、21 世纪能力与数字素养

在知识社会中，组织在全球经济中运作，其特点是激烈的竞争以及经济上的相互依存与合作。商品和服务已经实现全球化生产，特别是在制造业，成千上万的工作已经实现自动化（Anderson，2008；Levy，Murnane，2012）。此外，灵活的生产和服务支持系统使职场结构和功能发生了深刻的变化，如扁平化的管理结构、分散的决策、信息共享和任务合作团队、跨组织的网络和灵活的工作安排。信息通信技术的进步是促进经济快速发展的核心。

然而，尽管信息通信技术是创新的基础，但其本身并不能创造以知识为基础的经济。创新发端于人，这使得劳动力中的人力资本在生产中具有决定性作用（Kefela，2010；Lanvin，Kralik，2009；Lanvin，Passman，2008）。当前的工作场所需要具备高级技能的工作者面对日益复杂和需要沟通互动的任务，因此他们必须学会从大量的可用信息中选择有效的信息，不仅需要具有优越的知识储备，还需要具备相当的学习与应变能力，以不断发展自我，适应不断变化的工作要求（Aharony，Bronstein，2014；Carnevale，Smith，2013）。上述这些技能在 21 世纪变得至关重要，人们需要掌握它们才能进入劳动力市场，因此它们被称为"21 世纪能力"，同时这也表明它们与当前的经济和社会发展关系十分密切。

有学者提出，"数字素养"被认为是理解和使用来自各种数字来源的信息的能力。与以往关于计算机技术技能的观点不同，学者明确指出"数字素养是关于掌握思想，而不是敲击键盘"（Gilster，1998）。因此，数字素养不仅包括有效使用数字资源的能力，还包括信息管理、协作、沟通和共享、内容和知识的创造、道德和责任、评估和解决问题以及技术操作等（Ferrari，2012）。"21 世纪能力"的定义中也包括类似的观点，它包括协作、沟通、数字素养、公民意识、解决问题、批判性思维、创造力和生产力（Voogt，Roblin，2012）。21 世纪学习的发展趋势是，数字技术将改变传统学习，并调动新兴数字环境所需的技能。21世纪伙伴关系的概念框架列出了三种类型的技能：学习技能（包括创造力、批判性思维和解决问题、沟通和协作等）、读写技能（包括信息、媒体和信息通信技术素养等）和生活技能（包括灵活性和适应性、主动性和自我指导、社会和跨文化技能、生产力、责任感、领导力等）（Partnership for 21st Century Skills，2008）。其他团体和组织也提出了类似的框架。例如，《21世纪技能评估与教学》（Assessing and Teaching of 21st Century Skills）使用专家组评定的方法来定义21世纪的关键技能（Binkley，Erstad，Herman，et al.，2012），将21世纪能力进行如下分类：①思维能力，包括创造力和革新、批判性思维、解决问题和决策能力、元学习与元认知等；②工作能力，包括沟通、协作和团队合作等；③工具使用能力，包括信息素养、信息技术和传播素养等；④生活能力，包括生活和事业、个人和社会责任等。

随着全球知识社会的发展和信息通信技术的快速融合，就业市场的要求发生变化，个体必须掌握就业和参与社会所需的数字素养，即在数字环境中搜索和评估信息、解决问题、交流信息或开发创意等能力，这些能力能够为社会发展提供创新动力，因此，21世纪能力和数字素养被认为对于个人和组织来说都是至关重要和必不可少的。社会发展对个体提出的这些要求更多地关注识别和获取个人为积极有效地参与知识社会所需的能力（Ananiadou，Claro，2009）。由于21世纪能力和数字素质的重要性，有研究者引入了"21世纪数字素养"的概念，并得到了普遍认同，因为全球化和知识社会的高速发展使许多人认为，21世纪能力对于个体在职场中取得成功至关重要，信息通信技术是其发展的核心（Lewin，McNicol，2015）。值得注意的是，上述这些能力所构成的"21世纪能力"超越了以往人们对于"能力"概念的单纯理解，也区别于人们在工艺上对于"技术"的单纯注解。它是一个更具整合性的概念系统，对一个人如何思考、解决问题和学习，以及其在技术发达的社会中如何有效发挥自身作用有更大的影响（Ahmad，Karim，Din，et al.，2013；Claro，Preiss，Martín，et al.，2012；Eshet-Alkalai，2004）。

综上所述，有学者（Van Laar，Van Deursen，Van Dijk，et al.，2017）认为"21世纪数字素养"包括如下方面：①掌握和应用信息通信技术来完成工作中的认知任务；②非技术性技能，不涉及特定软件程序的使用；③支持高阶思维过程的技能；④有利于员工持续学习的认知技能。具体而言，"21 世纪数字素养"可被视为一个由 7 项核心能力和 5 项背景能力组成的系统框架，其中，7 项核心能力包括技术、信息管理、沟通、协作、创造力、批判性思维和解决问题的能力；5 项背景能力包括道德意识、文化意识、灵活性、自我指导和终身学习。

二、人工智能与批判性思维教育

在人工智能时代，社会对个人能力和素质的要求越来越高。能力被理解为个体在解决问题过程中形成的知识、能力和技能、态度和价值观的整合。近年来，高等教育阶段的学生越来越多地受到批判性思维的训练，这不仅可以提高他们的专业技能，还可以提高他们作为未来全球社区成员的个人能力（Altuve，2010；Crenshaw，Hale，Harper，2011；Jusino，2003）。有学者认为（Halpern，1998，2014），在我们这个时代，无数的知识可以很容易地一键访问，重要的是培养学生成为批判性思维者和有效思维者。批判性思维还与元认知、动机、创造力等其他技能有密切关系，而这些技能被认为是 21 世纪学生在学习过程中、在未来职场就业中以及在未来个人的家庭生活中所需的关键技能（Moeti，Mgawi，Mealosi，2017）。因此，批判性思维并不是一个孤立的素质要求，而是能够影响学生个人发展的必备素质，在帮助学生成人成才方面起到重要作用。

以 ChatGPT 为代表的人工智能在社会生产、生活、学习等方面正在产生深远的影响，ChatGPT 的普及程度呈指数级增长，同时，其使用过程中产生的学术诚信问题也日益凸显，这使得高等教育从业者必须思考，如何更合理地在高等教育中使用人工智能才能培养出符合人工智能时代要求的人才。因此，高等教育从业者能够认识到在学术环境中使用技术的潜在好处和缺点是至关重要的。

ChatGPT 是一种深度学习模型，它使用人工智能模型，旨在模仿人类大脑通过相互连接的神经元处理信息的方式，即神经网络，其功能是生成自然语言文本以回答给定的问题。该模型使用 Transformer 架构技术，能够处理大量的信息，并基于简单的甚至简短的、模糊的或模棱两可的信息，实时地生成大量连贯的和有信息的文本。

ChatGPT 在教学领域具备许多明显的优势。第一，ChatGPT 可以针对学生提出的问题提供即时响应，涵盖广泛的主题、内容和信息，有助于促进学生对复杂概念的掌握和理解。第二，ChatGPT 具备处理和分析大量信息的能力，这为学生提供了独特的机会，可以使他们立即获得问题的答案，并迅速被引导到相关资源上，这种功能有助于学生快速访问和利用信息，节省宝贵的时间和精力，还可以大大加深学生的学习体验，从而提高学习效率。第三，ChatGPT 能够辅助写作，其最显著的特性是，它在生成高质量书面写作方面具有高效率和有效性的优势。它可以快速解释文本，产生想法和大纲，扩展和阐述相关概念，为学生组织想法提供结构性框架，并生成精心设计的介绍和结论，从而有助于提高学生的写作能力。第四，ChatGPT 能够提供研究支持，通过为学生提供各种感兴趣主题的相关信息和数据，帮助学生进行研究工作。它可以对以往的研究进行全面总结，有效地生成与主题相关的关键资源，并为进一步的研究提供建议，这种支持使学生能够有效地扩展他们的知识范围和加深他们对感兴趣主题的理解。第五，ChatGPT 能够帮助学生高效率地准备考试。它能够生成大纲、学习指南和学习问题等，可以为培养学生的批判性思维和推理能力提供开放式问题，并为每个问题提供详细的基本原理层面的回答，还可以产生带有正确答案和相关原理的多项选择题。这些功能对学生来说非常有价值的，可以帮助他们加深对学习材料的理解，更好地为考试做准备，此外，它还可以作为教师创建教学指南和考试问题的非常有用的资源。第六，ChatGPT 还是一个强大的校对和编辑工具。它可以有效地识别和纠正语法错误，包括不通顺的句子结构、生硬的句法、拼写或标点错误等。此外，它还可以帮助学生指出写作文章中的不合适词汇，同时提供替代措辞，并帮助学生在写作中保持一致的语气和风格。第七，ChatGPT 使用复杂的算法进行关键字提取、句子评分、文本压缩和高级语言理解等，能够对冗长文章、文本或文档生成简洁而全面的摘要，这对于需要快速浏览大量材料的学生来说是一个有用的工具。总的来说，ChatGPT 是一个非常方便和有价值的工具，有助于提高学生的写作质量和能力。

与此同时，ChatGPT 还具备一些显而易见的缺点。第一，在准确性方面，虽然 ChatGPT 具备高效率和节省时间的优点，但它的一个重要限制是其准确性相对不高。ChatGPT 能够生成参考文献或文本引用，而且生成的文本对于不具备相关知识背景的读者来说可能看起来比较权威，但其中的信息可能是不准确的、过时的，甚至是捏造的，有学者发现其引用的大多数资源都是无效的，并且在交叉引用文献时也无法检索到（Sun，Hoelscher，2023）。因此，在可信度和准确性至关重要的学术环境中，这个缺点尤其令人担忧。第二，在上下文理解方面，虽然ChatGPT的优势在于它能够通过分析大量信息和高级模式识别功能轻松生成答案，但是，它可能并不总是能依据足够的上下文来完全理解问题的细微差别或提供一个完全准确的答案。第三，在考试问题生成方面，虽然ChatGPT可以生成较为简单的知识型的选择题，并为更复杂的问题提供详细的答案，但实际上它在生成高级的批判性思维类型的选择题方面的能力似乎非常有限。第四，ChatGPT可能会有偏见，这主要源于它无法对所使用的数据进行甄别，如果原始数据存在偏差，ChatGPT的回答和输出很可能会继续保留这些偏差，这会产生重大伦理问题，因为数据方面的偏差会显著影响ChatGPT等这类人工智能程序的性能、输出和准确性。关于人工智能中的偏见问题，有越来越多的证据和文献研究表明（Leavy，O'Sullivan，Siapera，2020；Celi，Cellini，Charpignon，et al.，2022），人工智能算法可以延续和放大现有的偏见。第五，缺乏个人反思，ChatGPT是一种语言模型，经过一定的训练，可以根据算法、模型和数据中的关系生成相应文本，因此它不具有个人经验或情感，不能提供基于个人经历或情感的反思或观点。第六，可能导致远程教育中的考试作弊。ChatGPT的优势之一是能够帮助学生进行考试准备和生成相关的学习材料，这引起了远程教育项目学习者的关注，参与这些项目的学生可以很容易地访问ChatGPT，而当前的远程考试监考系统可能不容易检测到这一点。

综上所述，ChatGPT是一个有价值的学习工具，但它也引起了人们对潜在的学术不端行为的担忧，比如，学生可能会利用ChatGPT生成自己的论文摘要，而绕过了自己通过实际思考撰写摘要的流程。随着有关学生在论文和考试中作弊的报道呈指数级增长，这一问题引发了学术界关于ChatGPT对教育影响的激烈讨论。不可否认，ChatGPT是一种较为先进的语言模型，能够通过提升学生与技术互动的方式，为学生提供快速、方便的信息获取渠道，同时，它的易用性、高效性和基于文本生成信息的能力，使其成为学生学习过程中极有价值的工具，有助于提高学生基于文本生成信息的能力。人工智能技术在教育领域的应用引发了伦理反思，主要体现在学术诚信维护与教育目标实现两个层面。首先，学生借助生成式人工智能完成作业或辅助考试，这种技术便利性客观上为学术不端行为提供了新型工具，已构成对学术伦理规范的现实冲击。当前，人工智能在应对高阶思维评估时呈现显著局限性，其生成复杂推理题与批判性思维题的能力尚未成熟，究其根源，这类问题求解不仅需要多维度的知识关联，更依赖对学科本质的深度理解及情境化的问题解决策略，这对算法架构的知识表征能力和逻辑推演机制提出了更高要求。此外，更深层的教育风险在于认知能力发展层面，过度依赖人工智能可能导致学生陷入"技术舒适区"，使学生的原创思维能力逐渐弱化，自主学习动机逐渐衰减，批判性思维发展受到阻滞。

为了避免上述风险，教师必须为学生提供规范的、符合道德伦理要求的 ChatGTP 使用指导，必须教会学生如何批判性地评估从 ChatGPT 或其他来源获得的信息，以便使他们在学术和职业生涯中做出明智的决定。为了达成以上目标，教师在批判性思维教学中应该注意以下几个方面。

1）教师应该设计需要复杂思考、全面背景信息和自主学习的作业，以减少学生对 ChatGPT 的依赖性。这时，基于问题的教学设计就非常适用，比如，教师可以创建一个给定的案例场景，要求学生通过讨论与分析提供具体和个性化的回答。同时，将整个班级限制在一个单一的案例场景中，可以防止学生完全依赖 ChatGPT 生成的重复回答，从而有助于培养学生的独立思考能力和创造力。

2）教师可以设计能够促进学生进行口头表达的作业，如同步演示、现场讨论、面对面或在线辩论，或者是以视觉或多媒体元素为重点的作业，如影片或图像等，并要求学生进行广泛的反思、讨论、分析和解释。这将最大限度地降低学生对 ChatGPT 的过度依赖。

3）教师可以使用模拟场景法来评估和测试学生在真实的实时、实践环境中对某一问题的评估、判断和解决能力，这种方法能够促进学生主动、积极地运用自身所学的知识和技能，有助于培养学生在真实世界中运用批判性思维解决实际问题的能力。

4）教师可以设计要求学生结合协作、沟通、团队合作和解决问题技能的综合运用来完成的作业。这种类型的作业能够促使学生一起讨论和分享观点，互相学习，从而有助于培养学生的沟通能力和团队协作能力。

总之，为了尽量降低学生对 ChatGPT 的依赖性，教师在布置作业和设计考试题目时，应该将重点放在考察学生解决复杂问题、深刻反思、协同协作、独立思考和自主学习等方面。此外，至关重要的是，教师自身应熟悉生成式人工智能工具的工作程序及其功能和局限性，以尽量减少对这类工具的不当使用，有效地将其作为一种辅助教学策略，同时具备更准确地评估学生的能力。

　　基于上述 21 世纪数字素养对人才培养提出的新要求，以及人工智能技术发展对人才培养提出的新挑战，我们不难看出，高等教育在人才培养中的重要抓手是批判性思维的培养，其主要实现途径是改革教学和学习实践，以确保学生在课堂上掌握 21 世纪所需的技能，从而为未来的工作和生活做好充分的准备。

参 考 文 献

白益民. 2000. 高成效教师行为特征研究. 教育研究与实验,（4）: 31-37.

暴占光, 张向葵. 2005. 自我决定认知动机理论研究概述. 东北师大学报,（6）: 141-146.

蔡慧英, 顾小清. 2015. 协作问题解决学习中支架学习任务和团体认知的设计研究. 开放教育研究, 21（4）: 81-88.

曹砚辉. 2016. 大学生批判性思维的培养. 教育与职业,（15）: 118-120.

陈晨, 张英, 刘嘉, 等. 2018. 多巴胺系统基因对注意网络的调控作用. 心理科学, 41（1）: 24-30.

陈俊, 刘海燕, 张积家. 2007. Stroop 效应研究的新进展——理论、范式及影响因素. 心理科学,（2）: 390, 415-418.

陈梅芬. 2017. 大规模在线课程用户体验与学习动机的关系研究. 博士学位论文, 华中师范大学.

陈启佳, 李雪梅, 李丹丹, 等. 2023. BOPPPS-CDIO 相结合教学模式在"食品专业综合实验"课程中的教学改革与实践. 食品与发酵工业, 49（15）: 351-356.

陈倩. 2009. 高校研究生学术批判思维的训练策略研究. 硕士学位论文, 西南大学.

陈晓端, 马建华. 2006. 试析新课程标准指导下有效教学行为的基本特征. 教育科学研究,（2）: 5-8.

陈亚平. 2016. 教师提问与学习者批判性思维能力的培养. 外语与外语教学,（2）: 87-96, 146-147.

陈振华. 2014. 批判性思维培养的模式之争及其启示. 高等教育研究, 35（9）: 56-63.

丛立新. 2008. 讲授法的合理与合法. 教育研究, 29（7）: 64-72.

戴维·希契柯克, 张亦凡, 周文慧. 2012. 批判性思维教育理念. 高等教育研究, 33（11）: 54-63.

邓羽洋, 潘煜静, 张悦歆, 等. 2023. 视障儿童和普通儿童合作体育活动中的脑间同步——一项基于近红外功能成像的超扫描研究. 现代特殊教育,（16）: 9-17.

丁辉, 贺善侃, 张士运. 2010. 创新思维理论与实践研究. 北京: 华龄出版社.

丁继红. 2023. 多模态协作学习分析理论模型、实践逻辑和教育价值. 远程教育杂志，41（2）：95-104.

丁静. 2013. 三本院校大学生批判性思维倾向和英语阅读理解的相关性研究. 硕士学位论文，安徽大学.

董桂伟，赵国群，管延锦，等. 2020. 基于雨课堂和BOPPPS模型的有效教学模式探索——以"材料物理化学"课程为例. 高等工程教育研究，（5）：176-182.

董毓. 2010. 批判性思维原理和方法——走向新的认知和实践. 北京：高等教育出版社.

董毓. 2014. 我们应该教什么样的批判性思维课程. 工业和信息化教育，（3）：36-42，77.

董毓. 2017a. 批判性思维原理和方法——走向新的认知和实践. 北京：高等教育出版社.

董毓. 2017b. 批判性思维的探究本质和对创新的作用. 工业和信息化教育，（5）：27-36.

董毓. 2019. 批判性思维十讲：从探究实证到开放创造. 上海：上海教育出版社.

杜健，加藤和生，小林美绪. 2020. 自我决定理论基本心理需要满足量表中文版在大学生中的信效度检验. 中国健康心理学杂志，28（2）：218-221.

杜萍，陈雪梅，张丽. 2013. 练习对大脑功能变化的影响及其意义. 心理学进展，3（6）：340-345.

杜永明，冀国锋. 1999. 大学生学习动机与学习成绩关系的探讨. 交通高教研究，（1）：30-32，46.

范伟，钟毅平. 2013. 自我参照加工的程度效应及其研究展望. 湖南科技大学学报（社会科学版），16（6）：131-135.

范勇，刘亚芳. 2022. 何种教学策略更有效——来自中国教育追踪调查的经验证据. 中国人民大学教育学刊，（3）：151-165.

方海光，高辰柱，陈佳. 2012. 改进型弗兰德斯互动分析系统及其应用. 中国电化教育，（10）：109-113.

冯沁雪，马莉萍. 2022. 讲授、讨论还是互动——教学方式对初中生学业成绩的异质性影响. 湖南师范大学教育科学学报，21（5）：90-100.

冯向东. 2021. 思维的批判性与大学的批判性思维教育. 高等教育研究，42（3）：17-24.

冯艳. 2012. 论批判性思维与创新的关系. 燕山大学学报（哲学社会科学版），13（4）：22-25.

冯永辉. 2005. 国内近十年来内隐研究综述. 湖南师范大学教育科学学报，（3）：105-112.

冯咏薇. 2019. 智能互联技术+BOPPPS模式下的广告专业教学模式研究——以"广告文案"实训课为例. 传媒，（8）：79-82.

高雪升，马莉萍. 2022. 大学创业教育中体验式教学模式新探：以自我决定理论为工具. 河北大学学报（哲学社会科学版），47（6）：99-109.

高原. 2002. 功能性磁共振成像（fMRI）在视觉注意（visual attention）研究中的应用. 内蒙古师范大学学报（哲学社会科学版），（5）：16-20.

葛缨，何向东，吕进. 2006. 大学生逻辑思维能力与创造力倾向关系的研究. 青年探索，(4)：50-52.

耿婕. 2017. 高校教育模式对创造力的影响——以苏州大学和西交利物浦大学为例. 课程教育研究，(24)：3-4.

谷羽，刘芝庆，谷木荣. 2021. 以辩论游戏提升大学生批判性思维能力——以新闻传播学课堂实践为例. 高教发展与评估，37（2）：105-114，120.

谷振诣. 2021. 图尔明模型与正反正框架. 中国社会科学院研究生院学报，(2)：38-48.

郭娜娜，吴国榕，毕明华，等. 2018. 努力控制及其神经基础. 心理科学，41（3）：546-552.

郝宁. 2013. 创造力的神经机制及其教育隐意. 全球教育展望，42（2）：63-73.

贺善侃. 2004. 批判性思维和认知活动. 东华大学学报（社会科学版），(4)：13-18.

黄甫全，王本陆. 2003. 现代教学论学程（修订版）. 北京：教育科学出版社.

黄丽苹，谢宇，马伟娜. 2016. 大学生批判性思维、自我效能感与学业成就的关系研究. 杭州师范大学学报（自然科学版），15（2）：124-129.

加里・D. 鲍里奇. 2002. 有效教学方法（易东平，译）. 南京：江苏教育出版社.

金鑫，李良军，杜静，等. 2022. 基于 BOPPPS 模型的教学创新设计——以“机械设计”课程为例. 高等工程教育研究，(6)：19-24.

雷洪德，刘水君. 2018. 文科硕士生批判性思维倾向的现状及其改进——以 H 大学为例的调查研究. 研究生教育研究，(2)：48-53.

冷静，路晓旭. 2020. 批判性思维真的可教吗？——基于 79 篇实验或准实验研究的元分析. 开放教育研究，26（6）：110-118.

李成齐，范冠冠. 2014. 师范生批判性思维能力及其与自尊的关系. 教育教学论坛，(8)：156-157.

李庆艳. 2006. 批判性思维特质研究综述. 成都教育学院学报，(1)：111-112，128.

李瑞芬，崔影，张晨怡，等. 2018. 大学生认知需求与批判性思维的关系：基于工作动机的中介作用. 第二十一届全国心理学学术会议，北京.

李文辉，蒋重清，李婵，等. 2015. 人脑加工自我参照任务的时空特点：来自 ERP 的证据. 心理学探新，35（2）：147-152.

李秀丽，王雪杰，段元东，等. 2023. 抑郁症患者冷、热认知功能研究进展. 心理月刊，18（20）：218-221.

李迎新，侍禹廷. 2020. 大学英语 PBL 模式教学对培养本科生批判性思维能力的有效性实验研究. 高教探索，(7)：73-79.

李媛媛，潘亚峰. 2022. 为何要循循善诱？教学策略影响师生脑间同步. 大众心理学，(7)：30，48.

连莲. 2013. 国外问题式学习教学模式述评. 福建师范大学学报（哲学社会科学版），(4)：126-

133.

梁慧云, 吕林海. 2019. "拔尖计划"学生学习动机、学习参与与批判性思维的关系研究. 教学研究, 42（2）: 1-8.

林崇德. 1999. 培养和造就高素质的创造性人才. 北京师范大学学报（社会科学版）,（1）: 5-13.

林崇德. 2000. 创造性人才・创造性教育・创造性学习. 中国教育学刊,（1）: 5-8.

林崇德. 2002. 教育与发展: 创新人才的心理学整合研究. 北京: 北京师范大学出版社.

林崇德. 2010. 创造性人才特征与教育模式再构. 中国教育学刊,（6）: 1-4.

林幸台, 王木荣. 1999. 威廉斯创造力测验. 台北: 心理出版社.

刘宝存. 2004. 美国研究型大学基于问题的学习模式. 中国高教研究,（10）: 60-62.

刘春晖. 2015. 大学生信息素养与创造性问题提出能力的关系——批判性思维倾向的调节效应. 北京师范大学学报（社会科学版）,（1）: 55-61.

刘航, 金利民. 2012. 英语辩论与大学生批判性思维发展的实证研究. 外语与外语教学,（5）: 24-28.

刘加柱, 王诗雨, 余光武. 2022. 语言与音乐关系认知神经研究述评. 解放军外国语学院学报, 45（6）: 58-65.

刘进军, 陈代春. 2021. 基于 BOPPPS 模型的信息素养课程有效教学模式研究. 图书馆学研究,（8）: 10-14.

刘丽虹, 张积家. 2010. 动机的自我决定理论及其应用. 华南师范大学学报（社会科学版）,（4）: 53-59.

刘美凤, 康翠, 董丽丽. 2018. 教学设计研究: 学科的视角. 北京: 北京师范大学出版社.

刘儒德. 2000. 论批判性思维的意义和内涵. 高等师范教育研究, 12（1）: 56-61.

刘晓玲, 黎娅玲. 2015. 岳麓书院批判性思维培养途径及其现代意义. 现代大学教育,（3）: 93-97.

刘晓陵, 刘路, 邱燕霞, 等. 2016. 威廉斯创造力测验的信效度检验. 基础教育, 13（3）: 51-58.

刘义, 赵炬明. 2010. 大学生批判性思维倾向的现状调查——以一所地方综合性大学为例. 高等工程教育研究,（1）: 81-85.

卢忠耀, 陈建文. 2017. 大学生批判性思维倾向与学习投入: 成就目标定向、学业自我效能的中介作用. 高等教育研究, 38（7）: 69-77.

罗伯特・恩尼斯, 仲海霞. 2014. 批判性思维: 反思与展望. 工业和信息化教育,（3）: 16-35, 85.

罗良. 2010. 认知神经科学视角下的创造力研究. 北京师范大学学报（社会科学版）,（1）: 57-64.

罗清旭. 2000. 论大学生批判性思维的培养. 清华大学教育研究,（4）: 81-85.

罗清旭. 2001. 批判性思维的结构、培养模式及存在的问题. 广西民族学院学报（自然科学版）, 7（3）：215-218.

罗清旭. 2002. 批判性思维理论及其测评技术研究. 博士学位论文, 南京师范大学.

罗清旭, 杨鑫辉. 2001.《加利福尼亚批判性思维倾向问卷》中文版的初步修订. 心理发展与教育, 17（3）：47-51.

罗清旭, 杨鑫辉. 2002.《加利福尼亚批判性思维技能测验》的初步修订. 心理科学,（6）：740-741.

马利红, 魏锐, 刘坚, 等. 2020. 审辨思维：21 世纪核心素养 5C 模型之二. 华东师范大学学报（教育科学版）, 38（2）：45-56.

马蓉, 秦晓晴. 2016. 英语专业大学生的批判性思维倾向特征研究. 西安外国语大学学报, 24（4）：60-63.

毛齐明, 王莉娟, 代薇. 2019. 高校翻转课堂的实践反思与超越路径. 高等教育研究, 40（12）：75-80.

庞维国. 2002. 论研究性学习. 山东教育科研,（1）：16-18, 22.

庞雅琴, 周敏, 李阳, 等. 2012. 少数民族边远地区医学院校本科生批判性思维能力的调查. 中国校医, 26（2）：84-86.

彭美慈, 汪国成, 陈基乐, 等. 2004. 批判性思维能力测量表的信效度测试研究. 中华护理杂志, 39（9）：644-647.

强瑞超. 2016. 批判性思维倾向对高中生科学创造力的影响：创意自我效能感的中介作用. 硕士学位论文, 山西师范大学.

任长松. 2014. 如何在探究活动中发展学生的批判性思维. 课程·教材·教法, 34（11）：52-56.

任学柱, 刘欣悦, 王腾飞. 2023. 高等学校批判性思维教学研究：方法、评估和效果. 高等工程教育研究,（5）：158-165.

申继亮, 王鑫, 师保国. 2005. 青少年创造性倾向的结构与发展特征研究. 心理发展与教育, 21（4）：28-33.

沈汪兵, 刘昌, 陈晶晶. 2010. 创造力的脑结构与脑功能基础. 心理科学进展, 18（9）：1420-1429.

宋洁, 平凡, 佘瑞琴, 等. 2017. 高低批判性思维倾向个体在判断类词汇 Stroop 效应上的差异. 中国临床心理学杂志, 25（1）：25-27.

苏倩. 2018. 高中生认识信念、认知需求与批判性思维倾向的关系研究. 硕士学位论文, 聊城大学.

孙宏志. 2023. 技术丰富课堂环境下高中语文高阶思维发展机制研究. 博士学位论文, 东北师范大学.

孙天山. 2014. 指向"基于问题的学习（PBL）"模式的思考与实践. 教育理论与实践, 34（26）：53-55.

唐清波. 2021. 图形维度对使用者心理负荷的影响——一项基于 fNIRS 的研究. 硕士学位论文, 天津师范大学.

陶威, 沈红. 2022. 批判性思维可教的涵义及实现. 教育理论与实践, 42 (10): 51-57.

滕静, 沈汪兵, 郝宁. 2018. 认知控制在发散性思维中的作用. 心理科学进展, 26 (3): 411-422.

田社平, 王力娟, 邱意弘. 2018. 问题式教学法对工科大学生批判性思维倾向影响的实证研究. 高等工程教育研究, (6): 156-160.

汪茂华. 2018. 高阶思维能力评价研究. 博士学位论文, 华东师范大学.

汪维富, 毛美娟. 2021. 超越工具理性: 促进学习分析研究成熟的发展进路. 现代教育技术, 31 (12): 35-41.

王勃然, 王姝阳. 2018. 中国大学生的批判性思维倾向研究——一项基于性别和学科的对比分析. 华北电力大学学报 (社会科学版), (1): 127-134.

王宏坡, 田江艳. 2018. BOPPPS 教学模型对大学新教师课堂教学的启示. 教育教学论坛, (20): 210-211.

王丽霞. 2017. 分裂型人格个体的创造性思维特征及其认知机制. 硕士学位论文, 华东师范大学.

王玲娜, 王媛. 2013. 开展英语辩论教学 培养学生的批判性思维能力. 教学与管理, (3): 101-102.

王婷婷, 庞维国. 2009. 自我决定理论对学生学习自主学习能力培养的启示. 全球教育展望, 38 (11): 40-43.

王晓霞, 孙笑笑, 黄天昊, 等. 2018. 医学院校学生批判性思维倾向性量表编制及信效度分析. 卫生职业教育, 36 (3): 124-127.

王迎超, 耿凡, 靖洪文. 2015. 高校研究生批判性思维倾向调查与统计分析. 煤炭高等教育, 33 (3): 61-64.

王钰, 孙延林, 戴群, 等. 2020. 自我决定理论视域下运动心理学课程思政改革创新研究. 天津体育学院学报, 35 (1): 17-22.

王占军. 2023. 一流学科教师参与知识转化的动机: 基于自我决定理论的研究. 教育学报, 19 (6): 115-126.

吴援明, 肖华. 2008. "分组讨论式教学法" 的实践与思考. 高教论坛, (3): 58-59, 73.

武宏志. 2004. 论批判性思维. 广州大学学报 (社会科学版), (11): 10-16.

武宏志. 2016. 关于批判性思维教学的若干问题. 工业和信息化教育, (6): 40-47.

熊明辉. 2014. 批创思维的实践与理论. 华中科技大学学报 (社会科学版), 28 (4): 126-131.

徐英俊, 曲艺. 2011. 教学设计: 原理与技术. 北京: 教育科学出版社.

徐展, 张庆林, Sternberg J R. 2004. 创造性智力的验证性因素分析. 心理科学, 27 (5): 1103-1106.

杨炯炯，翁旭初，管林初，等.2002. 额叶参与对新异联系的启动效应——来自脑损伤病人的证据. 心理学报，34（1）：36-42.

杨天地，王雪艳.2014. 探究式学习对学生英语批判性思维能力发展影响的实证研究. 科技创新导报，11（29）：215.

姚利民.2001. 国外对教学促进大学生批判性思维发展的研究及启示. 高等理科教育，（5）：18-21.

姚利民.2005. 论有效教学的多样性. 大学教育科学，（2）：38-41.

叶澜.1991. 新编教育学教程：教育学教程. 上海：华东师范大学出版社.

叶映华，尹艳梅.2019. 大学生批判性思维的认知特点及培养策略探析——基于小组合作探究的实证研究. 教育发展研究，（11）：66-74.

余党绪.2016. "二元思维"可能是个泥淖和陷阱. 教育研究与评论（中学教育教学），（5）：12-16.

俞树煜，王国华，聂胜欣，等.2015. 在线学习活动中促进批判性思维发展的问题解决学习活动模型研究. 电化教育研究，36（7）：35-41，72.

袁建琴，唐中伟，史宗勇，等.2023. 基于BOPPPS+翻转课堂的"蛋白质工程"线上线下混合式教学模式探索. 生物工程学报，39（7）：3037-3048.

袁源.2018. 高中生批判性思维能力与自尊的关系研究. 科教文汇（下旬刊），（2）：167-168.

约翰·杜威.1991. 我们怎样思维·经验与教育（姜文闵，译）. 北京：人民教育出版社.

约翰·W. 克雷斯维尔，薇姬·L. 查克.2017. 混合方法研究：设计与实施（游宇，陈福平，译）. 重庆：重庆大学出版社.

岳云帆，张珊珊，曹金凤，等.2018. 大学生批判性思维与认知风格、人际关系的关系. 文教资料，（20）：131-132，147.

曾金玲.2013. 大学生批判性思维现状及其与人格特质、成就目标的相关研究. 硕士学位论文，内蒙古师范大学.

曾小英.2016. 批判思维训练对创造性问题解决的影响. 硕士学位论文，西南大学.

张厚粲，王晓平.1989. 瑞文标准推理测验在我国的修订. 心理学报，21（2）：113-121.

张建勋，朱琳.2016. 基于BOPPPS模型的有效课堂教学设计. 职业技术教育，37（11）：25-28.

张剑，张微，宋亚辉.2011. 自我决定理论的发展及研究进展评述. 北京科技大学学报（社会科学版），27（4）：131-137.

张剑，张建兵，李跃，等.2010. 促进工作动机的有效路径：自我决定理论的观点. 心理科学进展，18（5）：752-759.

张丽娇，曹佳佳，曾天德.2012. 高校大学生创造性思维调查研究. 中国健康心理学杂志，20（9）：1419-1421.

张武升.1988. 关于教学模式的探讨. 教育研究，（7）：60-63.

张亚星，胡咏梅. 2014. 国外有效教学研究回顾及启示. 课程·教材·教法，34（12）：109-114.

张紫屏. 2015. 师生互动教学的困境与出路. 教育发展研究，35（6）：44-52.

赵国瑞. 2019. 批判性思维能力培养的核心要素分析——以协作式辩论教学为例. 基础教育课程，（11）：40-43.

赵炬明. 2016. 论新三中心：概念与历史——美国 SC 本科教学改革研究之一. 高等工程教育研究，（3）：35-56.

赵蒙成. 2018. 研究生核心素养的框架与培养路径. 江苏高教，（2）：50-55.

赵千秋. 2012. 学校环境、创造性自我效能与初中生科学创造力的关系. 硕士学位论文，陕西师范大学.

赵燕梅，张正堂，刘宁，等. 2016. 自我决定理论的新发展述评. 管理学报，13（7）：1095-1104.

赵宇晗. 2015. 老年个体批判性思维倾向、开放性与认知能力的关系研究. 硕士学位论文，西南大学.

郑燕林，马芸. 2021. 基于 BOPPPS 模型的在线参与式教学实践. 高教探索，（10）：5-9.

周浩波，李凌霄. 2019. 高校教师工作满意度影响因素研究——基于 48 篇文献的 Nvivo 质性分析现代教育管理，（11）：69-73.

周林. 1985. 国外有关创造性特点的研究. 外国心理学，（4）：19-20，25.

左洪亮. 2004. 努力培养大学生的批判性思维能力. 江苏高教，（6）：93-94.

Abraham A，Beudt S，Ott D，et al. 2012. Creative cognition and the brain：Dissociations between frontal，parietal-temporal and basal Ganglia groups. Brain Research，1482（2）：55-70.

Abrami P C，Bernard R M，Borokhovski E，et al. 2008. Instructional interventions affecting critical thinking skills and dispositions：A stage 1 meta-analysis. Review of Educational Research，78（4）：1102-1134.

Abrami P C，Bernard R M，Borokhovski E，et al. 2015. Strategies for teaching students to think critically：A meta-analysis. Review of Educational Research，85（2）：275-314.

Acharaya C，Ojha D，Gokhale R，et al. 2022. Managing information for innovation using knowledge integration capability：The role of boundary spanning objects. International Journal of Information Management，62：102438.

Ackoff R. 1989. From data to wisdom. Journal of Applied Systems Analysis，16（1）：3-9.

Adie J W，Duda J L，Ntoumanis N. 2008. Autonomy support，basic need satisfaction and the optimal functioning of adult male and female sport participants：A test of basic needs theory Motivation and Emotion，32（3）：189-199.

Aharony N，Bronstein，J. 2014. Academic librarians' perceptions on information literacy：The Israeli perspective. Portal：Libraries and the Academy，14（1）：103-119.

Ahmad M, Karim A A, Din R, et al. 2013. Assessing ICT competencies among postgraduate students based on the 21st century ICT competency model. Asian Social Science, 9（16）: 32-39.

Albanese M A, Mitchell S. 1993. Problem-based learning: A review of literature on its outcomes and implementation issues. Academic Medicine, 68（1）: 52-81.

Alfieri L, Brooks P J, Aldrich N J, et al. 2011. Does discovery-based instruction enhance learning? Journal of Educational Psychology, 103（1）: 1-18.

Al-Husban N A. 2020. Critical thinking skills in asynchronous discussion forums: A case study. International Journal of Technology in Education, 3（2）: 82-91.

Alsulami S. 2016. The effects of technology on learning English as a foreign language among female EFL students at Effatt college: An exploratory study. Studies in Literature and Language, 12（4）: 1-16.

Altuve J G. 2010. El pensamiento crítico y su inserción en la educación superior. Actualidad Contable Faces, 13（20）: 5-18.

Al-Zoubi A M, Suleiman L M. 2021. Flipped classroom strategy based on critical thinking skills: Helping fresh female students acquiring derivative concept. International Journal of Instruction, 14（2）: 791-810.

Amabile T M. 1982. Social Psychology of creativity: A consensual assessment technique. Journal of Personality and Social Psychology, 43（5）: 997-1013.

Amabile T M, Gryskiewicz S S. 1987. Creativity in the R & D Laboratory Technical Report. Greensboro: Center for Creative Leadership.

Amabile T M, Barsade S G, Mueller J S, et al. 2005. Affect and creativity at work. Administrative Science Quarterly, 50（3）: 367-403.

Ambituuni A, Azizsafaei F, Keegan A. 2021. HRM operational models and practices to enable strategic agility in PBOs: Managing paradoxical tensions. Journal of Business Research, 133: 170-182.

Ananiadou K, Claro M. 2009. 21st Century Skills and Competences for New Millennium Learners in OECD Countries. Paris: OECD Publishing.

Anderson R C. 2018. Creative engagement: Embodied metaphor, the affective brain, and meaningful learning. Mind, Brain, and Education, 12（2）: 72-81.

Anderson R E. 2008. Implications of the information and knowledge society for education. In J Voogt & G Knezek（Eds.）, International Handbook of Information Technology in Primary and Secondary Education. New York: Springer: 5-22.

Anta Z E, Barrón C O I. 2018. El desarrollo del pensamiento crítico en la formación inicial del profesorado: Análisis de una estrategia pedagógica desde la visión del alumnado. Profesorado,

Revista de Currículum y Formación del Profesorado，22（1）：197-214.

Antonietti A. 2001. Problem based learning—A research perspective on learning interactions. British Journal of Educatioal Psychology，71：344-346.

Apps M A J，Rushworth M F S，Chang S W C. 2016. The anterior cingulate gyrus and social cognition：Tracking the motivation of others. Neuron，90（4）：692-707.

Arden R，Chavez R S，Grazioplene R，et al. 2010. Neuroimaging creativity：A psychometric view. Behavioural Brain Research，214（2）：143-156.

Arviana R，Irwan，Dewi M P. 2018. Problem based learning in mathematics education and its effect on student's critical thinking. Advanced Science Letters，24（1）：211-213.

Asher D，Popper M. 2021. Eliciting tacit knowledge in professions based on interpersonal interactions. The Learning Organization，28（6）：523-537.

Asmara R，Kusumaningrum W R，Wulansari A，et al. 2019. Measuring the effect of a flipped classroom model on critical thinking skills. Proceedings of the 2nd Workshop on Language，Literature and Society for Education. Solok：Indonesia.

Astleitner H. 2002. Teaching critical thinking online. Journal of Instructional Psychology，29（2）：53-76.

Aston-Jones G，Cohen J D. 2005. An integrative theory of locus coeruleus-norepinephrine function：Adaptive gain and optimal performance. Annual Review of Neuroscience，28（1）：403-450.

Ávila M M. 2022. Competitive advantage and knowledge absorptive capacity：The mediating role of innovative capability. Journal of the Knowledge Economy，13（1）：185-210.

Bachtold，L M，Werner E E. 1970. Personality profiles of gifted women：Psychologists. American Psychologist，25（3）：234-243.

Bachtold L M，Werner E E. 1973. Personality characteristics of creative women. Perceptual & Motor Skills，36（1）：311-319.

Bailin S. 1987. Critical and creative thinking. Informal Logic，34（1）：23-30.

Barbera E. 2006. Collaborative knowledge construction in highly structured virtual discussions. Quarterly Review of Distance Education，7（1）：1-12.

Bar-Haim Y D，Lamy，Glickman S. 2005. Attentional bias in anxiety：A behavioral and ERP study. Brain and Cognition，59（1）：11-22.

Barrows H S，Kelson M A. 1993. Problem-Based Learning：A Total Approach to Education. Springfield：Southern Illinois University Press.

Barrows H S，Tamblyn R M. 1980. Problem-Based Learning：An Approach to Medical Education. New York：Springer.

Bartholomew K J，Ntoumanis N，Ryan R M，et al. 2011. Self-determination theory and diminished functioning: The role of interpersonal control and psychological need thwarting. Personality and Social Psychology Bulletin, 37（11）: 1459-1473.

Beghetto R A. 2016. Creative learning: A fresh look. Journal of Cognitive Education and Psychology, 15: 6-23.

Bell R, Loon M. 2015. The impact of critical thinking disposition on learning using business simulations. International Journal of Management Education, 13（2）: 119-127.

Benedek M, Jauk E, Sommer M, et al. 2014. Intelligence, creativity, and cognitive control: The common and differential involvement of executive functions in intelligence and creativity. Intelligence, 46: 73-83.

Bennet A, Bennet D. 2008. Moving from knowledge to wisdom, from ordinary consciousness to extraordinary consciousness. Vine, 38（1）: 7-15.

Bergmann J, Sams A. 2012a. Flip Your Classroom: Reach Every Student in Every Class Every Day. Washington D.C.: International Society for Technology in Education.

Bergmann J, Sams A. 2012b. Before you flip, consider this. Phi Delta Kappan, 94（2）: 25.

Berlad I, Pratt H. 1995. P300 in response to the subject's own name. Electroencephalography & Clinical Neurophysiology, 96（5）: 472-474.

Bezanilla-Albisua M J, Fernández-Nogueira D, Poblete-Ruiz M, et al. 2019. Methodologies for teaching-learning critical thinking in higher education: The teacher's view. Thinking Skills and Creativity, 33: 100584.

Bezanilla-Albisua M J, Poblete-Ruiz M, Fernández-Nogueira D, et al. 2018. El pensamiento crítico desde la perspectiva de los docentes universitarios. Estudios Pedagógicos（Valdivia）, 44（1）: 89-113.

Bhadauria S, Singh V. 2022. Blending absorptive capacity with open innovation: A bibliometric review. Benchmarking: An International Journal, 30（4）: 1110-1136.

Binkley M, Erstad O, Herman J, et al. 2012. Defining twenty-first century skills. In P Griffin, B McGaw & E Care（Eds.）, Assessment and Teaching of 21st Century Skills: Methods and Approach. Dordrecht: Springer: 17-66.

Blake N, Masschelein J. 2003. Critical theory and critical pedagogy. In N Blake, P Smeyers & R Smith, et al.（Eds.）, The Blackwell Guide to the Philosophy of Education. Oxford: Blackwell Publishing: 38-56.

Bogard P. 2008. Let There be Night: Testimony on Behalf of the Dark. Reno: University of Nevada Press.

Bogen J E, Bogen G M. 1969. The other side of the brain: III. The corpus callosum and creativity. Bulletin of the Los Angeles Neurological Society, 34（4）: 191-220.

Borges，R. 2012. Tacit knowledge sharing between IT workers：The role of organizational culture，personality，and social environment. Management Research Review，36（1）：89-108.

Boucher B，Robertson E，Wainner R，et al. 2013. "Flipping" Texas State University's physical therapist musculoskeletal curriculum：Implementation of a hybrid learning model. Journal of Physical Therapy Education，27（3）：72-77.

Bourn D. 2018. Understanding Global Skills for 21st Century Professions. Cham：Palgrave Macmillan.

Božič K，Dimovski V. 2019. Business intelligence and analytics for value creation：The role of absorptive capacity. International Journal of Information Management，46：93-103.

Brachos D，Kostopoulos K，Soderquist K E，et al. 2007. Knowledge effectiveness，social context and innovation. Journal of Knowledge Management，11（5）：31-44.

Brown N J，Afflerbach P P，Croninger R G. 2014. Assessment of critical-analytic thinking. Educational Psychology Review，26（4）：543-560.

Bryans P. 2017. When professionals make mistakes：Gender implications and the management of learning In F Analoui（Ed.），The Changing Patterns of Human Resource Management. London：Routledge：243-258.

Buckner R L，Andrews-Hanna J，Schacter D L. 2008. The brain's default network. Annals of the New York Academy of Sciences，1124（1）：1-38.

Butera G，Friesen A，Palmer S B，et al. 2014. Integrating mathematics problem solving and critical thinking into the curriculum. Young Children，69（1）：70-77.

Cáceres M，Nussbaum M，Ortiz J. 2020. Integrating critical thinking into the classroom：A teacher's perspective. Thinking Skills and Creativity，37：100674.

Camisón C，Forés B. 2010. Knowledge absorptive capacity：New insights for its conceptualization and measurement. Journal of Business Research，63（7）：707-715.

Campanella S，Gaspard C，Debatisse D，et al. 2002. Discrimination of emotional facial expressions in a visual oddball task：An ERP study. Biological Psychology，59（3）：171-186.

Carlsson I，Wendt P E，Risberg J. 2000. On the neurobiology of creativity. Differences in frontal activity between high and low creative subjects. Neuropsychologia，38（6）：873-885.

Carnevale A P，Smith N. 2013. Workplace basics：The skills employees need and employers want. Human Resource Development International，16（5）：491-501.

Carretié L，Hinojosa J A，Martín-Loeches M，et al. 2004. Automatic attention to emotional stimuli：Neural correlates. Human Brain Mapping，22（4）：290-299.

Carroll D W，Keniston A H，Peden B F. 2009. Integrating critical thinking with course content. In D S Dunn，J S Halonen & R A Smith（Eds.），Teaching Critical Thinking in Psychology：A Handbook of Best Practices. New York：John Wiley & Sons：101-115.

Celi L, Cellini J, Charpignon M, et al. 2022. Sources of bias in artificial intelligence that perpetuate healthcare disparities—A global review. PLOS Digital Health, 2（3）: e0000022.

Chai W J, Abd Hamid A I, Abdullah J M. 2018. Working memory from the psychological and neurosciences perspectives: A Review. Frontiers in Psychology, 9: 401.

Chang C Y, Panjaburee P, Lin H C, et al. 2022. Effects of online strategies on students' learning performance, self-efficacy, self-regulation and critical thinking in university online courses. Educational Technology, Research and Development, 70: 185-204.

Chein J M, Schneider W. 2005. Neuroimaging studies of practice-related change: fMRI and meta-analytic evidence of a domain-general control network for learning. Cognitive Brain Research, 25（3）: 607-623.

Chen H, Nunes M B, Ragsdell G, et al. 2018. Extrinsic and intrinsic motivation for experience grounded tacit knowledge sharing in Chinese software organisations. Journal of Knowledge Management, 22（2）: 478-498.

Chen Q L, Beaty R E, Wei D, et al. 2018. Longitudinal alterations of frontoparietal and frontotemporal networks predict future creative cognitive ability. Cerebral Cortex, 28（1）: 103-115.

Chen Q L, Xu T, Yang W J, et al. 2015. Individual differences in verbal creative thinking are reflected in the precuneus. Neuropsychologia, 75: 441-449.

Chi M T H, Wylie R. 2014. The ICAP framework: Linking cognitive engagement to active learning outcomes. Educational Psychologist, 49（4）: 219-243.

Choi E, Lindquist R, Song Y. 2014. Effects of problem-based learning vs. traditional lecture on Korean nursing students' critical thinking, problem-solving, and self-directed learning. Nurse Education Today, 34（1）: 52-56.

Chou T L, Wu J J, Tsai C C. 2019. Research trends and features of critical thinking studies in e-learning environments: A review. Journal of Educational Computing Research, 57（4）: 1038-1077.

Christoff K, Irving Z C, Fox K C R, et al. 2016. Mind-wandering as spontaneous thought: A dynamic framework. Nature Reviews Neuroscience, 17（11）: 718-731.

Claro M, Preiss D D, Martín E S, et al. 2012. Assessment of 21st century ICT skills in Chile: Test design and results from high school level students. Computers & Education, 59（3）: 1042-1053.

Cobern W W, Schuster D, Adams B, et al. 2010. Experimental comparison of inquiry and direct instruction in science. Research in Science & Technological Education, 28（1）: 81-96.

Colliver J A. 2000. Effectiveness of problem-based learning curricula: Research and theory. Academic Medicine, 75（3）: 259-266.

Cortazar C, Nussbaum M, Harcha J, et al. 2021. Promoting critical thinking in an online, project-based course Computers in Human Behavior, 119: 106705.

Costa A L. 1991. Developing Minds: A Resource Book for Teaching. Alexandria: Association for Supervision and Curriculum Development.

Craft A, Chappell K, Twining P. 2008. Learners reconceptualising education: Widening participation through creative engagement? Innovations in Education & Teaching International, 45 (3): 235-245.

Crane L, Bontis N. 2014. Trouble with tacit: Developing a new perspective and approach. Journal of Knowledge Management, 18 (6): 1127-1140.

Crenshaw P, Hale E, Harper S. 2011. Producing intellectual labor in the classroom: The utilization of a critical thinking model to help students take command of their thinking. Journal of College Teaching & Learning, 8 (7): 13-26.

Csikszentmihalyi M, Nakamura J. 2010. Effortless attention in everyday life: A systematic phenomenology. In B Bruya (Ed.), Effortless Attention: A New Perspective in the Cognitive Science of Attention and Action. Cambridge: The MIT Press: 179-190.

Cuthbert B N, Schupp H T, Bradley M. 1998. Probing affective pictures: Attended startle and tone probes. Psychophysiology, 35 (3): 344-347.

Da Costa Carbogim F, Barbosa A C S, De Oliviera L B, et al. 2018. Educational intervention to improve critical thinking for undergraduate nursing students: A randomized clinical trial. Nurse Education in Practice, 33: 121-126.

Dahlin E B, Bäckman L, Neely A S, et al. 2009. Training of the executive component of working memory: Subcortical areas mediate transfer effects. Restorative Neurology & Neuroscience, 27 (5): 405-419.

Davies M, Barnett R. 2015. The Palgrave Handbook of Critical Thinking in Higher Education. New York: Palgrave Macmillan.

Davies R, Dean D, Ball N. 2013. Flipping the classroom and instructional technology integration in a college-level information systems spreadsheet course. Educational Technology Research and Development, 61 (4): 563-580.

De Corte E. 2000. Marrying theory building and the improvement of school practice: A permanent challenge for instructional psychology. Learning and Instruction, 10 (3): 249-266.

Deci E L, Ryan R M. 2000. The "what" and "why" of goal pursuits: Human needs and the self-determination of behavior. Psychological Inquiry, 11 (4): 227-268.

Deci E L, Ryan R M. 2008. Facilitating optimal motivation and psychological well-being across life's domains. Canadian Psychology/Psychologie Canadienne, 49 (1): 14-23.

Dehghanzadeh S , Jafaraghaee F. 2018. Comparing the effects of traditional lecture and flipped classroom on nursing students' critical thinking disposition: A quasi-experimental study. Nurse Education Today, 71: 151-156.

DeRuisseau, L R. 2016. The flipped classroom allows for more class time devoted to critical thinking. Advances in Physiology Education, 40: 522-528.

Dewey J. 1910. How We Think. Boston: D. C. Heath and Company.

Dietrich A. 2004. The cognitive neuroscience of creativity. Psychonomic Bulletin & Review, 11 (6): 1011-1026.

Dietrich A, Kanso R. 2010. A review of EEG, ERP, and neuroimaging studies of creativity and insight. Psychological Bulletin, 136 (5): 822-848.

Djamàa S. 2018. From book to screen: Adopting cinematic adaptations of literature in the EFL classroom to hone students' critical thinking skills. Computers in the Schools, 35 (2): 88-110.

Dochy F, Segers M, Van Den Bossche P, et al. 2003. Effects of problem-based learning: A meta-analysis. Learning and Instruction, 13 (5): 533-568.

Dreyfus S E, Dreyfus H L. 1980. A Five-Stage Model of the Mental Activities Involved in Directed Skill Acquisition. Berkeley: University of California.

Duch B J, Groh S E, Allen D E. 2001. The Power of Problem-Based Learning: A Practical "How to" for Teaching Undergraduate Courses in any Discipline. Sterling: Stylus Publishing.

Duron R, Limbach B, Waugh W. 2006. Critical thinking framework for any discipline. International Journal of Teaching and Learning in Higher Education, 17 (2): 160-166.

Echazarra A, Salinas D, Méndez I, et al. 2016. How Teachers Teach and Students Learn: Successful Strategies for School. Paris: OECD Publishing.

Edwards, J S. 2022. Where knowledge management and information management meet: Research directions. International Journal of Information Management, 63: 102458.

Eldar S, Yankelevitch R, Lamy D. et al. 2010. Enhanced neural reactivity and selective attention to threat in anxiety. Biological Psychology, 85 (2): 252-257.

El-Den J, Sriratanaviriyakul N. 2019. The role of opinions and ideas as types of tacit knowledge. Procedia Computer Science, 161: 23-31.

Elder L, Paul R. 2020. Critical Thinking: Tools for Taking Charge of Your Learning and Your Life. New Jersey: Pearson Prentice Hall.

Engle R, Faux R. 2006. Towards productive disciplinary engagement of prospective teachers in educational psychology: Comparing two methods of case-based instruction Teaching. Educational Psychology, 1 (2): 1-22.

Ennis R H. 1987. A taxonomy of critical thinking dispositions and abilities. In J B Baron & R J Sternberg

（Eds.），Teaching Thinking Skills：Theory and Practice. New York：W. H. Freeman：9-26.

Ennis R H. 1989. Critical thinking and subject specificity：Clarification and needed research. Educational Researcher，18（3）：4-10.

Ennis R H. 1991. Critical thinking：A streamlined conception. Teaching Philosophy，14（1）：5-25.

Ennis R H. 1993. Critical thinking assessment. Theory into Practice，32（3）：179-186.

Ennis R H. 1997. Incorporating critical thinking in the curriculum：An introduction to some basic issues. Inquiry：Critical Thinking across the Disciplines，16（3）：1-9.

Ennis R H. 2011. Critical thinking：Reflection and perspective. Part II. Inquiry：Critical Thinking across the Disciplines，26（2）：5-19.

Ennis R H. 2015. Critical thinking：A streamlined conception. Teaching Philosophy，14：5-25.

Eraut M. 2000. Non-formal learning and tacit knowledge in professional work. British Journal of Educational Psychology，70：113-136.

Erikson E H. 1980. Identity and the Life Cycle. New York：W. W. Norton & Company.

Eshet-Alkalai Y. 2004. Digital literacy：A conceptual framework for survival skills in the digital era. Journal of Educational Multimedia and Hypermedia，13（1）：93-107.

Etemadfar P，Soozandehfar S M A，Namaziandost E. 2020. An account of EFL learners' listening comprehension and critical thinking in the flipped classroom model. Cogent Education，7（1）：1-22.

Eysenck H J. 1993. Creativity and personality：Suggestions for a theory. Psychological Inquiry，4（3）：147-178.

Eysenck H J. 2018. Intelligence：A New Look. London：Routledge.

Facione P A. 1990a. The California Critical Thinking Skills Test—College Level. Technical Report# 4. Interpreting the CCTST，Group Norms，and Sub-Scores. Millbrae：California Academic Press.

Facione P A. 1990b. Critical Thinking：A Statement of Expert Consensus for Purposes of Educational Assessment and Instruction. Millbrae：California Academic Press.

Facione P A. 2000. The disposition toward critical thinking：Its character，measurement，and relationship to critical thinking skill. Informal Logic，20（1）：61-84.

Facione P A. 2011. Critical thinking：What it is and why it counts. Insight Assessment，1（1）：1-23.

Facione P A，Facione N C，Giancarlo C A. 1992. Test manual：The California Critical Thinking Dispositions Inventory. Millbrae：California Academic Press.

Facione P A，Giancarlo C A，Facione N C，et al. 1995. The disposition toward critical thinking. Journal of General Education，44（1）：1-25.

Faul F，Erdfelder E，Buchner A，et al. 2009. Statistical power analyses using G*Power 3.1：Tests for correlation and regression analyses. Behavior Research Methods，41（4）：1149-1160.

Fernández M, Wegerif R, Mercer N, et al. 2015. Re-conceptualizing "scaffolding" and the zone of proximal development in the context of symmetrical collaborative learning. Journal of Classroom Interaction, 50 (1): 54-72.

Ferrari A. 2012. Digital Competence in Practice: An Analysis of Frameworks. Luxembourg: Publications Office of the European Union.

Filak V F, Sheldon K M. 2008. Teacher support, student motivation, student need satisfaction, and college teacher course evaluations: Testing a sequential path model. Educational Psychology, 28 (6): 711-724.

Filimonova V. 2020. Problem-based learning in introductory linguistics. Language, 96 (1): 1-21.

Fink A, Grabner R H, Benedek M, et al. 2009. The creative brain: Investigation of brain activity during creative problem solving by means of EEG and fMRI. Human Brain Mapping, 30 (3): 734-748.

Fink L D. 2003. Creating Significant Learning Experiences: An Integrated Approach to Designing College Courses. San Francisco: Jossey-Bass.

Fisher A. 2001. Critical Thinking: An Introduction. Cambridge: Cambridge University Press.

Flaherty A W. 2005. Frontotemporal and dopaminergic control of idea generation and creative drive. Journal of Comparative Neurology, 493 (1): 147-153.

Fong C T. 2006. The effects of emotional ambivalence on creativity. Academy of Management Journal, 49 (5): 1016-1030.

Foo S Y, Quek C L. 2019. Developing students' critical thinking through synchronous online discussions: A literature review. Malaysian Online Journal of Educational Technology, 7 (2): 37-58.

Fredrickson B L, Branigan C. 2005. Positive emotions broaden the scope of attention and thought-action repertoires. Cognition and Emotion, 19 (3): 313-332.

Furrer C, Skinner E. 2003. Sense of relatedness as a factor in children's academic engagement and performance. Journal of Educational Psychology, 95 (1): 148-162.

Fuster J M. 2000. The prefrontal cortex of the primate: A synopsis. Psychobiology, 28 (2): 125-131.

Gann D. 2013. A few considerations on critical thinking instruction. The Journal of Saitama City Educators, 3 (3): 14-18.

Garavan H, Kelley D, Rosen A, et al. 2000. Practice-related functional activation changes in a working memory task. Microscopy Research and Technique, 51 (1): 54-63.

Garcia-Perez A, Ghio A, Occhipinti Z, et al. 2020. Knowledge management and intellectual capital in knowledge-based organisations: A review and theoretical perspectives. Journal of Knowledge

Management，24（7）：1719-1754.

Garrison D R，Anderson T. 2001. Critical thinking，cognitive presence，and computer conferencing in distance education. American Journal of Distance Education，15（1）：7-23.

Garrison D R，Anderson T，Archer W. 1999. Critical inquiry in a text-based environment：Computer conferencing in higher education. The Internet and Higher Education，2（2/3）：87-105.

Geissler C F，Domes G，Frings C. 2020. Shedding light on the frontal hemodynamics of spatial working memory using functional near-infrared spectroscopy. Neuropsychologia，146：107570.

Giancarlo C A，Blohm S W，Urdan T. 2004. Assessing secondary students' disposition toward critical thinking：Development of the California measure of mental motivation. Educational and Psychological Measurement，64（2），347-364.

Gilster P. 1998. Digital Literacy. New York：John Wiley & Sons.

Glabus，M F，Horwitz B，Holt J L，et al. 2003. Interindividual differences in functional interactions among prefrontal，parietal and parahippocampal regions during working memory. Cerebral Cortex，13（12）：1352-1361.

Glaser E M. 1942. An experiment in development of critical thinking. Teachers College Record，43（5）：1-18.

Goel V，Vartanian O. 2005. Dissociating the roles of right ventral lateral and dorsal lateral prefrontal cortex in generation and maintenance of hypotheses in set-shift problems. Cerebral Cortex，15（8）：1170-1177.

Gonen-Yaacovi G，De Souza L C，Levy R，et al. 2013. Rostral and caudal prefrontal contribution to creativity：A meta-analysis of functional imaging data. Frontiers in Human Neuroscience，7：465.

Goodsett M. 2020. Best practices for teaching and assessing critical thinking in information literacy online learning objects. The Journal of Academic Librarianship，46：102163.

Gough H G. 1976. Studying creativity by means of word association tests. Journal of Applied Psychology，61（3）：348-353.

Götz K O. 1973. Introversion-extraversion and neuroticism in gifted and ungifted art students. Perceptual and Motor Skills，36（2）：675-678.

Grady C. 2012. The cognitive neuroscience of ageing. Nature Reviews Neuroscience，13（7）：491-505.

Greenwald A G，McGhee D E，Schwartz J L. 1998. Measuring individual differences in implicit cognition：The implicit association test. Journal of Personality and Social Psychology，74（6）：1464-1480.

Greenwald A G，Nosek B A，Banaji M R. 2003. Understanding and using the implicit association test: I. An improved scoring algorithm. Journal of Personality and Social Psychology, 85（2）: 197.

Gruber H E. 1988. The evolving systems approach to creative work Creativity Research Journal, 1（1）: 27-51.

Guilford J P. 1950. Creativity. American Psychologist, 5（9）: 444-454.

Guilford J P. 1967a. Creativity: Yesterday, today and tomorrow. The Journal of Creative Behavior, 1（1）: 3-14.

Guilford J P. 1967b. The Nature of Human Intelligence. New York: McGraw-Hill.

Gunawardena C N, Lowe C A, Anderson T. 1997. Analysis of a global online debate and the development of an interaction analysis model for examining social construction of knowledge in computer conferencing. Journal of Educational Computing Research, 17（4）: 397-431.

Halpern D F. 1998. Teaching critical thinking for transfer across domains. Dispositions, skills, structure training, and metacognitive monitoring. American Psychologist, 53（4）, 449-455.

Halpern D F. 2014. Thought and Knowledge: An Introduction to Critical Thinking（5th ed）. New York: Psychology Press.

Halpern D F, Dunn D S. 2021. Critical thinking: A model of intelligence for solving real-world problems. Journal of Intelligence, 9（2）: 22.

Hanrahan M. 1998. The effect of learning environment factors on students' motivation and learning. International Journal of Science Education, 20（6）: 737-753.

Hao N. 2010. The Effects of domain knowledge and instructional manipulation on creative idea generation. The Journal of Creative Behavior, 44（4）: 237-257.

Haskell R E. 2001. Transfer of Learning: Cognition, Instruction, and Reasoning. New York: Academic Press.

Hau L N, Evangelista F. 2007. Acquiring tacit and explicit marketing knowledge from foreign partners in IJVs. Journal of Business Research, 60（11）: 1152-1165.

Helson R. 1971. Women mathematicians and the creative personality. Journal of Consulting and Clinical Psychology, 36（2）: 210-220.

Helson R, Crutchfield R S. 1970. Mathematicians: The creative researcher and the average PhD. Journal of Consulting and Clinical Psychology, 34（2）: 250-257.

Horton S. 2000. Web Teaching Guide: A Practical Approach to Creating Course Web Sites. New Haven: Yale University Press.

Howard-Jones P A, Blakemore S J, Samuel E A, et al. 2005. Semantic divergence and creative story generation: An fMRI investigation. Cognitive Brain Research, 25（1）: 240-250.

Howie D R. 2011. Teaching Students Thinking Skills and Strategies: A Framework for Cognitive

Education in Inclusive Settings. Philadelphia: Jessica Kingsley Publishers.

Huber C R, Kuncel N R. 2016. Does college teach critical thinking? A meta-analysis. Review of Educational Research, 86 (2): 431-468.

Hyde J S. 2005. The gender similarities hypothesis. American Psychologist, 60 (6): 581-592.

Insch G S, McIntyre N, Dawley D. 2008. Tacit knowledge: A refinement and empirical test of the academic tacit knowledge scale. The Journal of Psychology, 142 (6): 561-580.

Islam M T, Chadee D. 2021. Stuck at the bottom: Role of tacit and explicit knowledge on innovation of developing-country suppliers in global value chains. International Business Review, 32 (2): 101898.

Ismail N S, Harun J, Zakaria M A Z M, et al. 2018. The effect of mobile problem-based learning application DicScience PBL on students' critical thinking. Thinking Skills and Creativity, 28: 177-195.

Jimura K, Chushak M S, Westbrook A, et al. 2018. Intertemporal decision-making involves prefrontal control mechanisms associated with working memory. Cerenral Cortex, 28 (4): 1105-1116.

Jing L, Niki K. 2003. Function of hippocampus in "insight" of problem solving. Hippocampus, 13 (3): 316-323.

Jisr R E, Maamari B E. 2017. Effectuation: Exploring a third dimension to tacit knowledge. Knowledge and Process Management, 24 (1): 72-78.

Jolley D, Davis M, Lavender A P, et al. 2022. An online critical thinking course reduces misconceptions in the knowledge of personal trainers. Studies in Continuing Education, 44 (1): 39-54.

Jusino Á R V. 2003. Teoría y pedagogía del pensamiento crítico. Perspectivas Psicológicas, 3 (4): 35-42.

Kahn P, O'Rourke K. 2004. Guide to curriculum design: Enquiry-based learning. Higher Education Academy, 30 (2): 3-30.

Kahneman D. 1973. Attention and Effort. Englewood Cliffs: Prentice-Hall.

Kaufman J, Pumaccahua T, Holt R. 2013. Personality and creativity in realistic, investigative, artistic, social, and enterprising college majors. Personality and Individual Differences, 54: 913-917.

Kefela G T. 2010. Knowledge-based economy and society has become a vital commodity to countries. International NGO Journal, 5 (7): 160-166.

Kelly K E. 2006. Relationship between the five-factor model of personality and the scale of creative attributes and behavior: A validational study. Individual Differences Research, 4 (5): 299-305.

Keshavarz M, Baghdarnia M. 2013. Assessment of student professional outcomes for continuous improvement. Journal of Learning Design, 6（2）: 33-40.

Khandaghi M A, Pakmehr H. 2011. Critical thinking disposition: A neglected loop of humanities curriculum in higher education. Cypriot Journal of Educational Sciences, 7（1）: 1-13.

Kim C, Kroger J K, Calhoun V D, et al. 2015. The role of the frontopolar cortex in manipulation of integrated information in working memory. Neuroscience Letters, 595: 25-29.

Kim H. 2012. A dual-subsystem model of the brain's default network: Self-referential processing, memory retrieval processes, and autobiographical memory retrieval. NeuroImage, 61（4）: 966-977.

Kirschner P A, Sweller J, Clark R E. 2006. Why minimal guidance during instruction does not work: An analysis of the failure of constructivist, discovery, problem-based, experiential, and inquiry-based teaching. Educational Psychologist, 41（2）: 75-86.

Kleibeuker S W, Koolschijn P, Jolles D D, et al. 2013. The neural coding of creative idea generation across adolescence and early adulthood. Frontiers in Human Neuroscience, 7: 905.

Kleibeuker S W, Stevenson C E, Van Der Aar L, et al. 2017. Training in the adolescent brain: An fMRI training study on divergent thinking. Developmental Psychology: 53（2）: 353-365.

Kucharska W. 2021a. Do mistakes acceptance foster innovation? Polish and US cross-country study of tacit knowledge sharing in IT. Journal of Knowledge Management, 25（11）: 105-128.

Kucharska W. 2021b. Leadership, culture, intellectual capital and knowledge processes for organizational innovativeness across industries: The case of Poland. Journal of Intellectual Capital, 22（7）: 121-124.

Kuhn D, Crowell A. 2011. Dialogic argumentation as a vehicle for developing young adolescents' thinking. Psychological Science, 22（4）: 545-552.

Kumta S M, Tsang P L, Hung L K, et al. 2003. Fostering critical thinking skills through a webbased tutorial programme for final year medical students—A randomized controlled study. Journal of Educational Multimedia and Hypermedia, 12（3）: 267-273.

Kwan Y W, Wong A F L. 2014. The constructivist classroom learning environment and its associations with critical thinking ability of secondary school students in liberal studies. Learning Environments Research, 17（2）: 191-207.

Lai T L, Lin F T, Yueh H P. 2020. The effectiveness of team-based flipped learning on a vocational high school economics classroom. Interactive Learning Environments, 28（1）: 130-141.

Lanvin B, Kralik M. 2009. E-skills: Who made that big dent in my flat world? Information Technologies and International Development, 5（2）: 81-84.

Lanvin B, Passman P. 2008. Building E-skills for the information age. In S Dutta & I Mia（Eds.），

The Global Information Technology Report 2007-2008：Fostering Innovation through Networked Readiness. Hampshire：Palgrave Macmillan：77-90.

Latif R，Mumtaz S，Mumtaz R，et al. 2018. A comparison of debate and role play in enhancing critical thinking and communication skills of medical students during problem based learning. Biochemistry and Molecular Biology Education，46（4）：336-342.

Lavy V. 2016. What makes an effective teacher? Quasi-experimental evidence. CESifo Economic Studies，62（1）：88-125.

Lea S J，Stephenson D，Troy J. 2003. Higher education students' attitudes to student-centred learning：Beyond "educational bulimia"? Studies in Higher Education，28（3）：321-334.

Leavy S，O'Sullivan B，Siapera E. 2020. Data，power and bias in artificial intelligence. https://arxiv. org/pdf/2008.07341.pdf.

Leng B A，Dolmans D H J M，Jöbsis R，et al. 2009. Exploration of an e-learning model to foster critical thinking on basic science concepts during work placements. Computers & Education，53（1）：1-13.

Leonard N，Insch G S. 2005. Tacit knowledge in academia：A proposed model and measurement scale. The Journal of Psychology，139（6）：495-512.

Levy F，Murnane R J. 2012. The New Division of Labor：How Computers are Creating the Next Job Market. Oxford：Princeton University Press.

Levy R，Goldman-Rakic P S. 2000. Segregation of working memory functions within the dorsolateral prefrontal cortex. Experimental Brain Research，133（1）：23-32.

Lewin C，McNicol S. 2015. Supporting the development of 21st century skills through ICT. In T Brinda，N Reynolds & R Romeike，et al.（Eds.），KEYCIT 2014：Key Competencies in Informatics and ICT. Potsdam：Universitätsverlag Potsdam：181-198.

Li L，Gow A D I，Zhou J. 2020. The role of positive emotions in education：A neuroscience perspective. Mind，Brain，and Education，14（3）：220-234.

Li X，Liu Z，Ren A. et al. 2022. What fuzzy requests bring to frontline employees：An absorptive capacity theory perspective. Journal of Retailing and Consumer Services，67：102986.

Liao S H，Fei W C，Chen C C. 2007. Knowledge sharing，absorptive capacity，and innovation capability：An empirical study of Taiwan's knowledge-intensive industries. Journal of Information Science，33（3）：340-359.

Liao S H，Wu C C，Hu D C，et al. 2009. Knowledge acquisition，absorptive capacity，and innovation capability：An empirical study of Taiwan's knowledge-intensive industries. International Journal of Social，Behavioral，Educational，Economic，Business and Industrial Engineering，3（5）：338-345.

Limniou M, Schermbrucker I, Lyons M. 2018. Traditional and flipped classroom approaches delivered by two different teachers: The student perspective. Education and Information Technologies, 23 (2): 797-817.

Lindström B, Haaker J, Olsson A. 2018. A common neural network differentially mediates direct and social fear learning. NeuroImage, 167: 121-129.

Liu T, Yu X, Liu M, et al. 2021. A mixed method evaluation of an integrated course in improving critical thinking and creative self-efficacy among nursing students. Nurse Education Today, 106 (4): 105067.

Liu Y, Pásztor A. 2022. Effects of problem-based learning instructional intervention on critical thinking in higher education: A meta-analysis. Thinking Skills and Creativity, 45: 101069.

Longe O, Maratos F A, Gilbert P, et al. 2010. Having a word with yourself: Neural correlates of self-criticism and self-reassurance. NeuroImage, 49 (2): 1849-1856.

Loyens S M M, Rikers R, Schmidt H G. 2007. The impact of students' conceptions of constructivist assumptions on academic achievement and drop-out. Studies in Higher Education, 32 (5): 581-602.

Lu K L, Pang F, Shadiev R. 2021. Understanding the mediating effect of learning approach between learning factors and higher order thinking skills in collaborative inquiry-based learning. Educational Technology Research and Development, 69 (5): 2475-2492.

Luna B, Padmanabhan A, O'Hearn K. 2010. What has fMRI told us about the development of cognitive control through adolescence? Brain and Cognition, 72 (1): 101-113.

MacDonald A W, Cohen J D, Stenger V A, et al. 2000. Dissociating the role of the dorsolateral prefrontal and anterior cingulate cortex in cognitive control. Science, 288 (5472): 1835-1838.

Mai X Q, Luo J, Wu J H, et al. 2004. "Aha!" effects in a guessing riddle task: An event-related potential study. Human Brain Mapping, 22 (4): 261-270.

Majerus S, Péters F, Bouffier M, et al. 2018. The dorsal attention network reflects both encoding load and top-down control during working memory. Journal of Cognitive Neuroscience, 30 (2): 144-159.

Makhene A. 2017. Argumentation: A methodology to facilitate critical thinking. International Journal of Nursing Education Scholarship, 14 (1): 20160030.

Mandernach B J. 2006. Thinking critically about critical thinking: Integrating online tools to promote critical thinking. InSight: A Journal of Scholarly Teaching, 1: 41-50.

Martin A J. 2001. The student motivation scale: A tool for measuring and enhancing motivation. Australian Journal of Guidance and Counselling, 11 (1): 1-20.

Martindale C. 1999. Biological bases of creativity. In R J Sternberg (Ed.), Handbook of Creativity.

Cambridge：Cambridge University Press：137-152.

Martindale C. 2007. Creativity，primordial cognition，and personality. Personality & Individual Differences，43（7）：1777-1785.

Martindale C，Hines D，Mitchell L，et al. 1984. EEG alpha asymmetry and creativity. Personality & Individual Differences，5（1）：77-86.

Mathews S R，Lowe K. 2011. Classroom environments that foster a disposition for critical thinking. Learning Environments Research，14：59-73.

Mayer R E. 2004. Should there be a three-strikes rule against pure discovery learning? The case for guided methods of instruction. American Psychologist，59（1）：14-19.

McCrae R R. 1987. Creativity，divergent thinking，and openness to experience. Journal of Personality and Social Psychology，52（6）：1258-1265.

McLeod P J，Steinert Y，Meagher T，et al. 2006. The acquisition of tacit knowledge in medical education：Learning by doing. Medical Education，40：146-149.

McPeck J E. 1981. Critical Thinking and Education. Oxford：Martin Robertson & Company.

Meneses L F S. 2020. Critical thinking perspectives across contexts and curricula：Dominant，neglected，and complementing dimensions. Thinking Skills and Creativity，35：100610.

Merseth K. 1991. The early history of case-based instruction：Insights for teacher education today. Journal of Teacher Education，42（4）：243-249.

Miller A L，Smith V A. 2017. Exploring differences in creativity across academic majors for high-ability college students. Gifted and Talented International，32（1）：44-58.

Miró-Padilla A，Bueicheků E，Avila C. 2020. Locating neural transfer effects of N-back training on the central executive：A longitudinal fMRI study. Scientific Reports，10（1）：5226.

Missildine K，Fountain R，Summers L，et al. 2013. Flipping the classroom to improve student performance and satisfaction. Journal of Nursing Education，52（10）：597-599.

Miyakoshi M，Nomura M，Ohira H，et al. 2007. An ERP study on self-relevant object recognition. Brain and Cognition，63（2）：182-189.

Mobley M I，Doares L M，Mumford M D，et al. 1992. Process analytic models of creative capacities：Evidence for the combination and reorganization process. Creativity Research Journal，5（2）：125-155.

Moeti B，Mgawi R，Mealosi W. 2017. Critical thinking among post-graduate diploma in education students in higher education：Reality of fuss? Journal of Education and Learning，6（2）：13-24.

Moore A B，Li Z H，Tyner C E，et al. 2013. Bilateral basal Ganglia activity in verbal working memory. Brain and Language，125（3）：316-323.

Moran J M, Heatherton T F, Kelley W M. 2009. Modulation of cortical midline structures by implicit and explicit self-relevance evaluation. Social Neuroscience, 4 (3): 197-211.

Muñoz C A, Mosey S, Binks M. 2015. The tacit mystery: Reconciling different approaches to tacit knowledge. Knowledge Management Research & Practice, 13 (3): 289-298.

Murty V P, Sambataro F, Radulescu E, et al. 2011. Selective updating of working memory content modulates meso-cortico-striatal activity. NeuroImage, 57 (3): 1264-1272.

Naqshbandi M M, Jasimuddin S M. 2022. The linkage between open innovation, absorptive capacity and managerial ties: A cross-country perspective Journal of Innovation & Knowledge, 7 (2): 100167.

Nelson R R, Winter S G. 1982. An Evolutionary Theory of Economic Change. Cambridge: Belknap Press of Harvard University Press.

Newman D, Webb B, Cochrane C. 1995. A content analysis method to measure critical thinking in face-to-face and computer supported group learning. Interpersonal Computing & Technology, 3 (2): 56-77.

Ninomiya H, Onitsuka T, Chen C H, et al. 1998. P300 in response to the subject's own face. Psychiatry and Clinical Neurosciences, 52 (5): 519-522.

Niu W. 2007. Individual and environmental influences on Chinese student creativity. The Journal of Creative Behavior, 41 (3): 151-175.

Nonaka I. 1994. A dynamic theory of organizational knowledge creation. Organization Science, 5 (1): 14-37.

Nonaka I, Takeuchi H. 1995. The Knowledge-Creating Company: How Japanese Companies Create the Dynamics of Innovation. New York: Oxford University Press.

Norman G R, Schmidt H G. 1992. The psychological basis of problem-based learning: A review of the evidence. Academic Medicine, 67 (9): 557-565.

O'Flaherty J, Phillips C. 2015. The use of flipped classrooms in higher education: A scoping review. The Internet and Higher Education, 25: 85-95.

Ogunride M E, Fasoro O J, Ojo E, et al. 2020. Critical assessment of two-teaching methods on the academic performance of community health students of Ekiti State college of health sciences and technology, Ijero, South-Western, Nigeria. Creative Education, 11 (9): 1730-1740.

Olaisen J, Revang O. 2018. Exploring the performance of tacit knowledge: How to make ordinary people deliver extraordinary results in teams. International Journal of Information Management, 43: 295-304.

Oldham G R, Cummings A. 1996. Employee creativity: Personal and contextual factors at work. Academy of Management Journal, 39 (3): 607-634.

Oliva F L. 2014. Knowledge management barriers, practices and maturity model. Journal of Knowledge Management, 18 (6): 1053-1074.

Olson B D, Suls J. 2000. Self-, other-, and ideal-judgments of risk and caution as a function of the five-factor model of personality. Personality & Individual Differences, 28 (3): 425-436.

Olsson A, Knapska E, Lindström B. 2020. The neural and computational systems of social learning. Natrue Reviews Neuroscience, 21 (4): 197-212.

Oswald A J, Mascarenhas S J. 2019. Corporate cosmic spirituality for today. In O Mascarenhas (Ed.), Corporate Ethics for Turbulent Markets: Executive Response to Market Challenges. Leeds: Emerald Publishing: 285-293.

Pan Y, Dikker S, Goldstein P, et al. 2020. Instructor-learner brain coupling discriminates between instructional approaches and predicts learning. NeuroImage, 211: 116657.

Pando T. 2016. Pensamiento crítico en los alumnos de la Universidad Nacional de Trujillo-2014. Ciencia y Desarrollo, 19 (2): 75-91.

Partnership for 21st Century Skills. 2008. 21st Century Skills, Education & Competitiveness: A Resource and Policy Guide. Tucson: Partnership for 21st Century Skills.

Paul R W, Elder L. 2004. The Thinker's Guide to the Nature and Functions of Critical & Creative Thinking. Washington D.C.: Rowman & Littlefield Publishers.

Paul R W, Elder L. 2013. Critical Thinking: Tools for Taking Charge of Your Professional and Personal Life. Upper Saddle River: Pearson Education.

Pekrun R, Goetz T, Titz W, et al. 2002. Academic emotions in students' self-regulated learning and achievement: A program of qualitative and quantitative research. Educational Psychologist, 37 (2): 91-105.

Penningroth S L, Despain L H, Gray M J. 2007. A course designed to improve psychological critical thinking. Teaching of Psychology, 34 (3): 153-157.

Phan H P. 2010. Critical thinking as a self-regulatory process component in teaching and learning. Psicothema, 22 (2): 284-292.

Phirangee K, Demmans E C, Hewitt J. 2016. Exploring the relationships between facilitation methods, students' sense of community and their online behaviors. Online Learning, 20 (2): 134-154.

Pidgeon L M, Grealy M, Duffy AH, et al. 2016. Functional neuroimaging of visual creativity: A systematic review and meta-analysis. Brain and Behavior, 6 (10): e00540.

Polanyi M. 1966. The Tacit Dimension. Chicago: University of Chicago Press.

Policastro E, Gardner H. 1999. From Case Studies to Robust Generalizations: An Approach to the Study of Creativity. Cambridge: Cambridge University Press.

Prokhorova M P, Lebedeva T E, Egorov E E, et al. 2021. Flipped learning for preservice teachers in distance education: First results. Revista Geintec—Gestão Inovação e Tecnologias, 11（4）: 799-811.

Ranft A L. 1997. Preserving and Transferring Knowledge-Based Resources During Post-Acquisition Implementation. Ann Arbor: The University of North Carolina at Chapel Hill.

Ranucci R A, Souder D. 2015. Facilitating tacit knowledge transfer: Routine compatibility, trustworthiness, and integration in M&As. Journal of Knowledge Management, 19（2）: 257-276.

Raven J, Raven J C, Court J H. 1998. Manual for Raven's Progressive Matrices and Vocabulary Scales, Section 1: General Overview. San Antonio: Harcourt Assessment.

Ray R D, Zald D H. 2012. Anatomical insights into the interaction of emotion and cognition in the prefrontal cortex. Neuroscience & Biobehavioral Reviews, 36（1）: 479-501.

Raz N, Lindenberger U, Rodrigue K M, et al. 2005. Regional brain changes in aging healthy adults: General trends, individual differences and modifiers. Cerebral Cortex, 15（11）: 1676-1689.

Reed R, DeFillippi R J. 1990. Causal ambiguity, barriers to imitation, and sustainable competitive advantage. Academy of Management Review, 15: 88-102.

Reeve J, Jang H, Carrell D, et al. 2004. Enhancing students' engagement by increasing teachers' autonomy support. Motivation and Emotion, 28（2）: 147-169.

Renkl A. 2009. Why constructivists should not talk about constructivist learning environments: A commentary on Loyens and Gijbels（2008）. Instructional Science, 37（5）: 495-498.

Resnick L B, Schantz F. 2015. Talking to learn: The promise and challenge of dialogic teaching. In L B Resnick, C S C Asterhan & S N Clarke（Eds.）, Socializing Intelligence through Academic Talk and Dialogue. Washington D.C.: American Educational Research Association: 441-450.

Rodríguez G, Díez J, Pérez N, et al. 2019. Flipped Classroom: Fostering creative skills in undergraduate students of health sciences. Thinking Skills and Creativity, 33: 100575.

Rodríguez G, Pérez N, Núñez G, et al. 2019. Developing creative and research skills through an open and interprofessional inquiry-based learning course. BMC Medical Education, 19: 134.

Rogers, T B, Kuiper N A, Kirker W S. 1977. Self-reference and the encoding of personal information. Journal of Personality and Social Psychology, 35（9）: 677-688.

Rosen Y, Tager M. 2014. Making student thinking visible through a concept map in computer-based assessment of critical thinking. Journal of Educational Computing Research, 50（2）: 249-270.

Rothberg H N, Erickson G S. 2017. Big data systems: Knowledge transfer or intelligence insights? Journal of Knowledge Management, 21（1）, 92-112.

Rowe M P, Gillespie B M, Harris K R, et al. 2015. Redesigning a general education science course to promote critical thinking. CBE-Life Sciences Education, 14（3）: 30.

Ryan R M, Deci E L. 2000. Self-determination theory and the facilitation of intrinsic motivation, social development, and well-being. American Psychologist, 55（1）: 68-78.

Saadé R G, Morin D, Thomas J D E. 2012. Critical thinking in e-learning environments. Computers in Human Behavior, 28（5）: 1608-1617.

Sarter M, Givens B, Bruno J P. 2001. The cognitive neuroscience of sustained attention: Where top-down meets bottom-up. Brain Research Reviews, 35（2）: 146-160.

Savery J R. 2006. Overview of problem-based learning : Definitions and distinctions the interdisciplinary. Journal of Problem-Based Learning, 1（1）: 9-20.

Schell R, Kaufman D. 2009. Critical thinking in a collaborative online PBL tutorial. Journal of Educational Computing Research, 41（2）: 155-170.

Schneider M, Debbané M, Lagioia A, et al. 2012. Comparing the neural bases of self-referential processing in typically developing and 22q11.2 adolescents. Developmental Cognitive Neuroscience, 2（2）: 277-289.

Schuitema J, Van Boxtel C, Veugelers W, et al. 2011. The quality of student dialogue in citizenship education. European Journal of Psychology of Education, 26: 85-107.

Schwerdt G, Wuppermann A C. 2011. Is traditional teaching really all that bad? A within-student between-subject approach. Economics of Education Review, 30（2）: 365-379.

Senge P M. 1992. Mental models. Planning Review, 20（2）: 4-44.

Seybert A L, Kane-Gill S L. 2011. Elective course in acute care using online learning and patient simulation. American Journal of Pharmaceutical Education, 75（3）: 54.

Shen W, Liu C, Shi C, et al. 2015. Gender differences in creative thinking. Advances in Psychological Science, 23（8）: 1380.

Shen W, Luo J, Liu C, et al. 2013. New advances in the neural correlates of insight: A decade in review of the insightful brain. Chinese Science Bulletin, 58: 1497-1511.

Shi L, Beaty R E, Chen Q, et al. 2020. Brain entropy is associated with divergent thinking. Cerebral Cortex, 30（2）: 708-717.

Shyr W J, Chen C H. 2018. Designing a technology-enhanced flipped learning system to facilitate students' self-regulation and performance. Journal of Computer Assisted Learning, 34（1）: 53-62.

Smith L, Gillette C, Taylor S R, et al. 2019. A semester-long critical thinking course in the first semester of pharmacy school: Impact on critical thinking skills. Currents in Pharmacy Teaching and Learning, 11（5）: 499-504.

Smith T E, Rama P S, Helms J R. 2018. Teaching critical thinking in a GE class: A flipped model. Thinking Skills and Creativity, 28: 73-83.

Smits P B A, Verbeek J, De Buisonjé C D. 2002. Problem based learning in continuing medical education: A review of controlled evaluation studies. British Medical Journal, 324 (7330): 153-156.

Sowden P T, Pringle A, Gabora L. 2015. The shifting sands of creative thinking: Connections to dual-process theory. Thinking & Reasoning, 21 (1): 40-60.

Srisuwan C, Panjaburee P. 2020. Implementation of flipped classroom with personalised ubiquitous learning support system to promote the university student performance of information literacy. International Journal of Mobile Learning and Organisation, 14 (3): 370-397.

Stanovich K E, West R F. 2008. On the relative independence of thinking biases and cognitive ability. Journal of Personality and Social Psychology, 94 (4): 672-695.

Stedman N L P, Adams B L. 2014. Getting it to click: Students self-perceived critical thinking style and perceptions of critical thinking instruction in face-to-face and online course delivery. NACTA Journal, 58 (3): 236-243.

Sternberg R J. 1988. The Nature of Creativity : Contemporary Psychological Perspectives. Cambridge: Cambridge University Press.

Sternberg R J, Wagner R K, Williams W M, et al. 1995. Testing common sense. American Psychologist, 50 (11): 912-927.

Stroet K, Opdenakker M C, Minnaert A. 2013. Effects of need supportive teaching on early adolescents' motivation and engagement : A review of the literature. Educational Research Review, 9: 65-87.

Stroop J R. 1935. Studies of interference in serial verbal reactions. Journal of Experimental Psychology, 18 (6): 643-662.

Struyven K, Dochy F, Janssens S. 2008. Students' likes and dislikes regarding student-activating and lecture-based educational settings : Consequences for students' perceptions of the learning environment, student learning and performance. European Journal of Psychology of Education, 23 (3): 295-317.

Sun G H, Hoelscher S H. 2023. The ChatGPT storm and what faculty can do. Nurse Educator, 48 (3): 119-124.

Struyven K, Dochy F, Janssens S, et al. 2006. On the dynamics of students' approaches to learning: The effects of the teaching/learning environment. Learning and Instruction, 16 (4): 279-294.

Symons C S, Johnson B T. 1997. The self-reference effect in memory: A meta-analysis. Psychological Bulletin, 121 (3): 371-394.

Talbert R, Bergmann J. 2017. Flipped Learning: A Guide for Higher Education Faculty. Washington, D.C.: Stylus Publishing.

Tathahira T. 2020. Promoting students' critical thinking through online learning in higher education: Challenges and strategies. Englisia: Journal of Language, Education, and Humanities, 8 (1): 79-92.

Tiwari A, Chan S, Wong E, et al. 2006. The effect of problem-based learning on students' approaches to learning in the context of clinical nursing education. Nurse Education Today, 26 (5): 430-438.

Torrance E P. 1988. Creativity as manifest in testing. In R J Sternberg (Ed.), The Nature of Creativity: Contemporary Psychological Perspectives. Cambridge: Cambridge University Press: 87-98.

Trafimow D, Triandis H C, Goto S G. 1991. Some tests of the distinction between the private self and the collective self. Journal of Personality and Social Psychology, 60 (5): 649-655.

Tsoukas H. 2003. Do we really understand tacit knowledge? In M Easterby-Smith & M Lyles (Eds.), The Blackwell Handbook of Organizational Learning and Knowledge Management. Oxford: Blackwell Publishing: 410-427.

Tsui L. 2002. Fostering critical thinking through effective pedagogy: Evidence from four institutional case studies. The Journal of Higher Education, 73 (6): 740-763.

Tyagi S, Cai X, Yang K, et al. 2015. Lean tools and methods to support effcient knowledge creation. International Journal of Information Management, 35: 204-214.

Vásquez-Bravo D M, Sánchez-Segura M I, Medina-Domínguez F, et al. 2014. Knowledge management acquisition improvement by using software engineering elicitation techniques. Computers in Human Behavior, 30: 721-730.

Van Braak M, De Groot E, Veen M, et al. 2018. Eliciting tacit knowledge: The potential of a reflective approach to video-stimulated interviewing. Perspectives on Medical Education, 7 (6): 386-393.

Van Gelder T. 2005. Teaching critical thinking: Some lessons from cognitive science. College Teaching, 53 (1): 41-48.

Van Laar E, Van Deursen A, Van Dijk J, et al. 2017. The relation between 21st-century skills and digital skills: A systematic literature review. Computers in Human Behavior, 72: 577-588.

Van Raalten T, Ramsey N, Duyn J, et al. 2008. Practice induces function-specific changes in brain activity. PLoS One, 3: e3270.

Vartanian O, Jobidon M E, Bouak F, et al. 2013. Working memory training is associated with lower prefrontal cortex activation in a divergent thinking task. Neuroscience, 236: 186-194.

Venkatesh A, Ma H. 2021. Critical conversations as a tool for students' tacit knowledge construction: An interpretive research in interior design studio interactions. International Journal of Educational Research Open, 2: 100076.

Vernon D T, Blake R L. 1993. Does problem-based learning work? A meta-analysis of evaluative research. Academic Medicine, 68 (7): 550-563.

Vick T E, Nagano M S, Popadiuk S. 2015. Information culture and its influences in knowledge creation: Evidence from university teams engaged in collaborative innovation projects. International Journal of Information Management, 35: 292-298.

Villavicencio F T, Bernardo A B. 2013. Positive academic emotions moderate the relationship between self-regulation and academic achievement. British Journal of Educational Psychology, 83 (2): 329-340.

Voogt J, Roblin N P. 2012. A comparative analysis of international frameworks for 21st century competences: Implications for national curriculum policies. Journal of Curriculum Studies, 44 (3): 299-321.

Vygotsky L S. 1978. Mind in Society: The Development of Higher Psychological Processes. Cambridge: Harvard University Press.

Vygotsky L S. 1987. The Collected Works of Vygotsky. New York: Plenum Press.

Wagner R K, Sternberg R J. 1985. Practical intelligence in real-world pursuits: The role of tacit knowledge. Journal of Personality and Social Psychology, 49 (2): 436-458.

Walton D. 2005. Fundamentals of Critical Argumentation. Cambridge: Cambridge University Press.

Wan Hussin W N T, Harun J, Shukor N A. 2019. Online interaction in social learning environment towards critical thinking skill: A framework. Journal of Technology and Science Education, 9 (1): 4-12.

Wang L, Kuroiwa Y, Li M, et al. 2001. Do P1 and N1 evoked by the ERP task reflect primary visual processing in Parkinson's disease? Documenta Ophthalmologica Advances in Ophthalmology, 102 (2): 83-93.

Ward T B. 1994. Structured imagination: The role of category structure in exemplar generation. Cognitive Psychology, 27 (1): 1-40.

Ward T B, Patterson M J, Sifonis C M. 2004. The role of specificity and abstraction in creative idea generation. Creativity Research Journal, 16 (1): 1-9.

Wechsler S M, Saiz C, Rivas S F, et al. 2018. Creative and critical thinking: Independent or overlapping components? Thinking Skills and Creativity, 27: 114-122.

Weinstein M. 1991. Critical thinking and education for democracy. Educational Philosophy & Theory, 23 (2): 9-29.

West R L. 1996. An application of prefrontal cortex function theory to cognitive aging. Psychological Bulletin, 120（2）: 272-292.

Wilkinson I A G, Reznitskaya A, Bourdage K, et al. 2017. Toward a more dialogic pedagogy: Changing teachers' beliefs and practices through professional development in language arts classrooms. Language and Education, 31（1）: 65-82.

Williams F E. 1980. Creativity Assessment Packet. New York: DOK Publishers.

Wipawayangkool K, Teng J T C. 2016a. Assessing tacit knowledge and sharing intention: A knowledge internalization perspective. Knowledge and Process Management, 23（3）: 194-206.

Wipawayangkool K, Teng J T C. 2016b. Paths to tacit knowledge sharing: Knowledge internalization and individual-task-technology fit. Knowledge Management Research and Practice, 14（3）: 309-318.

Woodman R W, Schoenfeldt L F. 1990. An interactionist model of creative behavior. Journal of Creative Behavior, 24（4）: 279-290.

Wray L D, Stone E R. 2005. The role of self-esteem and anxiety in decision making for self versus others in relationships. Journal of Behavioral Decision Making, 18（2）: 125-144.

Xiao Y, Jin Y. 2010. The hierarchical linear modeling of shared mental model on virtual team effectiveness. Kybernetes, 39（8）: 1322-1329.

Xu E, Wang W, Wang Q. 2023. The effectiveness of collaborative problem solving in promoting students' critical thinking: A meta-analysis based on empirical literature. Humanities and Social Sciences Communications, 10（1）: 1-11.

Yang Y T C, Chuang Y C, Li L Y, et al. 2013. A blended learning environment for individualized English listening and speaking integrating critical thinking. Computers & Education, 63: 285-305.

Yeh M L. 2002. Assessing the reliability and validity of the Chinese version of the California critical thinking disposition inventory. International Journal of Nursing Studies, 39（2）: 123-132.

Yu D, Zhang Y, Xu Y, et al. 2013. Improvement in critical thinking dispositions of undergraduate nursing students through problem-based learning: A crossover-experimental study. Journal of Nursing Education, 52（10）: 574-581.

Zarei A, Mojtahedzadeh R, Mohammadi A, et al. 2021. Applying digital storytelling in the medical oncology curriculum: Effects on students' achievement and critical thinking. Annals of Medicine and Surgery, 70: 102528.

Zhang Q G, Tang H L, Xu X R. 2022. Analyzing collegiate critical thinking course effectiveness: Evidence from a quasi-experimental study in China. Thinking Skills and Creativity, 45: 101105.

Zhao K, Wu Q, Zimmer H D. et al. 2011. Electrophysiological correlates of visually processing subject's own name. Neuroscience Letters, 491（2）: 143-147.

Zhou J, George J M. 2001. When job dissatisfaction leads to creativity: Encouraging the expression of voice. Academy of Management Journal, 44（4）: 682-696.

Zou T X P, Lee W B. 2016. Eliciting and mapping tacit knowledge on teamwork success of Six Sigma teams. Knowledge Management Research & Practice, 14: 246-225.

Zuzovsky R. 2013. What works where? The relationship between instructional variables and schools' mean scores in mathematics and science in low-, medium-, and high-achieving countries. Large-Scale Assessments in Education, 1: 2.

致　　谢

　　随着 21 世纪素养导向的课程与学习的变革开始成为世界范围内教育变革的新标识，批判性思维几乎是所有国家和国际组织关于核心素养框架建构中不可缺少的一部分。对于在信息洪流以及人工智能时代成长起来的新一代年轻人，如何帮助他们学会独立思考、保持开放与怀疑的心态、创造性地开展行动与解决问题，成为教育支持学生获得可持续发展的重要基础。在全球聚焦批判性思维的背景下，本书通过问卷调查、教育实验、深度访谈，深入探讨了什么样的批判性思维课程教学模式有利于培养学生创新素养的问题。本书通过相关教育教学实验，得出了一些有价值的结果，期望能够为未来的批判性思维教育教学提供有用的依据。

　　从 2019 年华中科技大学推进批判性思维教学以来，批判性思维教学团队的老师、博士生、硕士生精诚合作，在批判性思维教育教学的道路上进行了艰难的探索。在本研究告一段落之前，特别感谢批判性思维领域的专家董毓教授，他将自己多年来在批判性思维领域积累的真知灼见毫无保留地贡献给团队，源源不断地为我校批判性思维教育教学培养了大量的优秀师资。特别感谢团队的领导者刘玉教授、陈廷柱院长、王小月书记、艾敏书记，以及慷慨捐资的屈向军先生，他们是我校批判性思维教学稳固的支持和坚强的后盾。尤其感谢课程组长陈尚宾副教授、王小青副教授，他们在课程建设、日程管理工作中发挥了重要作用，对于书稿也提出了诸多宝贵的意见。还要特别感谢参与批判性思维教学的各位老师：陈建文教授、陈尚宾副教授、王小青副教授、吴疃勃教授、彭雷教授、刘亚敏教授、李文浩副教授、黑晓军副教授、张俐副教授、都建颖教授、郭闰达副教授、易霖博士等。他们是我校批判性思维教学的革新者和生力军，勇于承担批判性思维教学的开路先锋工作，让我校的批判性思维课程在这些年得以顺利开展。我的硕士生李琪、边越然，以及博士生郭雯、曹晓晨、雷光辉等负责招募被试、开展测评、收集相关实验数据和访谈资料，以及整理和撰写相关研究报告等工作，在此一并表示感谢。

此外，还要感谢在我工作岗位上给予我帮助和支持的华中科技大学教育科学研究院的领导和同事，他们为我的研究提供了更坚实的后盾，为我的发展提供了更广阔的空间，为我的成长提供了更肥沃的土壤。特别感谢章劲元主任、陈廷柱院长、艾敏书记、李太平副院长、张俊超副院长、张江涛主任、刘雅老师、马卫平老师对我工作上的大力支持。还要感谢陈建文教授、黄芳副教授、郭卉教授、朱新卓教授、蔺亚琼副教授、曾伟主编、彭湃副教授、刘献君教授、贾永堂教授、柯佑祥教授、骆四铭编审、余保华副教授、魏曙光副教授、段斌斌副教授、洪敏副教授、李函颖副教授、许宏老师、陶燕老师、王涛利老师、金红昊老师等，他们对我的工作和生活进行了悉心指导和无私关怀。从这些老师的身上，我看到了孜孜不倦、追求真知的探索精神，也感受到了与时俱进、大胆创新的正能量，与他们共事、学习与成长是我此生的荣幸。最后，还要感谢那些所有支持我、关心我、鼓励我的亲人和好友。

书中引用了大量的文献，在此对于这些文献的作者表示感谢！

鉴于本人水平有限，书中难免有疏漏之处，敬请读者批评指正。

张　妍